面向21世纪普通高等院校规划教材·教育技术系列

微格教学

WEIGE JIAOXUE

主　编　张莉琴　陈美芳
副主编　魏丹丹　胡小强　万春晖　刘亚丽

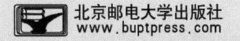

北京邮电大学出版社
www.buptpress.com

内 容 简 介

本书是编者多年进行微格教学课程实施的过程之中的理论升华和实践经验的结晶。全书针对教育技术学专业学生和师范生、在职教师等不同用户群体，全面地介绍了微格教学理论和实践体系的发展，详细解读了微格教学中各项单项技能的概念、作用、类型和应用要点，并加入了主要教学技能的相应实训指导，为师范生进行微格训练提供了明确的目标要求和相应的实训材料，指导实训环节顺利开展。

本书分为上篇理论篇、中篇实践篇、下篇实训篇，既可作为教育技术学专业的教材，也可作为本专科师范院校师范生教学技能培训和在职教师职后培训的教材，同时本书也适用于教师进行教学研究活动研究。

图书在版编目(CIP)数据

微格教学 / 张莉琴，陈美芳主编． -- 北京：北京邮电大学出版社，2016.12（2024.7重印）
 ISBN 978-7-5635-4975-7

Ⅰ.①微… Ⅱ.①张…②陈… Ⅲ.①微格教学－师范大学－教材 Ⅳ.①G424.21

中国版本图书馆CIP数据核字（2016）第301559号

书　　　　名：	微格教学
著作责任者：	张莉琴　陈美芳　主编
责 任 编 辑：	刘佳
出 版 发 行：	北京邮电大学出版社
社　　　　址：	北京市海淀区西土城路10号（邮编：100876）
发　行　部：	电话：010-62282185　传真：010-62283578
E-mail：	publish@bupt.edu.cn
经　　　　销：	各地新华书店
印　　　　刷：	河北虎彩印刷有限公司
开　　　　本：	787 mm×1 092 mm　1/16
印　　　　张：	12.75
字　　　　数：	328千字
版　　　　次：	2016年12月第1版　2024年7月第3次印刷

ISBN 978-7-5635-4975-7　　　　　　　　　　　　　　　　　　　　定　价：28.00元

· 如有印装质量问题，请与北京邮电大学出版社发行部联系 ·

前　　言

微格教学是建立在教育教学理论、科学方法论和现代视听技术基础上的一种小型而可控的训练教学技能的理论和方法，是整个师范教育从理论过渡到实践的重要桥梁。微格教学克服了传统教育类课程偏重理论灌输的局限，使教学理论的学习与操作技能的锻炼得到有机的结合，使学生的教育教学实践能力得到明显提高。自微格教学提出以来，已形成了如爱伦模式、布朗模式等多种较为成熟的教学模式。至今为止，微格教学仍是最有效的师范技能训练模式，我国的师范生教学技能训练多以微格训练方式为主，几乎所有的师范院校都建有微格系统。微格教学包括理论学习、编写教案、提供示范、教学实践、反馈评价、修改教案等环节。

微格教学的主要内容就是把教师的教学行为分解为各种教学技能并分别加以训练，然后再综合起来进行教学实践，从而形成完整的课堂教学能力。本教材紧扣我国教育改革对教师的新要求，着眼于微格训练的实践性，细分教学技能并有针对性地给出了实践指导与实训要求，易于理解，便于操作，有利于师范生在较短的时间内有针对性地进行系统的教学技能训练。同时，随着信息技术的进步，微格教学也深受影响，本书中多处对信息技术环境下微格教学的变化给予了相应的解读。

本书是编者多年进行微格教学课程实施的过程之中的理论升华和实践经验的结晶。全书针对教育技术学专业学生和师范生、在职教师等不同用户群体，全面地介绍了微格教学理论和实践体系的发展，详细解读了微格教学中各项单项技能的概念、作用、类型和应用要点，并加入了主要教学技能的相应实训指导，为师范生进行微格训练提供了明确的目标要求和相应的实训材料，指导实训环节顺利开展。本书分为上篇理论篇、中篇实践篇、下篇实训篇，既可作为教育技术学专业的教材，也可作为本专科师范院校师范生教学技能培训和在职教师职后培训的教材，同时本书也适用于教师进行教学研究活动研究。

本书由张莉琴、陈美芳担任主编，魏丹丹、胡小强、万春晖、刘亚丽担任副主编。具体章节撰写分工如下：第1章胡小强、武宁，第2章魏丹丹、刘亚丽，第3章万春晖、黄笑，第4章陈美芳、胡小强，第5章魏丹丹、万春晖，第6章张莉琴、陈美芳、刘亚丽，第7章张莉琴、陈美芳、胡小强，第8章魏丹丹、万春晖，实训篇张莉琴、陈美芳、万春晖。全书由张莉琴统稿，武宁、黄笑全程参与了本书的统稿工作，沈晓军、苏瑞也参与了部分工作。本书编写过程中，参考了全国许多专家学者的著作和文献以及一线教师的案例，在此深表谢意。由于考虑不周，疏漏之处在所难免，恳请各位专家、读者和广大教师批评指正。

编　者
2016.10

目 录

上篇 微格教学理论

第 1 章 微格教学概述 ······ 3
- 1.1 微格教学的发展 ······ 3
  - 1.1.1 微格教学的产生 ······ 3
  - 1.1.2 微格教学的发展 ······ 4
- 1.2 微格教学的定义与特点 ······ 4
  - 1.2.1 微格教学的定义 ······ 4
  - 1.2.2 微格教学的特点 ······ 6
- 1.3 微格教学的程序 ······ 6
  - 1.3.1 确定训练目标,进行试教前的学习和研究 ······ 6
  - 1.3.2 技能示范 ······ 7
  - 1.3.3 分析技能特点,确定训练技能和编写教案 ······ 7
  - 1.3.4 模拟技能实践 ······ 7
  - 1.3.5 反馈评价 ······ 7

第 2 章 微格教学实施的原理 ······ 9
- 2.1 建构主义学习理论与微格教学 ······ 9
  - 2.1.1 建构主义学习理论的主要思想 ······ 9
  - 2.1.2 建构主义学习理论对微格教学的指导 ······ 10
- 2.2 系统科学理论与微格教学 ······ 11
  - 2.2.1 系统科学理论的主要思想 ······ 12
  - 2.2.2 系统科学理论对微格教学的指导 ······ 12
- 2.3 视听理论和信息技术与微格教学 ······ 13
  - 2.3.1 视听教育理论——经验之塔 ······ 13
  - 2.3.2 视听理论及信息技术对微格教学的指导 ······ 15

第 3 章 微格教学模式 ······ 17
- 3.1 微格教学的基本模式 ······ 17
  - 3.1.1 爱伦模式 ······ 17
  - 3.1.2 布朗模式 ······ 18
  - 3.1.3 澳大利亚悉尼模式 ······ 20
- 3.2 微格教学模式的发展 ······ 22
  - 3.2.1 导生制微格教学模式 ······ 22
  - 3.2.2 微格教学的变通模式——微格教研 ······ 26

3.2.3 信息技术环境下微格教学模式的构建……………………………………… 30

第 4 章 微格教学系统……………………………………………………………… 33

4.1 微格教学系统概述………………………………………………………… 33
4.1.1 基本概念……………………………………………………………… 33
4.1.2 系统特征……………………………………………………………… 34

4.2 微格教学系统构成………………………………………………………… 35
4.2.1 组成部分……………………………………………………………… 35
4.2.2 常用设备……………………………………………………………… 36

4.3 微格教学系统功能与要求………………………………………………… 38
4.3.1 微格教学系统的功能………………………………………………… 38
4.3.2 微格教学系统的要求………………………………………………… 39

4.4 微格教学系统使用………………………………………………………… 40
4.4.1 基本情况……………………………………………………………… 40
4.4.2 微格教学系统基本操作……………………………………………… 41

中篇 微格教学技能

第 5 章 课前准备…………………………………………………………………… 51

5.1 微格教学设计……………………………………………………………… 51
5.1.1 微格教学设计概述…………………………………………………… 51
5.1.2 过程模式……………………………………………………………… 52
5.1.3 微格教学设计过程…………………………………………………… 56

5.2 微格教案编写……………………………………………………………… 62
5.2.1 微格教案概述………………………………………………………… 62
5.2.2 微格教案的具体内容………………………………………………… 62
5.2.3 微格教案示例………………………………………………………… 65

5.3 微格教学训练的内容与方法……………………………………………… 66
5.3.1 微格教学训练的内容………………………………………………… 66
5.3.2 微格教学训练的方法………………………………………………… 68

5.4 微格教学训练的组织与实施……………………………………………… 69
5.4.1 理论学习……………………………………………………………… 69
5.4.2 组织示范与观摩……………………………………………………… 70
5.4.3 指导教案编写………………………………………………………… 70
5.4.4 角色扮演……………………………………………………………… 71
5.4.5 反馈评价……………………………………………………………… 71
5.4.6 教案修改与反复训练………………………………………………… 72

第 6 章 课堂基本教学技能………………………………………………………… 73

6.1 教学语言技能……………………………………………………………… 73

6.1.1　教学语言技能的概念 …………………………………………………… 74
　　6.1.2　教学语言技能的作用 …………………………………………………… 74
　　6.1.3　教学语言技能的类型 …………………………………………………… 76
　　6.1.4　教学语言技能的应用原则 ……………………………………………… 84
　　6.1.5　教学语言技能应用要点 ………………………………………………… 86
　　6.1.6　教学语言技能的评价 …………………………………………………… 87
6.2　板书技能 ……………………………………………………………………………… 89
　　6.2.1　板书技能的概念 ………………………………………………………… 89
　　6.2.2　板书技能的作用 ………………………………………………………… 90
　　6.2.3　板书的类型 ……………………………………………………………… 91
　　6.2.4　板书技能应用原则 ……………………………………………………… 94
　　6.2.5　板书技能的应用要点 …………………………………………………… 95
　　6.2.5　板书技能的评价 ………………………………………………………… 95
6.3　导入技能 ……………………………………………………………………………… 96
　　6.3.1　导入技能的概念 ………………………………………………………… 96
　　6.3.2　导入技能的作用 ………………………………………………………… 97
　　6.3.3　导入技能的类型 ………………………………………………………… 97
　　6.3.4　导入技能的应用原则 …………………………………………………… 101
　　6.3.5　导入技能的应用要点 …………………………………………………… 102
　　6.3.6　导入技能的评价 ………………………………………………………… 103
6.4　提问技能 ……………………………………………………………………………… 104
　　6.4.1　提问技能的概念 ………………………………………………………… 105
　　6.4.2　提问技能的作用 ………………………………………………………… 105
　　6.4.3　提问技能的类型 ………………………………………………………… 106
　　6.4.4　提问技能的应用原则 …………………………………………………… 110
　　6.4.5　提问技能的应用要点 …………………………………………………… 112
　　6.4.6　提问技能的实施步骤 …………………………………………………… 113
　　6.4.7　提问技能的评价 ………………………………………………………… 114
6.5　讲解技能 ……………………………………………………………………………… 115
　　6.5.1　讲解技能的概念 ………………………………………………………… 116
　　6.5.2　讲解技能的作用 ………………………………………………………… 116
　　6.5.3　讲解技能的类型 ………………………………………………………… 117
　　6.5.4　讲解技能的应用原则 …………………………………………………… 120
　　6.5.5　讲解技能的应用要点 …………………………………………………… 120
　　6.5.6　讲解技能的评价 ………………………………………………………… 121
6.6　演示技能 ……………………………………………………………………………… 123
　　6.6.1　演示技能的概念 ………………………………………………………… 123
　　6.6.2　演示技能的作用 ………………………………………………………… 123
　　6.6.3　演示技能的类型 ………………………………………………………… 124
　　6.6.4　演示技能的应用原则 …………………………………………………… 127

  6.6.5 演示技能的应用要点 …………………………………………………… 127
  6.6.6 演示技能的实施步骤 …………………………………………………… 128
  6.6.7 演示技能的评价 ………………………………………………………… 128
 6.7 教学结束技能 …………………………………………………………………… 130
  6.7.1 教学结束技能的概念 …………………………………………………… 130
  6.7.2 教学结束技能的作用 …………………………………………………… 130
  6.7.3 教学结束技能的类型 …………………………………………………… 131
  6.7.4 教学结束技能的应用原则 ……………………………………………… 134
  6.7.5 教学结束技能的应用要点 ……………………………………………… 135
  6.7.6 教学结束技能的实施步骤 ……………………………………………… 135
  6.7.7 教学结束技能的评价 …………………………………………………… 136

第 7 章 课堂教学调控技能 ……………………………………………………………… 139

 7.1 强化技能 ………………………………………………………………………… 139
  7.1.1 强化技能的概念 ………………………………………………………… 140
  7.1.2 强化技能的作用 ………………………………………………………… 140
  7.1.3 强化技能的类型 ………………………………………………………… 141
  7.1.4 强化技能的应用原则 …………………………………………………… 143
  7.1.5 强化技能的应用要点 …………………………………………………… 144
  7.1.6 强化技能的评价 ………………………………………………………… 145
 7.2 变化技能 ………………………………………………………………………… 146
  7.2.1 变化技能的概念 ………………………………………………………… 147
  7.2.2 变化技能的作用 ………………………………………………………… 147
  7.2.3 变化技能的类型 ………………………………………………………… 147
  7.2.4 变化技能应用原则 ……………………………………………………… 149
  7.2.5 变化技能的评价 ………………………………………………………… 149
 7.3 课堂组织技能 …………………………………………………………………… 150
  7.3.1 课堂组织技能的概念 …………………………………………………… 150
  7.3.2 课堂组织技能的作用 …………………………………………………… 151
  7.3.3 课堂组织技能的类型 …………………………………………………… 151
  7.3.4 课堂组织技能的要素 …………………………………………………… 153
  7.3.5 课堂组织技能应用原则 ………………………………………………… 154
  7.3.6 课堂组织技能的应用要点 ……………………………………………… 154
  7.3.7 课堂组织技能的评价 …………………………………………………… 155

第 8 章 微格教学评价与反馈 …………………………………………………………… 157

 8.1 微格教学评价概述 ……………………………………………………………… 157
  8.1.1 微格教学评价的概念和功能 …………………………………………… 157
  8.1.2 微格教学评价的目的及意义 …………………………………………… 158
 8.2 微格教学评价的程序 …………………………………………………………… 159

  8.2.1　建立评价指标体系 …………………………………………… 159
  8.2.2　确定评价标准 ………………………………………………… 162
  8.2.3　制定技能评价表 ……………………………………………… 162
  8.2.4　实施评价 ……………………………………………………… 163
 8.3　微格教学评价的内容与方法 ………………………………………… 163
  8.3.1　定性评价 ……………………………………………………… 163
  8.3.2　定量评价 ……………………………………………………… 163
 8.4　微格教学反馈 ………………………………………………………… 165
  8.4.1　反馈的特点和类型 …………………………………………… 165
  8.4.2　获得反馈的方法 ……………………………………………… 166
  8.4.3　反馈应用原则 ………………………………………………… 166

下篇　实　训　篇

实训一　口头语言技能训练 …………………………………………………… 171
实训二　板书技能 ……………………………………………………………… 176
实训三　导入技能 ……………………………………………………………… 178
实训四　提问技能 ……………………………………………………………… 182
实训五　讲解技能 ……………………………………………………………… 186
实训六　演示技能 ……………………………………………………………… 188
实训七　结束技能 ……………………………………………………………… 190

上篇　微格教学理论

第1章 微格教学概述

本章学习目标：

通过本章学习，了解微格教学的发展历程和微格教学的定义与特点，掌握微格教学的程序与实施步骤，为开展微格训练做好准备。

本章要点：

- 微格教学的产生与发展
- 微格教学的定义
- 微格教学的特点
- 微格教学的程序

1.1 微格教学的发展

1.1.1 微格教学的产生

1957年10月苏联的第一颗人造卫星上天后，世界范围内都引起了震惊，尤其是美国。美国人在研究了苏联的成功经验之后，认识到自己在空间技术落后的根源在于教育的落后，于是在美国掀起了一场全国性的教育改革运动。而这场改革也让更多的人认识到现代教师培养的旧态已不能适应现代社会的要求和教育革新的步伐了，要使教师具有适当而有效的能力，就得摆脱传统的教育模式，把重点放在理论与实际的统一过程和教师的各种能力训练上。为了加强对教师的师范技能培训，使职前教师尽快掌握教学技能，美国开展了改善教师教育水平的CBTE(Competency Based Teacher Education)运动。师范生的主要工作去向是教师，为了提升师范生的教育能力，早期的做法往往是在毕业前进行教育实习。但是他们对教学没有直观的感受，往往记不起自己上课的全过程，因此难以进行客观的自我表现评估和改进。

在这样的背景下，1963年美国斯坦福大学以艾伦(Dwight W. Allen)为代表的一批学者首先提出微格教学(Microteaching)，将教学过程中的综合教学技能分解为各种单一的技能，将受训学员10人左右分为一个小组，每个小组在导师的指导下针对某一两种技能进行10~15分钟的教学训练。先由一名学员主讲，其余学员扮演学生，现场通过拍摄录像，并进行讨论和评议，导师最后进行小结，依次使小组的每个学员都经受教学训练，以此来提高大家的基本教学技能。艾伦教授在斯坦福大学试行的微格教学主要分为六步：设计(plan)—教学(teach)—观摩与评议(observe and critique)—再设计—再教学(reteach)—再观摩(reobserve)。

1.1.2 微格教学的发展

微格教学诞生后很快在西方各国流行和推广开来。20世纪60年代末传入英国和德国等欧洲国家，70年代传入日本、澳大利亚、新加坡和我国香港等地，80年代传入中国、印度、泰国等发展中国家。经过数十年世界各国师范院校的使用和改进，微格教学已发展成为一个稳定完善的教学系统。

微格教学在美国兴起之后，在澳大利亚等国也得到了很好的研究与发展。澳大利亚的悉尼大学和新南威尔士大学教育学院开设的课程每周4课时，上13周课，共52课时。对于在职教师的进修培训也开设微格教学实习课，时间是每周2小时，共13周。悉尼大学的教育工作者们，经过近十年的研究和实践开发的微格教学课程，是移植、改进最成功的一例，获得了世界声誉。悉尼大学的微格教学注重师范生的自我发展，这点从他们整个教学过程中指导老师主要启发师范生进行自我评价就可以看得出来。悉尼大学编著的一套微格教学教材和示范录像带，在世界上引起了强烈的反响。这套教材已被澳大利亚80%的教师培训机构，以及英国、南非、巴布亚新几内亚、印度尼西亚、泰国、加拿大、美国和中国香港地区的一些师范院校采用。

1973年，香港中文大学教育学院开始采用微格教学的方法培训师范类学生。又于20世纪80年代初对在职教师进行了微格教学培训实验，从而证明了微格教学对在职教师培训也有很大帮助。微格教学在20世纪80年代中期引入我国，首先在北京教育学院展开了学习研究，并进行了实践。在此基础上，按照国家教委师范司的意见和要求，先后举办了七期全国部分教育学院教师参加的"微格教学研讨班"。微格教学作为培训教师教学技能的有效方法，很快受到了广大教师的欢迎，微格教学的研究和实践已经扩展到中等师范学校、许多中小学和部分高等师范院校。1993年全国各省级教育学院在国家教委的世界银行贷款资助下，分别建立了具有先进设备的微格教学实验室，为这些院校和地区开展微格教学提供了必要的物质保证。1999年以来，微格教学随着教育教学改革的发展，已经被很多人认识和接受，各级师范院校已基本都建有微格教室和相应的微格设备。2000年，微格教学协作组申请加入中国电化教育协会（2002年11月正式更名为中国教育技术协会），这一举措标志着微格教学进入一个新的发展时期。

1.2 微格教学的定义与特点

1.2.1 微格教学的定义

微格教学是从英文单词Microteaching翻译过来的，Micro的意思是极微小的、超短的，teaching的意思是教学、教授。"微格"的"微"，来自Micro微小的意思，"格"在我国古代有"格物致知"这种说法，"格物"是指对事物进行分析，用在这里有控制、限定、分析的意思。对于微格教学的内涵，不同学者有着不同的见解。

微格教学法创始人美国斯坦福大学的爱伦教授最初将微格教学定义为："微格教学是一个'有控制的实习系统'，它使师范生有可能集中解决某一特定的教学行为，或在有控制的条件下进行学习。"而麦克·里斯（Mike Reese）和恩·文（Unwin）认为："微格教学是一个缩减的教学实践，它在班级人数、课程长度和教学复杂程度上都被缩减了。"

《教育大辞典》(1990年版)对微格教学的解释为:"微格教学是指教师或受训教师用10分钟左右的时间运用某种教学技能进行小规模的教学活动,录像后由教师和同学讨论、分析,是改进教学行为的有效方法。"

《澳大利亚教育词典》对微格教学的解释为:"微格教学是在模拟环境中进行师范教育的一种方法,其目的是简化正常教学过程的复杂性。"

我国学者孟宪凯认为:"微格教学的理论利用培根的自然哲学思想,将复杂的宏观层次上的教学活动进行分解。采用'人物分析法'和'活动分析法'技术,可在微观教学活动上建立稳定的教学技能模式,对教师的教学行为进行分类。每项教学技能是由一类在教学功能上有某种共性的教学行为构成的,它有理论阐述和对具体教学行为的模式描述,使教学行为成为可观察、可示范、可操作、可反馈评价的训练模式。"

我国学者黄晓东认为:"微型教学法是在有限的时间和空间内,利用现代录音、录像等设备,训练某一技能、技巧的教学方法。"

北京教育学院微格教学课题组从1986年开始着手微格教学的研究,经过多年的研究和实践认为:"微格教学是一个有控制的实践系统,它使师范生和在职教师有可能集中解决某一特定的教学行为,或在有控制的条件下学习,它是建立在教育理论、视听技术基础上的系统训练教师教学技能的方法。"

综合来看,微格教学是采用现代教育技术,对受训者进行教学技能培训的一种新途径。它将复杂的教学活动细分为许多易于掌握的单项技能,在有控制的教学环境中逐步展开训练—评价—再训练,使受训者的教学能力得到发展和提升。在微格训练过程中,受训者在学习完每一项教学技能之后,紧接着要通过一个简短的微型课对所学的教学技能进行实践训练,使其理论在实践的过程中提高和完善。

微格教学有两个目标:一是使受训者掌握一定的教学技能;二是通过技能的运用,实现一定的课程教学目标。正因为如此,开展微格教学要具备以下条件:一是特定的环境,即监控环境;二是把课堂教学基本技能细化;三是促进受训者的行为改变。"特定的环境"指在有控制的情况下、在一定空间范围内由现代媒体控制系统训练教师教学技能的一种方法。"特定"还包括小组成员之间的心理控制。"课堂教学基本技能细化"则是把完整的课堂教学过程化解为若干部分,受训者必须接受各个部分的训练。"行为改变"则强调受训者的教学行为的提高,在不断反馈、不断评价中促进教学技能形成。

就内在意义而言,微格教学是建立一套课堂教学技能的行为模式。因此,微格教学的界定非常强调现代特点,即在现代技术的监控下进行教学技能的具体训练,它要求授课时间短、教学训练目标具体、学生人数少,是一种最真实的将课堂教学分解、细化为若干可操作的教学技能组块并加以逐一训练的过程。这种微格训练能有效地让受训者把专业知识及教育学和心理学的理论以及特定的教学策略外化为具体的教学行为规范,形成相应的教学能力,促进受训者基本教学素质的提高与发展。当前,许多师范院校要求学生在实习之前必须完成微格训练过程,这是师范生在校期间迅速提高教学技能的有效途径。

许多专家的长期实践证实,微格教学把复杂的教学活动细分为许多易于掌握的单一教学技能,可大大促进师范生和青年教师教学技能的迅速提高。在实际教学过程中,课堂教学是教学结构、教学过程的完整性统一,而单一的技能训练要改变自身不利的局面,必须在单项训练的基础上,再建立整合训练的技能体系。

1.2.2 微格教学的特点

在微格教学过程中,强调技能的分析示范、实践反馈、客观评价等环节。总的来说,微格教学有如下特点。

1. 训练内容单一集中

微格教学打破了传统教师培训的模式,将复杂的教学行为细分为容易掌握的单项技能,如导入技能、讲解技能、提问技能、强化技能、变化技能、演示技能、板书技能、结束技能等。每一项技能都是可描述、可观察和可培训的,并能逐项进行分析、研究和训练。在教学过程中,受训学生可以侧重训练和矫正某一具体的教学技能,而且可以把这一教学技能的细节放大,反复练习。这种对某一教学技能的集中练习,使受训学生易于掌握,更易达到预期的效果。在训练过程中受训学生逐一掌握各项教学技能,最终提高综合课堂教学能力。这种教学方式无论是在课堂长度、范围、学生人数和授课时间等方面都相应简化。由于它是一种内容单一、目标明确具体、时向短、参加人数少的教学形式,因此,又可称为微型教学。

2. 反馈评价及时全面

微格教学利用现代化视听设备作为课堂记录手段,真实而准确地记录了教学的全过程。受训者可以直接从记录中观察教学技能的应用、教学内容的表达以及交流方法的优劣,获得自己教学行为的直接反馈,避免了主观因素的影响,而且还可运用慢速、定格等手段在课后进行反复观摩、讨论与分析,克服了时空限制,从而能更好地注意到细节问题。受训者得到的反馈信息不仅来自指导教师和听课的同伴,更为重要的是来自自己真实的教学过程。

3. 角色转换多元有效

微格教学突破了传统的理论灌输式的教师培训模式,运用现代化的摄像技术,对课堂教学技能的培训既有理论指导,又有示范、观察、实践、反馈、评议等内容。在微格教学的教学理论研究和技能分析示范阶段,受训学生担当的是学习者的角色,这样既能学习教学技能方面的理论,又可以观察到形象化的录像示范。这时受训学生要听、要看,还要与自己原有的教学实践认识进行比较分析,既调动了多种感官参与,也激发了学习积极性。在实践阶段,受训学生的角色又转换为执教者,将前面所学习的教学技能理论融合到自己设计的微格教学片段中去。到了观摩评议阶段,受训学生的角色又转化为评议者,必须要用学到的理论去分析、评议教学实践,不仅要评议同伴的教学实践,还要自我评议。如此不断的角色转换,有利于调动学生的学习积极性,从不同角度加深对教学技能的认识和掌握。

综上所述,微格教学班级人数少、上课时间短、教学内容单一、视听设备齐全、教学目标集中、教学方法灵活、教学反馈直接、教学评价客观,能有效帮助受训学生掌握教学技能。

1.3 微格教学的程序

微格教学系统主要用于技能训练、示范教学、观摩教学和教学实况转播与录像等方面。微格教学系统的应用需要按一定的技能训练程序进行,经过多年的研究和实践,已基本形成如图 1.1 所示的程序模式,一般包括以下七个步骤。

1.3.1 确定训练目标,进行试教前的学习和研究

微格教学是在现代教育理论指导下的实践活动。因此,在进行微格教学的试教前进行教

育理论的学习是非常必要的。学习内容主要有教学设计、教学目标分类、教材分析、教学技能分类、课堂教学观察方法、教学评价等。

1.3.2 技能示范

在正式训练前,为了使受训学生明确训练的目标和要求,通常利用录像或实际角色扮演的方法对所训练的技能进行示范。示范的内容可以是一节课的全过程,也可以是课堂教学的片段。示范可以是正面典型,也可以是反面典型,两种示范可以对照使用。

1.3.3 分析技能特点,确定训练技能和编写教案

微格教学是把课堂教学分为不同的单项教学技能分别进行训练。因此,在培训技能确定后,受训学生要选择恰当的教学内容,根据所设定的教学目标和技能进行教学设计,并编写出较为详细的教案。微格教学的教案具有不同于一般教案的特点,它要详细说明教师的教学行为(所应用的技能)和学生的学习行为(包括预想的反应)。

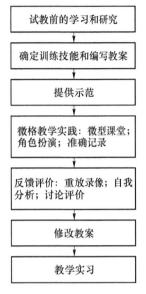

图 1.1 微格教学的基本程序

1.3.4 模拟技能实践

模拟技能实践也称为试教,具体分为以下三个步骤。

1. 组成微型课堂

微型课堂一般由教师角色、学生角色(受训者的同伴或真实的学生)、教学评价人员等组成。

2. 角色扮演

在微型课堂上受训学生作为教师角色试讲一节课的一部分,其余小组成员扮演课堂对应的学生角色,练习两三种技能,所用时间一般为 5~15 分钟。

3. 准确记录

在进行模拟技能实践时,一般用录像的方法对教学过程进行记录,以便能及时准确地进行反馈。

1.3.5 反馈评价

反馈评价分以下三步进行。

1. 重放录像

为了是受训学生及时获得反馈信息,当角色扮演完成后要重放录像。有关人员一起观看录像,进一步观察受训学生达到培训目标的程度。

2. 自我分析

看过录像后,教师角色要进行自我分析,检查试教过程是否达到了自己所设定的目标,所培训的教学技能是否掌握。

3. 讨论评价

学生、评价人员要从各自的立场来评价试教过程,讨论受训学生存在的问题,指出其努力的方向。评价的方法主要有三种:一是讨论评价;二是制作评价表量化评价;三是把角色行为

范畴化,然后输入计算机进行评价。

思考与练习

1. 微格教学的定义和特点是什么?
2. 微格教学的训练程序有哪些?
3. 试述微格教学理论基础的相互关系及其异同性。
4. 请结合实例说明微格教学理论的作用。
5. 请结合实际,举例说明微格教学的作用及对自己的影响。

本章参考文献

[1] 吴渝,马若义.微格教学实训教程[M].合肥:合肥工业大学出版社,2007.
[2] 蔡冠群.微格教学原理与训练实用教程[M].大连:大连理工大学出版社,2010.
[3] 彭保发.国家大学生文化素质教育基地教材:微格教学与教学技能[M].南京:南京大学出版社,2010.
[4] 荣静娴.微格教学与微格教研[M].上海:华东师范大学出版社,1999.
[5] 范建中.微格教学教程[M].北京:北京师范大学出版社,2010.
[6] 李志河.微格教学概念[M].北京:北京交通大学出版社,2008.
[7] 黄宇星.信息技术微格教学[M].厦门:厦门大学出版社,2008.
[8] 魏书敏.课堂教学技能训练[M].上海:华东师范大学出版社,2012.
[9] 廖圣河.语文微格教学[M].北京:中国林业出版社,2009.

第 2 章　微格教学实施的原理

本章学习目标：

通过本章学习，充分了解微格教学训练的每一发展阶段实施的科学原理，并能在微格教学实施过程中运用这些理论指导实践。

本章要点：

> 建构主义学习理论与微格教学
> 系统科学理论与微格教学
> 视听理论和技术与微格教学

微格教学是 20 世纪 60 年代以来在教育实践中产生的，经过几十年理论和实践的发展，微格教学过程已经形成较全面、较科学的模式，在各种技能的培训中发挥了重要作用，它是系统训练教师课堂教学技能的理论和方法。在微格教学培训过程的每一阶段，都离不开科学理论的指导，教育教学理论、科学方法论、视听理论和技术等为微格教学训练提供了有利的论证。

2.1　建构主义学习理论与微格教学

建构主义的思想来源于认知加工学说以及维果斯基、皮亚杰和布鲁纳等人的思想。建构主义者更加关注学习者如何以原有的经验、心理结构和信念为基础来建构知识，更加强调学习的主观性、社会性和情景性。因此，建构主义学习理论提出了新的知识观，也给传统教学带来了一场革命，使教学的中心由教师向学生转移，这就要求我们彻底地改变传统的知识观、学习观、教学观、学生观和教师观。

2.1.1　建构主义学习理论的主要思想

1. 建构主义学习理论强调学习不是外部刺激的结果，是外部环境与认知主体内部心理相互作用的结果。提出同化—顺应的认知建构过程和"平衡—不平衡—新的平衡"的认知发展过程。同化和顺应是人们与外部环境相互作用时内部心理发生的两个基本过程，同化的结果在数量上扩展了认知结构，顺应是指个体的认知结构因外部刺激的影响而发生改变的过程，顺应过程的完成重组了认知结构，建立了新的认知结构。

2. 建构主义学习理论强调以学生为中心，要求学生由外部刺激的被动接受者和知识的灌输对象转变为信息加工的主体。认为学生是知识意义的主动建构者，强调认知主体对学习的能动作用。

3. 建构主义学习理论强调学习环境对有效形成意义建构的重要作用,指出"情境、协作、会话、意义建构"是建构学习环境的四大属性。其中情境是与学习主题的基本内容相关和现实情况基本一致或类似的情景和环境;协作是发生在学习过程中教师与学生之间、学生与媒体之间、学生与学生之间的平等友好的支援和帮助;会话主要是指在个人自主学习的基础上,小组成员之间的讨论和商榷;意义建构是学习过程所追求的目标。

4. 建构主义学习理论强调利用各种信息资源来支持学生的学习,明确学习某主题所需信息资源的种类和每种资源在学习过程中所起的作用,有效利用这些资源形成一定的经验与认知结构,完成对知识的主动探索和意义的建构。

5. 建构主义学习理论倡导在教师的指导下,以学习者为中心,把真实情境创设看作是达成"意义建构"这一最终目标的必要前提。

2.1.2 建构主义学习理论对微格教学的指导

微格教学过程模式如图 2.1 所示。

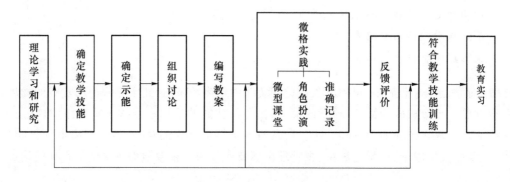

图 2.1 微格教学过程模式

从图 2.1 来看,虽然微格教学在具体的操作过程中是以行为主义学习理论为主,但微格教学理论吸收了建构主义学习理论的许多优点。微格教学在其发展的过程中,建构主义学习理论起到了一定的作用,如微格教学第一个步骤是理论学习和研究,即在实施模拟教学之前应学习有关的现代教育理论、微格教学的基本理论、教学目标分类、教学技能分类及教学设计等内容。通过理论学习,形成一定的认知结构,有利于以后观察学习内容的同化与顺应,提高学习信息的可感受性及传输效应,促进学习的迁移。另外,微格教学的学习环境及学习过程具备了情景创设、协作、会话等因素,这正是构成建构主义学习理论所必须具备的属性。如果以建构主义学习理论为指导,强调认知主体与微格教学所具备的环境相互作用,强调教师指导的以训练者为主体的学习,充分发挥训练者的积极性、创造性,调动训练者进行知识意义的主动建构,将会发挥微格教学在课堂教学技能培训方面所应有的作用。

以建构主义学习理论指导微格教学实施过程时,应该注意做到以下几点:

1. 注重理论学习和研究

微格教学模式的第一步就是理论学习和研究,但在实际操作中往往处于很次要的地位,没有引起足够的重视,并常常被认为是可有可无而被忽略。建构主义学习理论认为,在知识学习过程中起决定作用的内因是学生原有的图式,图式是学习者在学习过程中的心理准备,其中包括知识经验的、情感态度的等多方面的因素。在微格教学的过程中,应使训练者明确学习课堂教学技能的目的和意义,了解课堂教学技能在教师教学能力中的地位和作用,理解各种课堂教学技能的知识结构、相关的教育教学理论和学科专业知识,典型的行为要素、特征和教学功能,熟悉每种技能的不同类型、执行程序、注意要点等,这样才能形成课堂教学技能训练的知识表征系统,在逐步完善的基础上形成教学技能的图式,有利于同化和顺应的实现及知识意义的建构,促进学习的迁移。

2. **教师应注意自己角色的转换,即由"主体"角色转变为"主导"角色**

教师应在微格教学的过程中起组织、帮助、引导、促进作用。教师除给学生必要的刺激外,应尽一切可能激发学生对教学技能的学习兴趣,帮助学生形成学习动机,应尽可能多地组织"协作学习",与学生进行交流、对话。让学生与学生之间进行交流、会话,并对"协作学习"过程进行引导,使其不偏离训练目标,同时逐步加深学生对所训练的教学技能的印象的理解;诱导学生积极思考、探索,巧妙地让学生认识到自己在教学技能方面的缺点,不伤害他们的自尊心,并帮助他们改正错误,鼓励他们积极尝试、探索;及时对学生的训练效果进行评价,并通过强化训练,纠正原有的错误,建立正确的知识构架;了解学生的心理特点及教学技能形成的心理机制,引导学生"内化"所训练的教学技能,在原有认知结构的基础上建立新的认知结构。

3. **有效利用及正确对待优秀教学专家的教学经验**

为避免对所提供教学专家教学示范的机械模仿,应研究和外化专家的教学操作经验。通过观摩和分析,学习和理解专家进行教学决策的心理活动程序和要点,了解其教学行为执行的心理动作模式图式,使学生的心理模仿和训练有据可依,并形成初步的教学决策能力。例如,导入技能不仅要描述其外显的"引入、陈述"等行为特征,而且要说明是在什么情景中、如何导入新的内容、为什么选择这种导入的方式,选择这种方式时决策的依据又是什么。另外,不可能有绝对完美的教学经验,因此,在分析专家的教学经验时,应允许学生提出反面意见,并进行讨论。这有利于提高对教学经验的认识水平,修正和强化原有的认知结构。

4. **重视教育实习**

微格教学训练进行了大量的情景创设、模拟决策、比照范例、模拟教学等活动,但这并不意味着可以取消教育实习。建构主义学习理论强调真实情景的创设,认为真实情景可以鼓励学习者对知识的主动建构,并有利于知识的迁移。教育实习有利于教学技能的内化和熟练,在教育实习中,学生通过多种技能的有机组合和综合运用,经过指导教师的悉心指导和自我反思,能够获得大量的、更高级的感性认识,促进教学技能的内化和熟练,形成较为完善的关于教学技能的认知结构。

2.2 系统科学理论与微格教学

系统科学是诞生于20世纪40年代的新学科,包含系统论、信息论、控制论。系统科学在揭示出了自然、社会、思维领域中各种现象实质的同时,具体论证了事物运动变化统一的哲学观点以及诸多因素的辩证关系,如系统与要素、结构与功能、过程与状态等,并由此抽象出系统科学的三条基本原理:整体原理、有序原理、反馈原理。系统科学的基本原理和思维方法(信息方法、控制方法、系统方法)对微格教学同样具有重大的指导意义。

2.2.1 系统科学理论的主要思想

1. 系统论

系统论的主要创立者是美籍奥地利生物学家贝塔朗菲。他认为,处在一定相互联系中与环境发生关系的各个组成部分所构成的整体,即是系统。自然界是一个巨大的系统,人类社会是一个巨大的系统,人的思维是一个复杂的系统,一个系统又分为母系统和子系统,系统论就是研究一切系统模式、原理和规律的科学。

整体原理把一切系统都当作一个整体来进行研究,认为整体是由若干相互联系、相互依赖、相互制约的要素组成的,诸要素组合的整体功能大于各个要素功能之和。

2. 信息论

美国贝尔电话研究所的数学家申农是信息论的创始人和奠基人。信息论是研究各种系统中信息的计量、传递、变换、存储和使用规律的科学。信息是人们正常生活中不可缺少的因素,是科学管理的重要条件,是发展经济经济的战略资源,已成为各国社会和经济发展的命脉。

3. 控制论

控制论的主要创立者是美国数学家维纳,他于1949年出版了《控制论》一书,宣告控制论这门学科正式诞生。所谓控制论,通常是指通过反馈实现有目的的活动,而反馈就是系统的输出转变为系统的输入。因此,控制论是研究系统中控制的特点和规律的科学。

2.2.2 系统科学理论对微格教学的指导

1. 教学系统是一个整体,整体优化的观点要求教师立足于教学的全过程,运用相关的整体观点,对影响教学效果的各种因素,对教学内容、传播手段、教学方法、教师的活动、学生的活动分别进行分析处理,按照整体优化的程序,设计出最优教学方案,并且在实施教学的过程中,不断收集反馈信息,对教学过程进行反馈调节,以发挥教学的整体功能。

由于教学是一个极为复杂的多因素、多结构"共生效应"的系统,不解决教学过程中的教学技能(导入、讲解、语言、板书、演示、变化和结束等技能),没有整体优化观念的指导,教学系统常常会出现顾此失彼、左右不能逢源的情况。微格教学正是基于"教学要素的优化+教学组合的优化=教学整体的优化"的观念,改革师资培训的传统模式,在教学技能的训练上探索出一条崭新的道路。

整体优化观念并不为教学提供任何现成的"特效处方",它只是为教师设计教学、组织教学和培训师资应遵循的指导思想奠定理论基础。有关教学内容、教学方法、训练手段和教学形式的优化,还需要去研究解决。

2. 教学过程是一种信息传递、接受、处理、存储和运用的过程。教师把知识传递给学生,实际上就是一种信息传递过程;学生感知、理解、记忆和运用所学内容,实质上也是接受、处理、存储和运用教学信息的过程。信息的传递、接受、处理、存储和运用都有一定的规律和手段,这就是教育方法、教学方法和教学手段的问题。微格教学以现代化的视听设备为媒体,通过课堂教学中师生的各种反应活动,引起信息的反馈,信息的反馈使教师既能了解自己的教学信息,包括成功与不足之处,又能了解关于反应少动的结果和预期目的之间的偏离信息。教师则可以根据学生的反馈信息,调整和改进自己的教学,必要时还可重放录像、自我分析、讨论评价,及时了解教学情况。这样,就能使教师的课堂教学技能和教学质量在"平衡—不平衡—新的平衡"的矛盾运动中不断提高。

3. 教育是一种有目的的活动，教学的任务就是要找到使学生掌握所学学科的手段。美国著名心理学家布卢姆把控制论用于教学，把教学和评估结合起来，从而提出了反馈教学原则和一系列的教学方法。布卢姆认为，反馈信息是通过评价发出的教育评价，是对反馈信息过滤的手段，只有科学反馈，才能有效地控制教学，师范生和在职教师教学技能的培训，也正是依据了这一原理，达到了最佳的培训效果。

反馈在课堂教学调控中有以下突出优点：

(1) 反馈是实现教师对学生(自己)信息控制的必要条件。一个良好的系统通过反馈来纠正和调整所发出的控制信息，从而实现对客体(师范生或被培训者)信息的控制。

(2) 反馈有利于提高教师的控制能力、认识能力。教师通过思维的内反馈，可以提高思维对信息的过滤和整合能力，提高信息的变换能力，提高思维方式和方法的效率。通过思维的外反馈，可以使教师在更小的范围内对信息进行选择、加工、处理，这就提高了思维的操作能力。同时，可以通过第二次反馈使认识回到实践中去检验，发现错误，纠正错误，接受教训，提高认识，改进方法，提高质量。

(3) 反馈能充分发挥教学中的调节、控制作用。教学过程中教师要保持认识系统的相对稳定，以促进认识朝着预定的目标发展，就必须充分发挥信息反馈的调节作用。

微格教学是一个有控制的教学实践系统，它使师范生和教师有可能集中解决某一特定的教学行为，并在有控制的条件下进行学习和训练。微格教学采用现代化视听设备为培训者提供有关自己教学行为的及时反馈，同时，还为培训者提供指导教师和学生主观感受的反馈，可以使培训者对照培训目标，客观地分析和调整自己的教学行为，从而尽快地达到培训目的。

系统论、信息论、控制论之间的联系十分密切，它们是一组有着内在联系的学科群体。微格教学这个系统离不开信息，因为信息是系统与环境、系统与子系统之间联系的不可缺少的重要因素。系统的运行离不开控制，对系统的控制也离不开信息，因为控制主要依赖于反馈信息。微格教学只有通过信息反馈，不断进行调节，才能达到其目的。

2.3 视听理论和信息技术与微格教学

20世纪20年代后，视听教育在美国兴起，新的教育媒体与教育方式得到了发展。20世纪40年代开始运用录音、电视、程序机、语言实验室进行教学，视听教育得到新的发展。微格教学利用信息技术等多渠道充分刺激学生视觉、听觉、动手操作等多种感觉，形成多种感觉通道的协同作用，增强神经活动的兴奋。

2.3.1 视听教育理论——经验之塔

从事视听教育的心理学家爱德加·戴尔总结了视听教育的经验，为阐明视听教育的教学过程，于1946出版了《视听教学法》，提出了学习过程中的"经验之塔"理论，如图2.2所示。戴尔认为：人们学习知识，一是由自己的直接经验获得；二是由他人间接经验获得。他认为人们在学习时，由直接到间接，由具体到抽象获得知识和技能是比较容易的，由此用一个学习经验的塔形图来表示不同学习方式的学习效果。

由图2.2可见，"经验之塔"分为3大类10个层次。

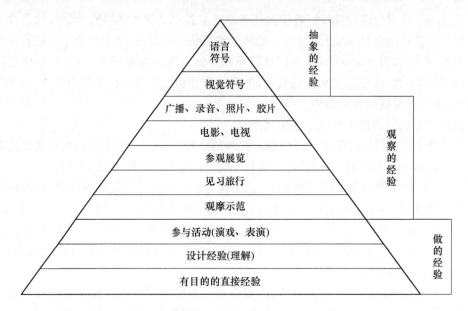

图 2.2 戴尔的经验之塔

1. 有目的的直接经验:是指从看见的、听到的、尝到的、摸到的具体事物获得知识,是教育的基础,是从生活中总结出来的最丰富、最具体的经验。

2. 设计的经验:是指通过模型、标本等学习间接材料获得的经验。模型、标本等是通过人工设计、仿造出来的事物,多与原来的事物大小和复杂程度有所不同,但形象类似,在教学上应用比真实事物易于领会,因而有相当大的价值。

3. 参与活动的经验:是指通过演戏、表演等,尽量接近真实和参与重现的经验。虽不是原来面目,却有典型性,人的一生有许多事情或知识是不能靠直接经验体会到的。例如历史知识,人们不可能到远古时代去直接学习,但可以通过参与演戏、表演等活动,尽量做到接近真实,即能使人们获得接近于直接经验的有关经验。而参与演戏或表演活动者与观看戏剧或表演的人体会不一样,前者要比后者获得的经验、知识深刻得多。

以上 3 个层次都含有亲自参加的"活动",所以说获得的是直接"做"的经验。

4. 观摩示范:是指看他人怎样做或表演,通过观察和模仿他人的示范程序以后,就会知道怎么去做这样的事。在教学上用得很广泛,如教师先做演示,再让学生去模仿。

5. 见习旅行:是指到大自然中去察看真实的事、物或情景,以获得在实验室里难以得到的体验,从而进行学习,增长知识。

6. 参观展览:是指观看集中展出或陈列的实物、模型、图表和图片等具有一定典型性的物品,比自然界的真实事物突出,但比实物差些,不一定有普遍性。

7. 电影与电视:是通过思想和文学艺术加工加上蒙太奇的手法,形象化地再现现实生活。观看时有真实感,但不能参与活动。看电影、电视获得的经验是间接经验,不受时空限制,将过去或未来事物呈现在眼前,用适当的速度去呈现,使人看得真切、理解深刻,有身临其境之感,因而能取得较好的学习效果。

8. 广播、录音、照片、胶片:它们可分提供听觉与视觉经验,人们称为是"一种感觉"的经验,与声画同步的电影、电视提供的"视听感觉"的经验相比,真实一些,但抽象程度较高,学习经验时收获也就差些。

以上5层均含有"观察"的成分,故称"观察的经验",依次排列时,越往上抽象程度越高。

9. 视觉符号:主要指表格、挂图、标识符等抽象的视觉符号,如地图上的曲线条代表河流、短线条代表铁路等。掌握这些知识,必须熟悉视觉符号所代表的规律,视觉符号要比文字语言直观、简洁。

10. 语言符号:语言是交际和思维活动的工具。语言的表示(文字)是最抽象的东西,放在塔的顶层,在这一层里,已把具体事物抽象化,与它所代表的事物或观念毫无类似之处。

教学时利用直观教具使学生能看得见、摸得到,因而效果较好。运用现代教育媒体进行教学,能把抽象的语言、文字与具体形象结合起来,可以补充口授的不足,同时,会使学生感觉比较具体、容易接受,激发学生的学习兴趣。运用时需要注意各种媒体的特点,选择最优化的方案,以达到教学目的。

2.3.2 视听理论及信息技术对微格教学的指导

信息技术是人类开发和利用信息资源的所有手段的总和。信息技术既包括有关信息的产生、收集、表示、检测、处理和存储等方面的技术,也包括有关信息的传递、变换、显示、识别、提取、控制和利用等方面的技术。当今的信息技术主要是应用计算机科学和通信技术来设计、开发、安装和实施信息系统及应用软件,也常被称为信息和通信技术,主要包括传感技术、计算机技术和通信技术。

1. 微格教学利用信息技术等多渠道充分刺激学生视觉、听觉、动手操作等多种感觉,形成多种感觉通道的协同作用,增强神经活动的兴奋。

著名心理学家皮亚杰认为:学生学习是依靠感官得来的信息对环境刺激做出反应。实训者在课堂上受到各方面的刺激,引起大脑皮层神经活动的兴奋,对接收到的信息迅速处理、加工,提高知识信息的识记和保持。20世纪60年代心理学家特瑞赤拉研究结果表明:人们通过视觉和听觉共同获得的信息占94%。通过多种感官的刺激获取的信息,比单纯地课堂训练印象深刻。特瑞赤拉还指出:在人类的记忆与感官之间的关系中,人们能记住自己阅读内容的50%,如果把自己接收到的信息再用讨论的方式表达出来则可以记住信息的70%。利用视听设备则可以同时获得视觉和听觉的信息,促进认识主体的外部器官的伸长,又可以通过信息反馈的交互作用与同学或老师进行交流,达到知识信息的巩固、保持与修正,形成知识与能力相长。

2. 微格教学的基本特点之一就是运用视听设备,对自身的教学状态进行监控和指导,在整个过程中利用信息的传递、处理来提高教学水平。微格教学系统中的设备主要包括主控室和微格教室两部分。

(1) 主控室

主控室的主要设备包括计算机、主控机、摄像头、录像机、VCD、监视器、监控台等。主控室可以控制任一微格教室中的摄像头,可以监视和监听任一微格教室的图像和声音,并可随时受控暂停在某一个微格教室与之进行电视讲话,也可以对微格教室播放教学录像与电视节目,把某个微格教室的情况转播给其他的微格教室,进行示范,可以录制某个微格教室的教学实况供课后评讲。

(2) 微格教室

微格教室的设备主要包括话筒、摄像机、电视机等其他教学设备。在微格教室中可以呼叫主控室,并与主控室对讲,同时,在微格教室中还可以控制本室的摄像系统,录制本室的声音和图像,以便对讲课情况进行分析和评估,电视机可以用来放已记录的教学过程录像,供学生进行评价分析。

随着信息技术的发展,数字化的微格教学系统应运而生,它是一个集微格教学、多媒体编辑、影音音像制作、多媒体存储、视频点播、数字化现场直播为一体的数字化网络系统。在这里,观摩和评价系统均采用计算机设备,并通过交换机连接校园网或 Internet,信息记录方式采用硬盘存储或刻录成光盘,人们可以随时、随地通过网络或光盘进行点播、测评与观摩。

思考与练习

1. 建构主义学习理论的主要思想及其对微格教学的指导作用是什么?
2. 系统科学理论对微格教学有哪些指导?
3. 反馈在课堂教学调控中的突出优点有哪些?
4. 视听理论和信息技术对微格教学有哪些指导?

本章参考文献

[1] 吴渝,马若义.微格教学实训教程[M].安徽:合肥工业大学出版社,2007.
[2] 郑立坤.微格教学新论[M].西安:西安地图出版社,2009.

第 3 章 微格教学模式

本章学习目标：

通过本章学习，了解微格教学的基本模式及其发展历程，掌握每种模式的原理、形式和内容。

本章要点：

➢ 微格教学的基本模式
➢ 微格教学模式的发展

3.1 微格教学的基本模式

微格教学自 1963 年提出，至今已有 50 多年的发展和完善历史。培训对象从师范生发展到在职教师及许多其他行业的从业人员，应用地域也已发展到世界各国。我们可以看到各国开展微格教学的情况不尽相同，但主要有以下几种基本模式。

3.1.1 爱伦模式

美国的斯坦福大学是微格教学的起源地。爱伦博士和他的同事们经过数年的探索、试验、研究，在 1963 年确立了微格教学的六步骤基本模式：设计—教学—观看与评议—再设计—再教学—再观看与评议，这种模式被后人称为爱伦模式。此后，微格教学在世界各国推广、应用的过程中，逐渐产生了一些变化。尤其是 20 世纪 80 年代初在非洲一些国家的应用中，由于当地教育环境较差、教育资源匮乏，必须在新的环境资源条件下，对较复杂、正规的早期微格教学模式进行改革，由此产生了新的模式，新爱伦模式相比早期模式的主要变化如下：

1. 教学时间

微格教学实习片断的时间从原来的 20 分钟缩短为 5 分钟左右，新模式认为 5 分钟即可形成单一概念的片断课。实际上教学时间的长短是根据班级人数、课时安排、场地环境等多种因素而决定的。

2. 微格教学的学生

早期微格教学实习中，常常要从中小学请来真正的学生，但这会引发接送、管理、资金等一系列的问题，在新模式中启用同侪（peers），即由教师扮演者的同伴来扮演学生。目前，这种同侪训练方法的效果已被证实是切实可行的。

3. 小组规模与场地

从原来全组约 20 人减为约 5 名学生一组。爱伦认为若小组规模大到约 20 人，则要 19 人去听1人讲课,每人要听19次,这样的方式使学员听课过多,反而会使学员感到疲劳,抓不住重点,而且因为时间太长,使重教困难。新模式的5人小组规模小,指导教师布置好训练任务后,即让学生自己管理。学生可以自选课题,自我实习场地,即使没有正规的微格教室,只要有摄像机,也能实现重教。小组规模小,能使每个学员得到多次重教机会。小组教学后,活动记录和反馈意见要及时与指导教师进行交流。

4. 教学技能

爱伦和他的同事们根据经验和参考有关的教育理论文献,以统一方式提出14项课堂教学技能,分别是:

(1) 变化刺激(stimulus variation)
(2) 导入(set induction)
(3) 结束(closure)
(4) 非语言暗示(silence and nonverbalcues)
(5) 强化学生参与(reinforcement of student participation)
(6) 流畅的提问(fluency in asking questions)
(7) 探查性提问(probing questions)
(8) 高水平组织的提问(higher-order questions)
(9) 发散性提问(divergent questions)
(10) 确认(recognizing attending behaviour)
(11) 举例说明(illustrating and use of examples)
(12) 讲演(lecturing)
(13) 有计划的重复(planned repetition)
(14) 完整的交流(completeness of communication)

5. 反馈与评价

原来的微格教学模式对每项技能有完整的评价表,评价项目多到有时连执教者的衣着也在评价之列,以至于在重教时,执教者往往会抓不住重点。在微格教学新模式中,爱伦博士提出了"2+2"的重点反馈方式,即小组每位成员听完课后要提出2条表扬性的意见和2条改进性建议,最后指导教师根据这些反馈信息,总结出2条表扬性意见和2条改进性建议,这种评价指导方式操纵简单、目标明确、重教效果显著。

爱伦博士提出的微格教学模式,是建立在对宏观教学活动的分解,以及进行行为概述基础上,强调在有控制的条件下对单项技能的训练,强调音像示范和反馈评价的作用,但对教学技能中行为有效性方面缺少深入研究;同时,也应注意到技能之间的联系和特殊教学情况的需要,在技能训练中,教学内容本身也需要考虑在内,这样才能使学生获得恰当的、联合使用技能的决策经验。

3.1.2 布朗模式

20世纪70年代初,微格教学传入英国,诺丁汉大学的乔治·布朗在研究和应用微格教学的过程中,从教育心理学理论和信息论的观点出发,对美国爱伦的早期模式做了不少改进,以适应英国的师范教育。

1. 布朗的课堂教学基本模式

根据教育心理学的观点,课堂教学的目的不在于教师完成某种活动,而在于通过某种活动促使学生在行为上发生某些重要的变化,如在学生身上引起的认识、理解、技能、态度上的行为变化,学生只有通过学习过程获得一定的学习成果后,即把教学内容内化为自己的东西后,这种变化才有可能。同时课堂教学又是一种有意识的行动,必须经过教师的深思熟虑之后才能进行。从信息论的观点来看,课堂教学中的信息传递绝不可能是单方面进行的,因而课堂教学中的信息反馈是必不可少的。

基于上述想法,布朗提出的课堂教学基本模式可以用图3.1来表示。

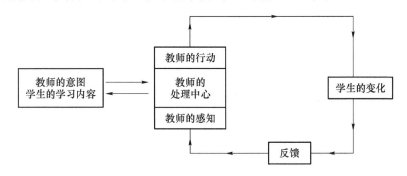

图3.1 布朗提出的课堂教学基本模式

(1) 教师的意图和学生的学习内容

图3.1中教师的意图和学生的学习内容就是教师制订的教学目标,当教师要把意图变为行动,促使学生在行为上发生某种变化时,就需要对这项教学目标进行具体分析,并选择恰当的教学方法来完成他的意图。

(2) 教师的处理中心

显然,对于一位有丰富教学经验的教师来说,他肯定有一个处理中心,在这个中心里储存着各种能把他的意图变为行动的教学策略和教学方法。

在这个中心里还储存着他的认知能力、个性特征、专业素质及多项教学技能等,正是这些因素构成了教师的教学能力。

(3) 教师的行动、学生的变化

当教师的意图经过处理中心的加工变成教学行动并传递给学生时,学生接收到这些信息后会在行为上发生某些变化,其中有些变化很快就会在学生的回答中或某种非语言的暗示中向教师发出信息。在这些信息中,有的是符合教师意图的,有的可能并不符合教师意图,有的较简单,有的较复杂。学生的认知变化可能不是立即就能被教师观察到,需要教师跟踪研究后才能做出评价。

(4) 反馈

所有这些信息都由学生的各种表现反馈给教师,称为反馈信息。教师必须重视学生的反馈的信息,有些是正面反馈,有些是负面反馈,还有隐含在课堂表现中的反馈都需要教师认真对待,教师需要通过对反馈信息的感知处理促进教学能力的不断提高。

(5) 教师的感知

教师接收反馈信息的多少取决于教师的感知能力。当教师接收到与他的意图不相符合的反馈信息时,就必须进一步经过处理中心的修正,改变教学策略和方法,指定新的教学行动。

从上述布朗的课堂教学基本模式中可以看出,即使教师经验很丰富,即使有一个包罗万象的处理中心,要想顺利地将教学意图变为行动,也必须在课前备好课,设计好教案。在课堂教学过程中,教师除了按照事先准备好的教案进行教学外,还要随时观察学生的变化情况,也就是要设法接收到学生所发出的反馈信息,了解学生的学习情况,使教学更加切合学生的实际。

2. 课堂教学的基本要素

布朗提出的教案设计(planning)、教学感知(perception)和教学实施(performance)是现代课堂教学的三个基本要素。由于这三个词都以字母"p"开头,所以有时也简称为"3p"。

(1) 教案设计:这是进行课堂教学的必要环节,教师在教案中要有明确的目标、内容、方法和技能等,设计中既要考虑怎么教,又要考虑学生的学。对教学过程进行认真细致的设计是产生良好教学效果的必要条件和基本要素。

(2) 教学感知:教学感知是指教师在教学过程中对来自学生的反馈信息的接收。感知可以通过观察学生的表情、提问、师生互动等来获得,有经验的教师还会将所提问题按难易程度分类,请不同程度的学生回答,由此感知到全班学生掌握某个知识点的大致比例。只有教学感知灵敏的教师才能使教学更切合学生实际,因此教学感知是提高教学效果的重要手段。

(3) 教学实施:教学实施就是课堂教学的过程,然而教师不能像演员完全按照剧本来演出那样把教学实施看作是完全按照教案的"演出"过程。这是因为演员在演出过程中可以基本不考虑观众的理解程度,而教师的教学过程却不能不考虑学生的实际情况。课前设计的教案不应该是一成不变的,而必须在教学过程中随时根据教学过程中感知到的反馈信息进行修正。

布朗将课堂教学中这三个要素之间的关系用图 3.2 来表示。

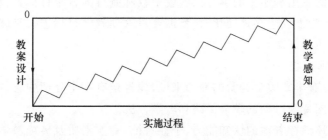

图 3.2 课堂教学中的设计、感知和实施过程

图 3.2 中显示,教案设计的原点在上方,而教学感知的原点在下方,在教学实施过程初始,教案设计已完成,到达它的最大值点,而教学感知由于尚未实施,则在它的零线上。随着教学过程实施,教学感知逐渐增加,教师按照学生的反馈信息不断地修正原定的教案。在整个教学过程结束时,教学感知已达到它的最高点,而原来的设想已恢复到它的零线上。实际上,教师越是能按照学生的反应修正原定教案,教学过程就越能切合学生实际,教学效果也就越好。总之,教案是为了安排课堂教学过程而设计的,但是设计好的教案不可能也不应该是固定不变的,必须随时根据感知到的反馈信息进行修正,不断改进教学过程。

3.1.3 澳大利亚悉尼模式

澳大利亚悉尼大学继承了艾伦模式与布朗模式的优点,并对微格教学的开发应用及研究颇有成效,澳大利亚悉尼的微格教学模式有以下特点:

1. 开发出完整的微格教学教材

科力夫·特尼教授主编的悉尼大学微格教学教材在世界上享有一定的声誉,《悉尼微格教学技能》系列教材被许多国家采用。教材中列出了课堂教学基本技能:强化技能、一般提问技能、变化技能、讲解技能、导入和结束技能及高层次提问技能。教材中还列出了调控课堂教学的多项技能，包括课堂组织管理技能、指导小组讨论技能、个性化教学技能、指导发现学习和培育创新能力的技能。每项教学技能都从教育学和心理学的理论出发加以论述，并且对每项技能都配以生动形象的示范用录像资料。因此，澳大利亚的微格教学教材是包括文字教材和示范录像的完整教材。

2. 重视学生的自我发展

澳大利亚是一个多民族的移民国家，在学校教育中十分注意尊重每个人的个性，重视发现个人的特点，并给以引导发展。教育目标是希望每个人都得到发展，将来能在复杂的社会中有效地生活。学校教育对学生的个性差异培养和心理健康发展颇有研究。在微格教学课程的第一周先安排每个学生在摄像机镜头前做一分钟左右的自我介绍或表演，内容自选、轻松自然，然后再让同学们在愉快的气氛中观看评论。这样的活动既提高了学生对微格教学的兴趣，又使师范生消除了面对摄像镜头的紧张心理，为扮演角色时的正常发挥打下良好的基础。

悉尼模式还在充分研究了学生的认知心理基础上建立了微型观察室。在新南威尔士大学教育学院内有一组微型观察室，每间只有约 $2 m^2$，指导教师们考虑到师范生在角色扮演后，希望先看到自己的录像，或找一位最信得过的好朋友一起观看评议，而微型观察室正好仅供一两位学生闭门观看。执教者可以先与"好朋友"边看边商量，先取得他的看法和意见，在心理上这时的意见无疑是一个"强刺激"，是最容易接受的，也是印象最深的。根据这些意见，学生先写出对自己扮演角色的评价，这一做法充分体现了微格教学中重视学生自我发展的教学原则。

3. 自我评价贯穿微格教学始终

澳大利亚的微格教学模式中，评价是非常重要且贯穿于整个过程之中。评价的目的不是简单地打分，给出一个成绩，而是为了提高学生的教学技能和教学实习效果。对于师范生来说，将每次技能的实践分好、中、差是不重要的，重要的是让师范生去实践，让他们知道自己做好了没有。因此，评价不仅是由别人来对某位学生的录像加以评论、分等级打分数，而主要是通过学生自己在微型观察室中的观看，根据微格教学过程中各个环节的反馈及"好朋友"的反馈信息，自己来评价自己。指导教师要经常以肯定、表扬为主，对存在的问题以提示、暗示等方式启发学生自己发现。最后让学生在评价表上做自我评价，评价表上会列出近20条内容，做到的项目学生自己画勾，还没有做到的不画，再根据整个微格教学过程中来自各方面的反馈信息认真地写自我评价。

澳大利亚的微格教学主要步骤有：

（1）示范

播放教学技能的示范录像，讲解教学技能的构成、有关理论知识及要求。帮助师范生认识教学技能，有重点地观察，用不同的类型示范同一技能，促进对技能的掌握。

（2）角色扮演

为师范生提供实践机会，增强自信心。

（3）反馈

为师范生改进自己的教学行为提供明确、具体的帮助。

（4）重教

当师范生对自己的教学行为非常不满意时才进行，对大多数师范生来说这一步可以取消。

从以上步骤可以看出，澳大利亚的微格教学强调四个环节：示范、角色扮演、反馈和重教。未列出评价这一环节，因为评价是贯穿于全过程之中的，而且主要是启发师范生自我评价，这正体现了尊重学生的教育原则，并且对行为的有效性方面进行了较深入的实验研究，通过控制实现从单项技能到校综合技能训练过渡。

3.2 微格教学模式的发展

实践者在微格教学发展与应用的过程中,结合本国的国情,融入了各种教育观念和思想,由此产生了多种新生模式。

3.2.1 导生制微格教学模式

导生制(Monitorial System)又叫贝尔-兰卡斯特制,是由英国教会的牧师贝尔(Andrew Bell,1753—1832)和公谊会的教徒兰卡斯特(Joseph Lancaste,1778—1838)共同开创的一种教学组织形式。其教学机理是,由教师精心选择一些成绩优秀的学生担任"导生",先让他们接受教学内容,然后再由导生将新知识转教给同组的其他学生。另外,导生还负责对同组学生的学习状况进行检查和评估。导生作为教师以外能够帮助他人学习的重要人力资源,广泛地存在于学生群体中。基于导生的微格教学是将导学机制引入微格教学,训练学生教师职业技能的一种模式。

1. 模式设计的目标和原则

基于导生制的微格教学模式设计的目标是在实验条件、教师配置以及学生数量基本保持不变的条件下,通过导生以及导生导学机制的引入,促进传统微格教学模式向提高效率的纬度改变,使其既能保持微格教学基本特征,又能保证良好微格教学质量。

作为一种实现特定教学目标的教学活动结构和教学方式,基于导生制的微格教学模式设计应当具备一般教学模式的基本特征,即简明性、操作性和创建性,并且突出其解决问题的高效,为此,基于导生制的微格教学模式设计应遵循如下原则:

(1) 简洁性,即凸显和表征导生主导下的微格教学活动的主要特征,而非包罗万象、面面俱到。

(2) 操作性,即模式的设计基于实践问题而产生,基于实践问题的解决为归宿,教学实践中使用,方便教学实践中的应用。

(3) 创建性,即能够体现出对教学实践的积极指导作用。

(4) 高效性,即通过模式的实践应用要能有效地实现课程教学目标和完成课程教学任务。

2. 基于导生制的微格教学模式结构

基于导生制的微格教学模式结构如图 3.3 所示,由以下三个相对独立的工作阶段组成。

第一阶段为集体学习,主要包括事先的学习研究、观摩示范录像、编写教案、微格教学实践四个子环节。这些环节教学的组织和实施基本上保留了传统微格模式的教学方式,比如整个教学活动均由教师组织和具体实施,教学活动以训练班级为单位集体施教等。

第二阶段为导生的选拔,主要是从训练班级学生群体当中选拔若干名(视班级人数来定)优秀学生担任导生。导生的选拔安排一般是在微格教学实践之后进行。导生的选拔是一项比较复杂的工作,需要综合考虑到多方面的因素和来自各方面的意见和建议。在微格教学实践活动中,教师通过对每一位学生教学训练过程的观察和记录,了解学生教学技能理解和掌握的总体状况,发现那些学习主动积极、语言表达和交流能力突出、能够比较好地理解教学技能和运用教学技能组织教学的学生,为导生选拔活动积累经验并形成一个选择导生的范围。

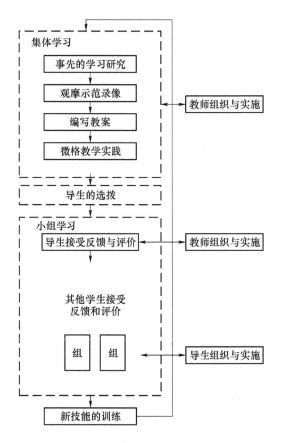

图 3.3 基于导生的微格教学模式

第三个阶段为小组学习,主要包括两个相互独立的学习过程。第一个过程为导生接受反馈和评价,需要指导教师亲自参与和组织实施,主要完成两方面的任务:一是导生在指导教师的带领下,对自己的讲课录像进行分析和评价、完成自己的训练任务;二是通过让每位导生事先参与反馈评价活动,了解和熟悉微格教学反馈、评价活动的工作组织流程和掌握一定的导学技能,从而为其后续独自开展导学工作积累经验。第二个过程为导生主导下的分组反馈评价活动,即每名导生,分别带领自己的组员,自选时间和地点,利用自己的录像播放设备,通过观看反馈录像、自我分析、小组分析和讨论等环节,实现对每一名学生的教学技能运用和掌握状况做出分析和评价。由于多名导生的存在以及导生对教学活动的组织和主导,反馈评价活动可以实行多个小组同时进行讲课实况录像的分析和讨论。

在反馈评价教学完成之后,教学就进入了新一轮教学技能的学习与实践。教学活动继续按照模式的基本结构和程序展开,如此反复,直到完成微格教学计划所规定的所有训练项目。

3. 基于导生制的微格教学过程
1) 教学环境与条件分析

传统微格教学训练时学生的学习活动发生在微格教室之内,而基于导生的微格教学模式的教学过程中的某些阶段能够在微格教室以外的一些场地里进行。具体来说,教学技能训练前理论学习和观摩示范录像可以在多媒体教室里以班级为单位集体实施。微格教案的编写将主要以学生个体为单位自主进行,对实施的场地并无严格的要求。微格教学实践则在微格教学实验室里进行,在反馈评价环节中,教师可以将讲课的实况视频资料直接复制给学生,让学生利用自己的计算机重播视频资料,并对视频资料做出分析和评价。由此,基于导生制的微格教学环境主要包括:多媒体教室、微格教室、任何能够播放视频资料的场地等。

2) 教学分组

(1) 小组人数的确定

一般来说,每一小组的人数通常是由任课教师根据现有的实验条件、课时安排状况以及微格教学组织方式等因素来确定。在基于导生制的微格教学模式中,对教学录像的反馈和评价的分组是在导生的主导下实施的。微格教学反馈与评价小组人数不宜过多,但小组人数也并非越少越好。在实践操作中,可将每一小组的人数定为 6 人(包括一名导生),对其中 5 名学生(导生除外)的讲课实况录像实施反馈和评价,大致上可在 3 个课时左右的时间内完成学习任务。

(2) 小组人数的组成

由于反馈评价环节可以在课堂以外的时间和场地里进行,因而,分组首先应该考虑在课外相对集中的一段时间里,把一组学生召集在某个固定场地里的可能性和便利性。比如,可采用同性分组策略,使一个组内的学生性别尽量趋同,便于学生利用寝室、教室等场地随时随地对学习问题展开交流和讨论。也可以采用以宿舍为单位划分小组的做法,同时,兼用了"自愿入伙"的策略做补充。

(3) 理论学习与观摩示范录像

在教学技能训练展开之前,教师通过教授、集中讨论等教学方式,组织学生对即将训练的技能进行系统的理论学习,同时穿插比较典型的教学技能应用示范录像。其目的有二:一是通过老师的讲解,帮助学生理解有关技能的特定内涵,熟悉其基本类型和应用方式,了解其使用的基本要求和特点,为后续的训练活动打好理论基础;二是通过典型录像的播放和评析,为学生提供鲜活的形象材料和直观经验,帮助学生在具体教学应用实例中认识和理解教学技能。每一个教学技能的理论学习在 1 个课时内就可以完成。

(4) 微格教案的编写

微格教案的编写就是要求学生在理论学习的基础上,结合对示范录像的体验和体会,围绕需要训练的相关技能,自主选择教学内容,并根据所设定的教学目标进行教学设计,生成教学实施方案的过程。考虑到学生编写教案的过程需要查阅和分析资料,因此,在教学实践中,教师可以将微格教案的编写作为课程作业留给学生课外完成。为帮助学生编写微格教案,教师应为学生提供若干个教案案例,供其揣摩、体会和模仿。对学生编写教案中存在的疑惑和问题,教师要进行个别交流和辅导。

(5) 反馈和评价

基于导生的反馈和评价要依赖于导生对教学的组织和主导,因而,其教学过程较之于传统微格教学模式要复杂一些,需要经历导生的选拔、针对导生的反馈和评价以及导生组织的小组反馈评价等多个环节。

① 导生的选拔

在贝尔和兰卡斯特的"导生制"中,导生的选拔方式比较简单,导生直接由教师指定学习成绩优秀的学生或者年纪较大的学生担任。

导生的微格教学模式,导生产生于同一个班级的学生群体之中。在实际操作中,教师可采用多种方法综合选择导生。例如,根据反馈和评价活动的工作性质和对指导教师的能力要求,教师可以根据导生选拔评价参考标准来选拔导生,如表 3.1 所示。教师利用在微格教学控制室里给每一位学生讲课过程录像的便利条件,对每个学生的讲课过程及状况进行认真的观察和分析,并对照导生选拔评价表对其表现做出评价。这样,在微格教学实践活动结束后,教师就已经初步形成了导生的大致人选范围,再通过走访班主任、辅导员和其他教师,综合多方面的意见,确定导生。

表 3.1 导生选拔评价参考标准

评价项目	评价标准	评价等级 A	B	C	D	权重	得分
学习行为表现	课前能够经常性地预习课程内容					0.05	
	课堂上能认真听讲,并积极参加教学活动					0.15	
	课堂上能够认真听讲,并积极参与各种教学活动					0.1	
	课后经常会自觉地查阅一些与课程学习相关的图书和资料,补充和提升自己的学习					0.1	
	考试前能够全面、认真地复习、从不作弊					0.05	
服务意识	在日常生活中能尊重他人,不损害他人的利益					0.05	
	能够在学习上、生活上关心同学、帮助同学,促进其他同学进步					0.1	
	能够维护集体的形象和利益,积极参加集体组织的活动,并能很好地履行自己的职责					0.1	
交流能力	学习中善于提出问题,并且能够耐心仔细地倾听别人的看法和意见					0.1	
	能够经常性地用合适的方式调动、鼓励同伴参加问题的讨论					0.05	
	能够很好地理解别人的思想和观点,并能以恰当的方式表达自己的看法					0.15	

② 针对导生的反馈和评价

这是在指导教师直接参与下,组织导生观看他们自己的讲课实况录像,以教学技能评价量表为依据,对讲课录像逐一进行分析、讨论和评价。这一阶段需要实现的目标是:通过重放录像、自我分析、讨论评价等过程,帮助讲课者查找问题和不足,提出进一步改进的意见和建议;通过对反馈与评价活动的参与,训练导生的"导学"能力。训练并提高导生的"导学"能力,教师可以将主持和组织的权力交给学生,而教师只是作为一名"学生"参与讨论。在整个活动过程中,所有导生都扮演了反馈评价活动的组织者和主持人的角色,他们不但完成了自己的学习任务,还对导学过程进行了实战演练,这为他们下一阶段能够独自开展工作奠定了一定的基础。

值得注意的是,在整个反馈评价活动中,教师一方面以"学生"的身份参与了讨论,另一方面,又对每一个主持人的组织活动提出了自己的看法和评价,提出他们在今后的工作中需要改进的意见和建议。

③ 导生组织下的小组反馈评价过程

小组反馈评价是指学生以训练小组为单位,在导生的组织和带领下,利用课外时间和自备的录像播放设备,观看实况录像,并对实况录像进行分析和评价的过程。可以说,导生领导下的小组反馈评价是导生制微格教学模式的特质,体现了导生制微格教学模式与传统微格教学模式的主要区别。

由于反馈评价的学习过程没有教师的亲临和参与,为保证学习活动的质量,教师要做以下两方面的工作。

a. 定小组反馈评价环节量分标准。由于导生来自学生群体,其真实身份是其他学生的同班同学,因此,导生的权威性和号召力可能会不如教师。也由于反馈评价的活动发生于缺少课堂纪律约束的课外时间,所以,可能会出现少数学生不听从导生的活动安排,甚至会出现缺席活动的现象。为促进并激励对每一位同学积极参与反馈评价活动,教师应该制订学生参加小组反馈评价环节量分标准如表 3.2 所示,对小组反馈评价环节进行质量监控。

表 3.2 学生参加小组反馈评价环节量分标准

指标要求	标准评价			权重
	好	中	差	
能够按时到选定的场地参加学习活动,在活动中不提前退场				
能够认真观看自己和同伴的讲课实况录像,不喧哗、不取笑他人				
自我反馈和分析全面、具体,能够基本上分析到两份标准上的每一项指标				
积极参与小组讨论活动,至少能够对每个小组成员的讲课状况发表一次自己的看法				
服务和尊重导生对学生活动的安排				
总功期间不做其他无关的事情				
总结				

b. 设计"导生—小组反馈评价"的活动程序。为提高小组活动的组织效能和运行质量,在小组反馈评价活动实施之前,教师应该设计一个比较稳定的、方便学生实践操作或借鉴的"导生—小组反馈评价"活动程序,使缺少老师亲自参与和指导的反馈评价活动能够依据此流程稳步推进。例如,教师可以按照事件推进的时间线索加以设计活动流程,包括活动之前的准备、活动的实施过程和活动结束后的信息处理。其中,活动之前的准备以及活动结束后的信息处理主要由导生独立完成,而流程的主体——活动的实施过程则主要是在导生的组织、主持下,以小组讨论的方式展开。

研究表明,基于导生制的微格教学模式,在很大程度上缓解了教师的教学压力并提升了微格教学的效率,同时,也能够保证原有微格教学的质量和效果不会发生太大变化。另外,只要使用方法得当,模式实施所需要的各种条件也比较容易实现。

3.2.2 微格教学的变通模式——微格教研

随着微格教学的广泛应用,微格教学研究也从单纯地借鉴、应用到寻找理论支撑、研制新的微格教学模式,微格教学在我国结出了累累硕果,其中最有代表性的当属微格教研模式。20世纪 90 年代,上海华东理工大学附属中学将微格教学的基本理论和模式运用到中学教师的教研活动中,他们将国外师范生用来"学习教学"的"微格教学"发展为在职教师用于"研究教学"的"微格教研",经过多年的实践研究,已经形成了一种新型的微格教学模式。

1. 微格教研的形式与内容

微格教研明确地提出对教学行为要有分析和反馈,对教学技能要有分类和评价。它用录像的方法记录教师在教室里与学生教学活动的过程,为教学行为的再现和分析创造了条件。同时它以"还原论"的方法,将一个个问题进行分解,构成多层次的解释、归类和整合,这就不同于单纯地、宏观而笼统地谈教学能力和教学质量。这种教研方法,无论是对青年教师还是中老年教师都是有用的。青年教师可以通过课堂记录总结分析并从中得到启发和指导,缩短成熟期。有经验的教师可以通过微格教研提炼特点,精化教学。更主要的是在教研组里,对一些基本问题可有一定程度的共同认识,形成一定质量的教学理念,使之成为教研组建设的一笔可以继承和发展的宝贵财富。

一般的微格教研形式与内容有:观摩、公开课后的评价等。

(1) 观摩

微格教研的观摩活动有两个内容:现场观摩和录像观摩。现场观摩指参加各种类型的听课活动,包括组内的、校际的、区级的、市级的乃至全国性的。与平时所说的听课活动不同的是,除了做必要的听课笔记外,在有条件的情况下,尽可能地将全部课程用录像或录音的方式记录下来,以便日后研究录像观摩。除了观摩自己的课外,也应该观摩其他人的课,例如优秀教师的课,有某一方面特长,形成一定教学风格的教师的课。通过观摩,进行切磋、研讨、总结、理论升华,再将理论运用到教学实践中予以检验、拓展。

微格教研中的观摩活动与传统的观摩活动是有明显的区别的。首先,它的目标是比较具体和明确的,即所谓的切口比较小。微格教研的局部定格、分解比较的特征,使观摩活动的目标可以定得具体而明确,以利于消化吸收。其次,它的内容也是比较具体和明确的,既然目标明确了,内容当然要围绕目标,就某一特定的目标进行具体内容的观摩。再次,它的方法也是比较具体和明确的,微格教研所用的观摩方法,区别于传统观摩方法的,就是录像可以重放和再现,当观摩有争议,或感到某一细节需重新观摩,就可以重复放录像。

下面以特级教师钱梦龙的一个教学片断为例,来说明微格教研中的观摩活动。

首先确立观摩目标。教研组就课堂提问中的曲问进行微格教研。提问如何做到宜曲忌直,使问题有思考价值,并且学生思考后能够回答。

目标确立了,教研组就可以选择有关内容进行教研活动,组长选择了钱梦龙老师"愚公移山"一课中"邻人京城氏之孀妻有遗男,始龀,跳往助之"的教学实录作为观摩内容:

师:那么,那个遗男有几岁了?

生:七八岁。

师:你是怎么知道的呢?

生:从"龀"字知道。

师:噢,龀。这个字很难写,你上黑板写写看。(学生板书)写得很对。"龀"是什么意思?

生:换牙。换牙时,约七八岁。

师:对,换牙。你看是什么偏旁。(生答:"齿"旁。)孩子七八岁时开始换牙。同学们不但看得很仔细,而且都记住了。那么这个年纪小小的孩子跟老愚公一起去移山,他爸爸肯让他去吗?

生:(一时不能解答,稍一思索,七嘴八舌)他没有爸爸!

师:你们是怎么知道的?

生:他是寡妇的儿子。孀妻就是寡妇。

生:这个孩子死了爸爸,只有妈妈。

钱梦龙老师这一段教学是围绕着"龀""孀"二字的字义解释而展开的,在讲解"龀"字时,用的是曲问(那个遗男有几岁了)。在讲解"嬬"字时,用的是虚问(他爸爸肯让他去吗)。这比直问"龀"是什么意思,"嬬"又是什么意思要来得高明。提问要拐弯,要有一定的思维"坡度",让学生要经过运用概念进行推理、判断的思考功夫。赞可夫说:"教师提出的问题,课堂内三五秒钟就有多数人'刷'地举起手来,这是不值得称道的。"提问,必须有的放矢,箭中"课眼",促使学生思考、琢磨。

通过这种形式和内容的微格教研,相信大家对提问中的曲问及虚问一定留下了深刻的印象,对课堂上如何恰到好处地应用这一教学技能,也会产生许多思考。这正是微格教研的魅力所在。这一教学片断为课堂教学过程和内容的最优化提供了生动形象的例证。

(2) 公开课后的评价

微格教研的评价更侧重于某一种或几种教学技能的评价,而不是整堂课的总体评价。公开课后的评价,可以按照事先约定的评价内容,例如,着重研讨课的导入技能,在听课时,就有意识地注意课的导入。在评价时,把导入部分的录像再重现一遍或多遍,以利于研究。在评价后,可以根据大家的意见,进行导入部分的重教,接着可进入再评价。如此循环往复,使其教学技能不断得到提高。

评价一般采用定性和定量的方法。关于定量的量表体系的制订,是一项比较复杂的工程,一般可根据教学过程规律对教师的要求目标,经分解成为若干指标形成一个量表结构体系。作为微格教研,应尽量使目标成为具体的、可测的行为化、操作化的规定。各学科既有其通用标准,也有其特殊标准。各校也可以制订自己的标准,不求千篇一律,应有自己的特色和风格。

2. 微格教研中的同侪训练

在微格教研活动中,应用同侪训练的概念进行微格教研也不失为一种好的方法。

同侪(peers)是指同辈的人,同类的人。"同侪训练"原文为 Peer Coaching,指的是同伴(peers)之间的相互教学或相互训练,如学生训练学生、教师训练教师、同事训练同事。同侪训练有两种形式:①同水平同侪训练(Co-Peer Coaching),指的是同水平的同侪(Co-Peer)之间的相互训练,例如,新教师之间的相互训练。②不同水平同侪训练(Expert-Peer Coaching),指的是具有一定水平的专家(Expert-Peer)去训练与帮助其他同侪。例如,老教师帮助新教师,有一定经验的新教师训练尚缺乏经验的新教师。同侪训练虽然有两种不同的基本形式,但是在实际应用中往往混合进行。

同侪训练活动是贯穿于整个微格教研的,一堂标准的微格教研课应包括教—评价—再教—再评价的过程。具体进行方法按如下步骤进行:

(1) 教

教研组长或备课组长为了某一教学目的,比如,为了研究课的导入、结束、讲解、提问、教学语言、演示、强化、变化、板书、试误、课堂组织等教学技能中的某一项技能,指定某位同侪担任主讲人,其他同侪担任"学生角色"。主讲人接到任务后,就必须对指定的内容进行微格教学的教学设计。一般地说时间长短视具体情况而定,教学片断控制在 5 分钟左右。

在教学过程中,主讲人不必将自己的教学思想向同侪们交代,就跟平时进教室面对全班学生上课一样面对同侪。同侪一般四五个左右,人太少没有气氛,太多将会使活动时间拖得太长。办公室、会议室,甚至是寝室、操场、实验室均可作同侪训练的"教室"。

主讲人上课首先要进入"角色"。当需要调动"学生"积极性时,可以提问请"学生"回答,让"学生"上黑板演示,请"学生"一起进行演示实验,不必因同侪的缘故而胆怯。主讲人进入"教师角色"及同侪进入"学生角色"是同侪训练成功的关键。

在讲授时,可以请一个同侪担任记时员,以各种方式对主讲人进行提示,示意超过规定时间,可以下台了。一堂 40 分钟的课,时间观念是必须强调的。一个片断超过 1 分钟,那么 40 分钟内所含的 8 个片断就会超过 8 分钟。即使这个片断在同侪训练时是成功的,但在实际课堂教学时却因时间不够而失败。

(2) 评价

主讲人讲完以后,应该马上进行评价,趁热打铁,及时反馈,这是"微格教研"的优势所在。

评价在全体听课的同侪中进行。每一位同侪都必须对主讲人发表评价意见,一方面表示对他人上课的尊重,另一方面也表达自己的见解和水平。"2+2"教学指导方法是评价时经常运用的方法。通过评价别人,提高自己的评价意识,提高自己的观察能力和鉴别能力。如果是不同水平的同侪训练,最后请水平较高的同侪,例如教研组长或备课组长发表总结性评价意见。在听了所有的评价以后,主讲人可以进行表态,谈谈这一教学片断的设计思想,说说对同侪评价的意见,可以全盘接受,也可以全盘否定,或者部分接受、部分否定,同侪的意见仅供参考。

(3) 再教

第二次教学既是对评价意见的反馈,也是对自身教学的提高。有的时候,还可以进行多次的教学,这样不断反馈、不断调整的过程,就是教学水平不断提高,教学方法不断完善的过程。

第二次教学应该比第一次成功。作为主讲人,在听了同侪的肯定性评价后,可以发扬自己的长处和优势,使肯定的评价得到强化,有利于主讲者稳步地前进,并在进步中提高自信心和学习兴趣。如果第二次比第一次教得糟糕,那也是正常的,不必惊慌失措。遇到这种情况,根据"由易到难"的原则,从最容易改进的地方入手,进行再教。比如,一名教师板书不太好,特别是字写得不漂亮,讲课时眼睛老是望着黑板或者盯着课本,很少与学生目光进行接触。对这样一位教师,当务之急是改变讲课时不看学生的习惯,这比较容易做到,而板书的提高则不可能立竿见影。

通过再教,有利于理清思路,有利于加深对教材的理解,有利于提高口头表达能力。不管作为主讲人还是作为同侪训练者中的"学生",都会在这种互教互学的活动中教学相长,有所提高。

(4) 再评价

"2+2"的评价指导原则同样适用于再评价,它突出了重点,抓住了关键。教学中许多有价值的做法往往是在教师不经意的情况下表现出来的,主讲人有时对此并不十分敏感,同侪训练中若能通过再评价帮助主讲人发现自己的优势,对今后教学改进将是一件十分有利的事情。对主讲人的讲课进行肯定和表扬,可以使主讲人树立起信心。对于评价条款,可以集思广益,共同制订。比如,提问技能的评价,可以拟定以下 10 项指标:①问题内容是否明确,重点是否突出;②是否联系旧知识,解决新问题;③问题设计是否包括多种水平;④是否把握提问时机,促进学生思维;⑤表述是否清晰流畅,引入界限是否明确;⑥提问后是否给予适当停顿,给予思考时间;⑦提示是否适当,是否有助学生思考;⑧提问是否照顾到各类学生,是否只局限于部分学生;⑨对学生回答是否能及时予以分析评价,使学生明白答案所在;⑩对学生的鼓励或批评是否适时恰当。只要遵循大家共同制订出来的标准,应该说,无论是表扬性评价,还是建议性评价,都将很容易被同侪接受,而且评价的质量也会有很大的提高。

3.2.3 信息技术环境下微格教学模式的构建

随着信息技术的迅速发展,信息技术环境下的课堂教学与传统课堂教学相比,呈现出教学环境复杂化、教师角色多元化、教学组织形式多样化等特点。

1. 信息技术环境下的课堂教学

信息技术环境下的课堂教学以学生的"学"为中心,教学方法上倡导情境教学、问题教学、活动教学、发现教学、探究教学等。具体来说,信息技术环境下的课堂教学,有以下特点:

(1) 教学环境的复杂化。信息技术对教育发展的最直接的影响在于对教学环境的影响。在传统教学环境的基础上,以计算机网络、数字媒体为代表的现代化教学环境得到广泛的建立和使用,语言实验室、多功能教室、虚拟实验室等适应于不同教学需要的教学环境正在改变着教师的教与学生的学。随着信息技术的不断发展,更多具有更强大教学功能的教育媒体进入课堂,教学环境从单一趋向复杂。

(2) 教师角色的多元化。在信息技术环境下,教师所充当的角色与传统教育条件下相比,发生了质的变化。主要表现在两个方面:一是教师成为学习过程与课程资源的设计者和开发者。随着信息技术融入教学,教学内容和教学形式发生了变化。教师不仅要应用信息技术为学生创设学习情境、开拓多媒体教学空间,还要编制教学软件,实现信息技术与学科课程整合。二是教师成为学生学习的组织者、引导者和合作者。随着计算机网络的发展,教师不再是唯一的知识源泉和传递者,教师成为学生学习的组织者、引导者和合作者。

(3) 教学组织形式的多样化

在不改变班级授课制的情况下,学生利用信息技术进行学习,需要改变讲授式的教学组织形式,把小组学习、个别学习、集体学习等几种教学组织形式有机结合起来。利用小组学习,充分发挥小组合作对学生学习的促进作用,增强学生的合作意识。利用个别化学习,使学生自己获取信息、分析、处理、利用信息,培养学生自我发展的能力。教师必须具备组织多种活动方式的技能,同时具备为学生个别化学习提供引导、指导的能力。教学组织形式是为内容、任务服务的,学生学习的形式发生了变化,教学的任务、目标发生了变化,要求教学的组织形式也必然发生变化。

2. 信息技术环境下微格教学的变化

教育技术的发展进步、教育理念的更新必然导致信息技术环境下微格教学发生一系列变化。

(1) 微格教学环境的变化

微格教学环境其变化的核心是将微格教学教室与多媒体教学设备相结合,配备视频采集仪、数字化大屏幕投影机以及多媒体计算机等,建构集计算机、网络、多媒体、音视频、存储、传输等多种技术于一体的数字化微格系统,为现代教学技能的训练创造物质条件。被培训者可以训练投影机的使用、幻灯片的放映、录放音机的使用等,也可以进行网络信息的查找、资源库的建设和使用、电子作业的上传等信息技术操作。而讲课记录方式采用盘存储,或刻录成光盘,方便教师随时、随地通过网络或光盘进行观看和自我反馈。

(2) 微格教学流程的变化

传统微格教学训练的基本思路是定目标、观示范、写教案、录影像、评价、再实践。训练模式相对单一,信息技术环境下的微格教学不再拘泥于现有模式,而是采用各种模式和方法训练引导学生,是一种灵活的、多元化的教学训练体系,更能适应现代教育教学发展的需求。信息技术环境下的微格教学,首先基于信息技术与学科课程全面整合的要求来确定微格教学的目标、内容、对象,设计教学策略与选择教学媒体。其次,在微格教学的技能训练中,除了根据个人特点有针对性地进行个别技能训练外,体现了由于相关信息技术的介入,教学技能培训重点所发生的变化。

3. 微格教学培训技能的变化

《中小学教师教育技术能力标准》中提出,教师教育技术技能包括信息检索、加工与利用的技能,教学系统设计的技能,常见教学媒体选择与开发的技能,资源管理、过程管理和项目管理的技能,对教学媒体、学习资源、统计数据与教学效果的评价技能等。随着计算机多媒体和网络技术在教育领域的广泛应用,要求教师除应当具备信息技术的应用意识和理念之外,还应当掌握以下现代教育技术技能。

(1) 教学系统设计的技能。信息时代的教师必须掌握现代化的、先进的教育理论和方法以保证现代教育技术手段的应用,实现优化教学。一方面需要掌握以计算机为基础的现代教育技术,如掌握计算机基本知识和操作,包括计算机基础知识、操作系统的运用、汉字输入、常用软件(Word、Excel、Foxpro、Powerpoint、Photoshop 等)的使用等。另一方面还需要掌握现代教学的基本过程和多媒体课件的制作原理、方法,尤其是关于多媒体计算机和网络通信方面的基本知识和技能,学习计算机网络的一般原理,学会网络查询、网络通信、网络教学的方法等方面的理论知识。如必须学会使用 Windows,能建立与应用信息数据、通信网络,收发电子邮件;会使用必要的软件设计制作各种先进的教学资料;能在个人机上参加单向、双向的卫星授课,会在 Internet 上进行文件传输等。这些技能都可以融入微格教学实践中。

(2) 教学媒体的选择、使用和整合技能。信息技术为教学提供了丰富的教学媒体,但教育的真正目的不是追求媒体的先进性,而是提高教学质量。在教学媒体的选择上,要遵循施兰姆公式,即教学媒体选择概率(频度、次数)与教学功效成正比,与成本成反比。不同的媒体具有不同的教学特性,并不是越高档的越好。没有一种万能的媒体,也不存在一种使用于各种学科内容和学习对象的媒体,教师必须根据教学目标、教学对象、教学内容、教学条件来选择合适的媒体。

教师不但要会选择媒体和使用媒体,还要能够在微格教学活动中适时地、合理地优化组合不同的媒体,将媒体有机地融入教学过程中,真正发挥媒体的作用,同时要使教学媒体和教师的口头讲述、板书、演示、学生的练习有机结合,实现教育的最优化。

(3) 信息技术与课堂教学整合的技能。信息技术与课程整合,是将信息技术有机地融合于各学科教学过程中,使信息技术与学科课程结构、课程内容、课程资源以及课程实施等融合为一体,成为与课程内容和课程实施高度和谐自然的有机部分,以便更好地完成课程目标,并提高学生的信息获取、分析、加工、交流、创新、利用的能力,培养协作意识和能力,促使学生掌握在信息社会中的思维方法和解决问题的方法。这就赋予微格教学另一任务,即教师要收集与教学内容有关的各种教学信息资源并有机地把信息技术融入各学科教学中,使信息技术既应用于教师的教,又应用于学生的学。要在微格教学的实践中学会信息技术与学科课堂教学整合的方法,以信息教育观组织教学内容,发挥各种教育媒体的作用,充分体现"学生为主、教师为辅"的多种教学形式。

4. 信息技术环境下微格教学的发展趋势

(1) 微格教学目标的多元化

传统微格教学要完成的基本目标是让学生练习并掌握以讲授法为主的教学技能培训。在信息技术环境下,强调师范生在技能训练中,要注意学习如何营造以学生为中心的课堂氛围,实施以学生能力培养为主要目标的教学;学习如何适应现代教育要求去"导学",而非"灌输"。因此,微格教学的目标体系应多元化,既包括以讲授为主的教学技能培训,也包括以导学为主的教学技能训练;既包括信息加工型教学模式的尝试,也包括社会型教学模式的体验;既包括教学问题情境的设计,也包括课堂良好人际关系的建立。

(2) 微格教学培训技能的多样化

进入信息时代,以计算机为核心的信息技术与学科课程整合,培养具有信息素养和创新能力,适应信息时代需求的人才,是课堂教学改革的方向。信息技术环境下如何将信息技术融入教学技能训练中,信息技术如何与课程整合,如何指导受训者合作学习、探究性学习、个别化网络学习等,多样化教学技能必将是微格教学培训技能时要研究的课题。

(3) 微格教学评价反馈的及时化、自动化

网络化是计算机技术发展的趋势。随着信息技术的不断深入发展,信息在社会政治、经济、文化、科技的发展中扮演着越来越重要的角色,"信息高速公路"在全球范围内迅速建立。基于此,微格教学的评价反馈将由自动评价教学效果的计算机系统来完成,它能及时指出教学过程中的优点和不足,也可以通过无线上网传输系统,同步将这一过程传输出去,也可由其他观众对教学情况发表评论并实时传递回来。

思考与练习

1. 什么是微格教学模式?
2. 微格教学模式有哪些?请结合实例加以说明。
3. 如何有效地选择教学模式?

本章参考文献

[1] 黄宇星.信息技术微格教学[M].厦门:厦门大学出版社,2008.
[2] 蔡冠群.微格教学原理与训练实用教程[M].大连:大连理工大学出版社,2010.
[3] 范建中.微格教学教程[M].北京:北京师范大学出版社,2010.
[4] 荣静娴.微格教学与微格教研[M].上海:华东师范大学出版社,1999.
[5] 吴渝,马若义.微格教学实训教程[M].合肥:合肥工业大学出版社,2007.
[6] 周晓庆,王树斌.教师课堂教学技能与微格训练[M].北京:科学出版社,2013.

第 4 章　微格教学系统

本章学习目标：

通过本章学习，可以了解微格教学系统的基本概念，了解系统的组成部分和重要参数，掌握系统的各项功能，熟悉微格教学环境，能够熟练操作微格教学软件和硬件设备开展微格教学训练。

本章要点：

- 基本概念
- 系统组成部分
- 功能要求
- 微格教室
- VOD 视频点播系统

微格教学实践是师范专业实践教学的重要途径。为了使在职教师或师范生更快适应技术带给教学的挑战，微格教学系统借助声像记录技术，促使教学变得更加多姿多彩，丰富生动，促进和培养师范生以及在职教师掌握和提高教学技能。

4.1　微格教学系统概述

4.1.1　基本概念

微格教学系统为微格教学提供软硬件支持平台，实现模拟教学、录像及回放、分组讨论、教师点评与指导、共享与交流等基本功能。它是一个可控制的实践实验系统，建立在教学理论、视听理论和技术的基础上，运用现代教学理论和电教技术，将整个教学过程分解成若干个关键环节，采用摄录像技术对局部环节进行微定格，使训练者能集中解决某一特定的教学行为，既学习有关理论，也探讨具体操作，从而获得完整的认识，提高教学能力和课堂教学质量。

传统的微格教学以电教技术为核心，在微型教室内利用摄像机、录放机、监视屏等设备进行录制和播放，并利用录像带进行存储和复制。随着多媒体计算机和网络技术的发展，微格设备均步入数字化和网络化，逐步形成一个集微格教学、多媒体存储、视频点播、数字化现场直播为一体的数字化网络系统。

所谓数字微格教学系统，是指利用现代化计算机技术、网络技术、视音频采集与压缩技术等数字化传输和存储手段而建成的具有视音频点播与制作、多媒体存储与编辑及现场直播等功能于一体的用于对师范生或在职教师进行教学技能训练的网络系统。

4.1.2 系统特征

1. 微格教学系统特征

微格教学系统强调单项技能的培训。在微格教学系统中,教师教学技能被分解成若干个环节,这些环节包括导入、教学语言、板书、讲解、提问、演示、强化、变化、组织、结束等,学习者根据训练目标,选择一定的内容,集中对某一项技能进行训练。

微格教学系统必须选择具体而微型的精细化内容。这些内容可以是一个概念、一个故事、一个知识点或者一个单元小节,因为微格教学是微型的教学训练活动,时间、空间、容量等都有限,只能选择精细化的教学内容。

微格教学系统由 5~15 名训练者组成小组开展"微型课堂",空间一般在 10~20 m^2,单项训练时间一般控制在 5~10 分钟,从中训练某一两项教学技能,真实的学生或受训者的同学在其中充当"模拟教师"和"模拟学生"。

微格教学系统除了教师进行指导和评价外,小组内的成员也通过观摩同组师范生进行微格训练的现场表现和反复观看教学录像来评价优点和不足,每个成员的评价也许是片面的、不精细的,但系统综合所有小组成员的评价,以达到精细评价的高度。

微格教学系统有具体的操作步骤、讲究过程与程式。普遍认为微格教学实施主要包括理论学习、观看示范、编写教案、角色扮演、反馈评价、调整教案与再次角色扮演等。

2. 数字微格教学系统特征

传统微格教学系统采用模拟摄像技术,清晰度较差,不利于训练者反复细致观摩教态、语态、板书等;利用录像带、录放机等传统设备进行记录、复制与播放,不方便随意播放,不利于教师和受训者及时反馈和随时随地评课等,且录像带寿命短、体积大、不易存放和携带;传统的摄像机固定在教室前后,不能随意调节焦距、角度和景别,不能从不同方位进行监控和录像;视频传输速度慢,编辑录像带需要长时间且效果差。这些特点和不足使传统微格教学系统减弱了微格教学的功能,严重影响了教学技能和教学质量的提高。

随着多媒体计算机和网络技术的发展,数字化微格教学系统逐步取代传统的微格教学系统,成了培训教师技能的主流,其特征主要如下所示:

(1) 资源多样化,内容丰富多彩

为了更好地使用现代化的教育手段进行多媒体教学,目前在微格教室中建设各种类型的多媒体教室已成为发展趋势且被广泛应用,数字微格教学系统结合多媒体技术和网络技术,为模拟教学提供生动形象的多媒体形式资源应用,使文字、声音、图形图像、视频动画等多媒体形式综合在一起。

(2) 数字媒体交互性更强

数字微格教学系统体现在以人为本的管理理念,运用网络人机交互的界面,做好数据安全化、管理系统化、使用过程智能化、信息共享化、资源管理透明化,使学习者在微格训练中更好地发挥个性。

(3) 数字化存储,及时反馈

系统采用数字化存储方式,将视频信息压缩到计算机中,由于数字化视频资料占用空间小、图像质量高,教师可以无限次点播,方便教师和专家及时反馈,同时网上检索和引用,使资源保存更加方便,教师可以随时随地进行观摩和回放。更重要的是数字信号的压缩技术可保证一位管理员监控多个教室录制工作,提高工作效率。

(4) 集中控制,高效管理

采用集中的网络控制系统,进行微格信号控制、摄像控制和设备电源控制等。教师和管理员可以利用管理软件和控制器集中管理所有设备的电源,进行视音频信号的录制与回放、直播与观摩等,也可以进行摄像机的云台操作,既节约资源,实现资源共享,也便利地实现高效管理。

(5) 快速编辑,制作成品

传统的微格教学系统使用录像带保存数据,既不方便数据的采集也不方便后期的编辑。数字微格教学系统一站式操作,可以即时进行视频的剪辑、增加字幕、使用特效等操作,利用光盘保存或直接上传至网络空间,成品制作快速有效。

4.2 微格教学系统构成

4.2.1 组成部分

微格教学系统一般包括主控制室、微格教室、示范室和观摩室等,如果空间有限,微格教室和示范室也可以作为观摩室使用。

1. 主控室

如图 4.1 所示,主控室一般装有微格录播主机、主控计算机、视音频处理器、监视器、微格系统控制软件、电源控制器、主控系统及点播/直播软件等,主要用来智能化管理微格教室。主控室利用微格系统控制软件,可以通过网络中央控制系统对所有微格教室的摄像机、投影仪、电动幕布、计算机、音响系统等所有设备信息源有机组合并进行控制,远程控制微格教室的操作台和教学设备,实现系统化智能管理。

图 4.1 主控室

2. 微格教室

微格教室的面积一般在 20 m² 左右,容纳 5~15 名学生,除了常规的黑板、讲台、课桌椅以外,还有进行技能学习、实践的现代化视听设备。如图 4.2 所示,微格教室还装有分控计算机、摄像系统、微格分控软件、拾音系统、扩音系统、输出设备(投影或监视屏)等,主要拾取、录制和回放"模拟教师""模拟学生"的声音和教学活动视频。利用微格教室,训练者可以将课堂练习的表现录制在分控计算机上,并通过输出设备重放教学过程录像,供教师和同学们进行评价分析。

图 4.2　微格教室

3. 示范室

如图 4.3 所示,示范室是一个放大的微格教室,是教师或专家模拟教学活动的场所,配备了摄像系统、投影系统、拾音系统、扩音设备、计算机、微格分控软件等。学生在进行模拟教学之前,教师先在示范室内讲解微格教学的要点和难点,并直接示范或请专家现场模拟教学技能的具体过程,起到引领和示范作用。

图 4.3　示范室

4. 观摩室

观摩室利用主控室的系统控制软件,将经视频切换器选择后的视频信息发送至观摩室的监视屏上,即可实时同步播放教学活动的实况,供指导教师和学生现场观摩与评述。因观摩室所需设备简单,只需要满足有监视屏设备即可,普遍微格教室和示范室可以实现,因此也可以作为观摩室使用,微格教室可供 5~15 人观摩,示范室则可以实现一个班级学生的观摩。

4.2.2　常用设备

1. 录播主机

录播主机是集多路采集、多路同步录制、编辑、播放于一体的多功能机,录制视音频同步,具有非线性编辑、视频切换、监视器、录像等集成功能,同时支持录播和点播功能,它的主要参数如下所示：

音频输入：至少有 1 路麦克风输入和 1~2 路线路输入；

视频接口：可至少实现同时 16 路视频录制,30 帧/s,1、4、9 多画面分割,码率 48 Kbit/s~10 Mbit/s 可调；

网络接口：IEEE 802.3u/802.3ab 100/1000Base-T；

通信接口、USB 接口等；

云台接口：各有 2 路 RS485 和 PC232,可设定控制码,预留接口以备扩展。

2. 摄像设备

摄像设备是指摄像机和云台控制系统,一般包括模拟教师摄像、模拟学生摄像和板书摄像。由于微格教室空间限制,也可以仅安装教师摄像和学生摄像,教师也可以采用自动跟踪摄像。

自动跟踪摄像随着摄像机设备和图像识别技术的快速发展,已逐步实现自动跟踪特定目标、跟踪过程不受外界干扰、摄像机云台运动非常平稳、能够将目标牢牢锁定在图像的中央等功能。

微格控制系统带控制单元、云台、支架及保护罩,实现水平 0~350°的旋转角度,主要控制云台和镜头,包括云台的上、下、左、右、线扫、面扫、角度控制,也包括镜头的光圈、聚焦和变焦控制。

3. 拾音与扩音设备

微格教室要求拾音器失真度小、灵敏度高、指向性强。在微格教室中拾音器一般主要安装在教师和学生区域的天花板或黑板上方墙壁上,模拟教学活动主要以模拟教师为主,所以学生区域拾音效果较教师区域稍差。

扩音设备视教室的面积而定,微格教室面积小,一般借用监视电视的声音来进行扩音,如果在示范室,则必须安装音响设备来进行扩音。

4. 视音频处理器

视音频处理器是主要用于处理视音频输入和视音频输出的数字处理器,能同时处理多路视音频输入和视音频输出,视音频源可以任意切换到视音频输出设备上,实现输入与输出信号全交叉矩阵切换。

视音频输出端至少 16 路,通信方式：RS485 和 PC232；视音频输入阻抗：>5 kΩ；视音频输出阻抗：<600 Ω；视音频信噪比：>54 dB；视音频频率响应：50 Hz~22 kHz 内±0.5 dB。

5. 设备控制器

设备控制器主要包括总线信号控制器和设备电源控制器。总线信号控制器是用于将系统主控计算机上的控制指令下传到系统的控制总线上,以进行系统控制；多媒体教学控制系统中用于控制播放设备电源的控制设备,在主控计算机上可以控制播放设备的电源开关,开启或关闭播放设备的电源。

6. 微格控制软件和分控软件

微格控制软件主要安装在主控室,分控软件则分别安装在不同的微格教室内,实现主控与本地可以同时控制。软件画面友好,操作与管理灵活,支持多路混合视音频的各种组合方式,支持远程摄像机云台控制和音量、音调控制,支持教师端启动/停止节目的录制,支持用户、节目的分级别管理。使摄像直接生成 avi、asf 或 wmv 流媒体格式文件,直接用于微软多媒体视

频点播服务。微格控制软件主要具备以下功能:

(1) 自动分类管理功能

自动接受来自教室分布式音视频采集系统的微格视频,根据自定义设备自动分类归档存储相关视频,系统记录了教学者、教学内容、教学时间、参与人员等相关教学信息,并写入数据库。

(2) 自定义检索功能

管理员也可自定义添加或删除检索条件及分类属性。

(3) 评价功能

具有标准规范的评价性能指标,也教师自定义评价指标。

(4) 资源管理功能

记录所有微格教学资料,并按一定的分类形成资源库。

(5) 学生管理功能

学生通过网络,输入自己的用户名/密码可以进入微格教学学生管理系统,能够查看自己参加的微格教学活动的记录,查看针对自己的评分,能够下载教学视频。

(6) 教务管理功能

教务管理部门可以动态查询统计参与微格教学的相关教师和学生的教学信息及统计数据(如课时数、教学时间、训练情况等)。

(7) 分级权限控制功能

系统具备学生、教师、教务管理人员、系统管理员等多级权限控制功能。

除以上功能外,系统同时还可实现切换控制、现场视音频转发、可视对讲、音视频广播、网络分控过程控制硬盘录像及回放、视频文件管理、示范、教学培训及媒体多路传送功能。

4.3 微格教学系统功能与要求

4.3.1 微格教学系统的功能

微格教学系统主要实现如下功能:双控功能、监视功能、评课功能、示范功能、互相观摩功能、分控功能、巡视扫描功能、对讲功能、远程遥控功能、录像功能、录像回放功能。

1. 系统的教学评估功能

(1) 主控室与每个微格教室可进行双向对讲,各教室与教室之间也可实现双向对讲。

(2) 主控室电视可以实时显示每个微格教室的现场教学情况,并可在电视上进行轮巡。

(3) 主控室可以对任何一个微格教室的教学现场情况进行评估、指导、录像,各微格教室也可以独立地在本地实现教学现场的录制。

(4) 拾音保真、无电流声音:采用专门的拾音设备,保证听到和录制的效果原声而不失真。

(5) 系统内置教学评课软件,要求界面友好,易自主操作,教师可对各教学现场的试讲学生、学生活动进行远程评估和观摩,教学评课软件可以对训练者进行全方位的评估、打分,完成教学技能评测,同时自动生成评估报表,并可及时打印。

2. 系统的控制功能

(1) 主控室可以将某一个微格教室教学现场广播给其他任何一个微格教室,同时也能将各管理点的情况输出播放到系统任意输出的频道上(每间微格教室除可看到本微格教室的教学情况,也能看到其他微格教室的教学情况)。同时可根据需要将某分控室讲课实况实时发布网上进行远程观察、学习。

(2) 主控室可以对每个微格教室摄像头进行远程控制,各微格教室利用分控软件,在授权情况下也可以在本地控制摄像机角度及摄像机的放大倍数、变焦及光圈变化,并能实现各教室内从大特写到大全景的转控,并预留一些用户定义的云台功能按钮。

(3) 通过电子对讲系统或者微格教室系统控制模块向管理员申请开启系统。经由授权下,各分控点可以实现主控室系统软件所具有的切换、控制、录像、评估等功能,且各分控点控制功能互不干扰,录像文件根据主控服务器设置可自动保存在本地或服务器上,以保证数据的安全。

3. 系统的信息后期处理与维护功能

(1) 配备视频点播与直播系统,对录制文件实现按学院、专业等分类保存,方便学生后期点播调用;系统具有支持根据讲课教师(学生)、课程名称等内容对资源进行检索的功能。可对录制好的课件添加索引和目录,单击索引时自动跳转到相应的位置,方便进行课后的复习查找定位。窄带宽视频点播服务,支持视频点播缓存技术,便于师生在家里进行学习观摩。

(2) 在教育资源服务层面,具备学习资源库系统,Internet 中可以直接生成 flv 流媒体格式文件,可以为全校师生建立一个在线的学习交流平台,通过该系统,为不在学校的师生及其他院校提供一个远程教育的平台,提供在线学习、考试、指导等服务。学生可经授权后,进行网上预订、选择训练内容。

(3) 系统可对标准的视频文件进行简单剪辑和合成,删除无用的部分。

(4) 系统可自动备份文件,根据录像文件生成时间先后自动删除或指定删除某一时间段的早期录像文件。

4.3.2 微格教学系统的要求

1. 系统维护要求

(1) 微格教学系统整套软件都是采用标准以太网的方式进行控制,系统设置多个分控点,通过分控点,管理员可以控制整个系统。

(2) 管理者可以不出控制室就能对所有微格教室的多媒体设备和环境进行集中化管理,包括电源控制等,以方便管理者的工作,提高效率。

(3) 系统在面临功能需求增加时,可以在不修改系统的体系结构和原有系统设计思想的前提下进行扩展,一般至少保证可扩充到 16 个微格分控室。

2. 系统性能要求

(1) 各微格教室在单独或同时使用时,音视频信号能够完全实时同步采集、编码、压缩、传输和存储。

(2) 录制的图像与声音文件可直接生成 MPG1 或 MPG4 标准格式的视频文件,以便刻成 DVD 光盘,视音频同步压缩卡对图像和声音同步,多画面视音频可压缩并打包为一个完整的文件,能够自动生成网络传输的流媒体文件格式(wmv、avi 或 asf 格式)。

(3) 系统最大容量至少可达 256 路,至少实现 16 路同时录制,也可在今后不改变现有设备部署基础上动态增加,所有通道的视频图像(30 帧/s)实时显示、实时记录。

(4) 整个系统须以 1 000 Mbit/s 的网络传输速率与校园网络有效连接,可实现网络直播,用户通过校园网也可点播服务器的教学内容。

4.4 微格教学系统使用

本书以某高校微格教学系统为例,为大家展示硬件设备和软件平台的操作与使用。

4.4.1 基本情况

本文介绍的微格教学系统是由湖南思创华文科教有限公司提供的 HWDMT 数字化微格教学系统,这是一套采用了当前先进的数字化传输、数字化存储和网络应用方案,集微格教学、多媒体编辑、影视音像制作、多媒体存储、视频点播、数字化现场直播为一体的数字化网络系统,它采用工业计算机(IPC)结构,以 MJPEG,MPEG-Ⅳ视音频同步压缩卡对图像和声音同步压缩并打包为一个完整的文件,系统最大容量可达 128 路,单台 16 路(可叠置),所有通道的视频图像(25 帧/s)实时显示、实时记录,并可在录制的同时进行检索、回放和刻录备份文件。

如图 4.4 及图 4.5 所示,微格教学系统由 1 间主控室、2 间大微格教室(大示范室)、1 间中微格(中型示范室 & 观摩室)、6 间小微格教室组成。

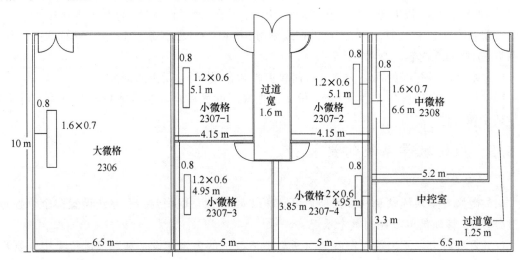

图 4.4 第一批微格教室平面图

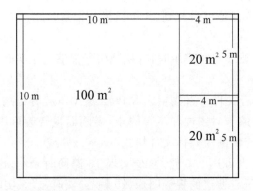

图 4.5 第二批微格教室平面图

4.4.2 微格教学系统基本操作

1. 打开硬件设备电源开关

在使用微格教学系统之前,首先要打开主控室的电源与相关设备,再开启微格教室的设备电源。

在主控室内,打开电源控制器中的总电源空气开关,如图4.6所示,1号为电视,2号为控制设备,3号为交换机,4号为操作台(主控计算机、精品课服务器、广播系统),5号为拾音器和分配器电源。将主控室机柜内其他设备电源依次开机,包括总线控制器、视音数字处理器、设备电源控制器、录播主机、分频器等。

分控微格教室内,依次开启分控计算机、投影/电视、分频器、视音频处理器等电源开关,使微格教室正常工作。

2. 连接主控服务器

系统在初次打开或使用过程中与服务器的通信中断时,必须连接到主控服务器。在主控室的录播主机上,如图4.7所示,启动桌面的"CMNS-2000校园多媒体网络平台"的主控程序,输入正确的管理员密码,单击"确定"按钮后开启示连接主控服务器程序。

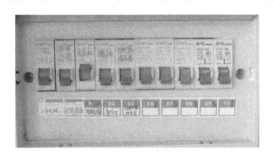
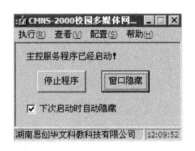

图4.6 总电源空气开关　　　　图4.7 开启主控服务程序

重新连接时可以关闭系统,重新启动,也可以单击执行菜单,单击主控连接选项,这时将弹出客户端登录窗口,用户可按照初次连接到服务器时的方法进行操作即可连接到服务器。

3. 开启CMNS-2000客户端

单击录播主机或微格教室的本地计算机桌面上的CMNS客户端软件,输入登录用户名和口令,进入以下系统控制窗口,如图4.8所示。

用户在客户端软件上可以监视各监控点的信息,监视状态有全屏监视和窗口监视,图像进入系统监视窗口为窗口监视(系统默认)。要实现全屏监视有四种方法:(1)可以直接双击监视窗口的监视区;(2)移动鼠标至工具栏,单击"全屏监视"按钮;(3)打开查看菜单,单击全屏监视选项;(4)移动鼠标至窗口监视区,右击将弹出一个菜单选项,单击全屏幕选项。双击监视区,即可回到窗口监视状态。

4. 系统设置

(1) 系统参数配置

单击客户端界面的设置,打开系统参数配置,如图4.9所示,对通信设置和监视通道进行基本的参数设置。

主控IP地址:输入主控服务器的IP地址。

通道名称:在系统硬盘录像时以该通道名称命名文件夹名称。

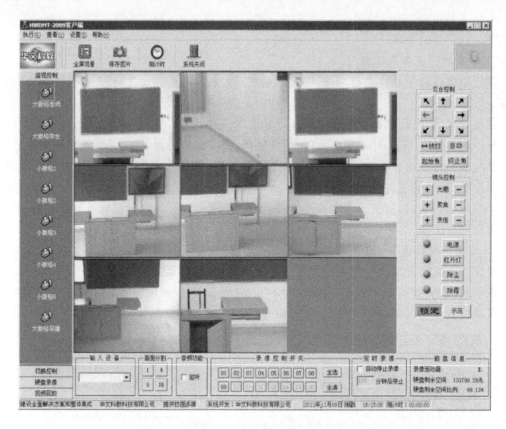

图 4.8 系统控制窗口

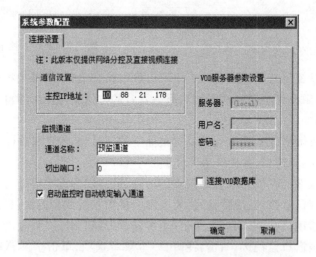

图 4.9 系统参数配置

切出端口:视频采集卡接入音视频处理器输出端口的接线编号。

(2)视频源设置

系统使用时需要视频捕捉卡,视频源的设置主要是设置视频采集卡的类型。在 CMNS 客户端软件第一次启动时系统会提示选择视频卡类型和视频通道数,如图 4.10 所示,也可以单击设置菜单,单击视频源选项,或者单击"视频源"按钮,进入视频设置窗口。

视频卡类型:根据用户计算机安装的视频采集卡来选择视频卡类型。

图 4.10　视频卡类型

视频通道数：视频采集卡的视频输入通道数目，如 1 路视频选择为 1。

(3) 存储设置

如图 4.11 所示，在设置菜单下选择存储参数选项，输入录像文件保存的地址，如果不输保存地址录像的内容保存在默认的地方，可以对录像的内容做保留，可以选择时间为一天、二天、三天、一星期、一个月、一年，也可以不清除。

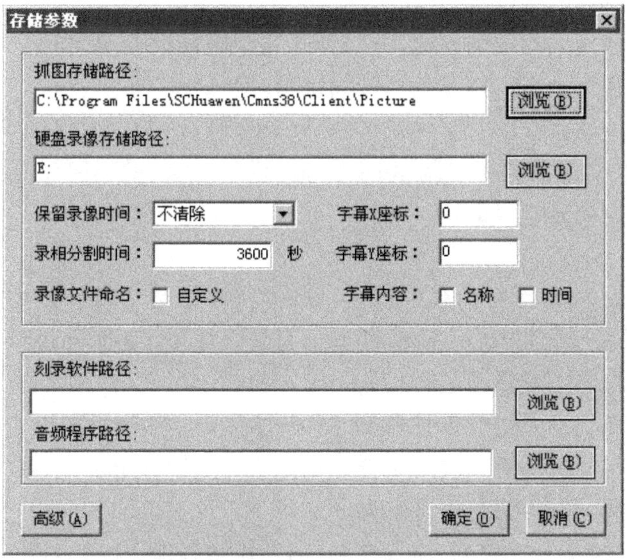

图 4.11　保存设置

录像分割时间：录像文件每隔多长时间自动分割成一个文件。系统默认为 3 600 s。用户也可以根据自己需要来设定分割时间。

录像文件命名：用户如果选择自定义，那么在硬盘录像时用户可以输入自己的学号或姓名来命名录像文件名。（建议选择自定义）否则按当前时间来命名录像文件名。

5. 界面操作

客户端操作界面主要四部分组成：菜单栏、常用操作、四项控制切换栏、四项控制对应操作等。

(1) 常用操作

如图 4.12 所示，基本设置包括输入设备、画面分割、录像控制开关、定时录像及磁盘信息等。

图 4.12 基本操作

输入设备主要是选择操作的视频对象,如小微格 1、小微格 2 等,切换到哪个摄像头则显示这个摄像头对应的名称。

画面分割部分可将画面分割为 1 个、4 个、9 个、16 个等画面,所做的只是选中需要分割的数字即可。

在监听选项勾选上监听可以监听当前视频画面的声音,如是多画面,在需要监听的画面上单击该画面即可监听声音,在使用过程中要注意不能在本教室内监听该教室的声音,否则声音会产生啸叫。

录像控制开关有 01~16 个数字键,它们分别代表第 01 通道至第 16 通道,若需要对第 01 通道进行录像,则只需用鼠标在 01 数字上单击即可实现,当 01 号键按下时就已经开始录像,停止时只需再次用鼠标在 01 数字上单击。

当勾选定时录像时,在框内输入时间,当到达这个时间时会自动停止录像;磁盘信息栏指示了录像驱动器、硬盘剩余空间以及还可继续录像时长。

(2) 操作控制

CMNS 客户端软件提供监视控制、切换控制、硬盘录像、视频回放等操作,通过单击不同的按钮,可以进入不同的操作界面。

① 监视控制

进入系统控制窗口,移动鼠标至工具栏,单击"监视控制"按钮,该按钮显示为高亮,如图 4.8 所示,这时在系统控制窗口左边设备栏显示为输入通道、设备名称和设备图标,右边为输入通道控制面板,用户即可对设备进行控制。

在监视控制下,系统设置了锁定按钮,如图 4.13 所示,当锁定按钮处于灰色状态时,需单击锁定按钮获得控制权限,即可实现对某选定摄像头的控制锁定功能,在锁定按钮按下时还不能控制,需单击电源按键变为绿色点亮状态。

摄像机控制面板包括云台控制、镜头控制、辅助控制和锁定按钮四部分。如图 4.14 所示,云台控制主要通过单击控制区的按钮对摄像机云台的左、右、上、下进行设置,改变图像位置;如图 4.15 所示,镜头控制主要用来控制镜头的光圈、聚集和变焦,在镜头控制区按变倍的"+"将图像变远、"-"图像变近,如不清晰可按聚焦"+"使图像调得更清晰。

图 4.13 锁定按钮　　图 4.14 云台控制　　图 4.15 镜头控制

② 切换控制

进入系统控制窗口后,移动鼠标至系统工具栏,单击"切换控制"按钮,该按钮显示为高亮,如图 4.16 所示,这时在系统控制窗口的左边设备栏显示输出通道的设备名和设备图标,右边为切换控制功能窗口,切换控制功能由巡视和监视组成。

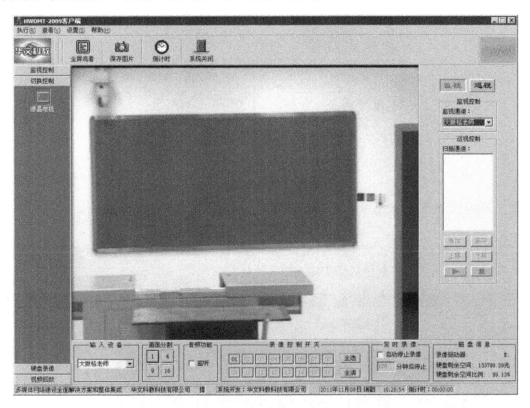

图 4.16 切换监视界面

选中切换控制后,系统默认为监视控制,这时"监视"按钮为绿色,在监视控制栏里,监视通道处有一个下拉框,该下拉框里为所有输入通道,用户只需选中所要监视的输入通道(大微格教师),在监视屏幕将显示该输入通道(大微格教室)的所有信息(音视频信号)。

如图 4.17 所示,单击"巡视"按钮,即可进入巡视状态窗口,用户可以单击"追加"按钮,添加所需巡视的通道,也可以选中巡视通道。单击"删除"按钮,删除巡视通道;单击"上移"按钮,巡视提前一帧;单击"下移"按钮,巡视滞后一帧。巡视必须单击"播放"按钮,巡视开始,单击"停止"按钮,将巡视停止。

③ 硬盘录像

首先在设置菜单里选择系统参数设置,再选择硬盘录像通道,输出通道数目和起始端口,然后单击自动产生按钮,在通道列表里就产生了通道数目,如图 4.18 所示。

图 4.17 "巡视"通道选择

左边硬盘录像区选择一路硬盘录像通道,再在输入设备区选择一路输入通道,选择自动停止录像就可以选择录像的时间,例如:10 分钟、20 分钟,也可以选择几画面录像,例如:1、2、3、4、5、16 画面也可以全选,再单击录像按钮就可以录像了,在画面分割区可以选择几画面分割,

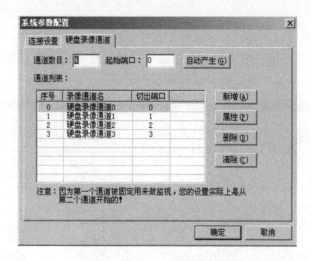

图 4.18 硬盘录像通道设置

例如:1、4、9、16 画面,如果是输入的 10 分钟,那 10 分钟以后就自动停止录像。

④ 视频回放

如图 4.19 所示,进入视频回放后,可以选择已录像的日期、录制通道或需要播放文件,在控制部分通过单击八个控制按钮来实现视频的回放。

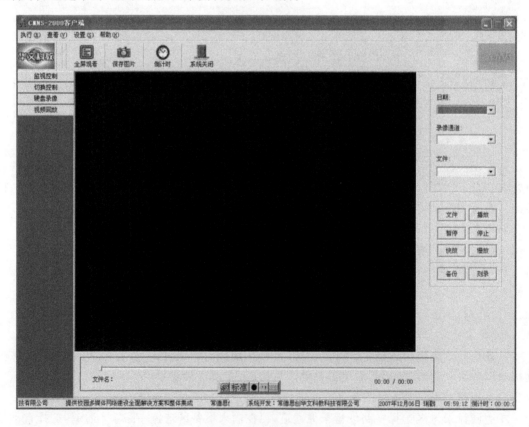

图 4.19 视频回放

文件:录像文件如果是按学号或姓名存储的,通过该按键选择需要播放的录像文件。

备份:将录像文件备份到其他存储设备。

刻录:将录像文件刻录到光盘(在计算机装有刻录机的条件下)。

思考与练习

1. 什么是微格教学系统?
2. 微格教学系统由哪些部分组成?
3. 微格教学系统的主要设备有哪些?
4. 微格教学系统可实现什么功能?
5. 设计一段教师自我介绍,并练习使用微格教学系统进行微格训练。

本章参考文献

[1] 田华. 现代信息环境下微格教学系统概述[J]. 信息与电脑(理论版), 2013 (9):37-38.
[2] 腊国庆,王玥. 数字微格教学系统的组成与功能[J]. 网络安全技术与应用,2014(2):26-27.
[3] 孟宪凯,刘文甫.导入技能训练[M].天津:天津教育出版社,2010.
[4] 胡志刚.化学微格教学[M].厦门:厦门大学出版社,2010.

中篇　微格教学技能

第 5 章　课 前 准 备

本章学习目标：

通过本章学习，了解微格训练的课前准备工作，掌握微格教学设计的理念与方法，能够编写具体的微格教案，掌握微格教学的实施过程与组织方式，为开展微格训练做好准备。

本章要点：

- ➢ 微格教学设计
- ➢ 微格教案编写
- ➢ 微格训练的内容与方法
- ➢ 微格训练的组织与实施

在教学技能训练过程中，学习者学习每一项技能之后，都需要通过一个简短的微型小课堂对所学技能进行实践训练，并根据模拟教学的视频反馈进行改善和修正，通过这种微格训练，学习者可以审查自己的教学效果，为正式开展教育教学提前做好准备。

5.1　微格教学设计

学习者在微格教学之前，要对教学活动的各项要素做出计划和安排，将理论与实践相结合，对微格教学的方法和教学过程进行设计，这种系统而严谨的计划过程，就是微格教学设计。

5.1.1　微格教学设计概述

教学设计亦称教学系统设计，主要是运用系统方法，将学习理论与教学理论的原理转换成对教学目标、教学内容、教学方法和教学策略、教学评价等环节进行具体计划、创设教与学的系统"过程"或"程序"，而创设教与学系统的根本目的是促进学习者的学习。

微格教学训练的目标在于提高师范生或在职教师的教学技能，其过程是一个微观的课堂教学，所以微格教学设计与一套完整的课堂教学设计有所不同。所谓微格教学设计是指以现代学习理论、教学理论和传播理论为指导，根据课堂教学目标和教学技能训练目标，运用系统方法分析教学问题和教学需要，建立解决教学问题的教学策略微观方案、评价试行结果和对方案进行修改的过程。它们主要的区别体现在以下两点：

1. 微格教学设计是对一个教学片断的设计。微格教学设计的内容只是某一节课的一部分，以此作为对某种教学技能训练的基础，训练时间通常都比较简短，一般在5～10分钟，而课堂教学设计是从宏观的结构要素来分析的，时间一般在40～50分钟。

2. 微格教学设计是以技能训练设计为主。微格教学设计把学生学习一个事实、现象、概念等作为一个过程,把学习过程划成若干个阶段,分阶段进行信息加工,不需要涉及教学的全过程,而且训练目标不仅包括教学目标还包括技能训练目标,而课堂教学设计一般地包括导入、讲解、练习、总结评价等教学各阶段。

5.1.2 过程模式

教学设计过程模式是在教学设计的实践当中逐渐形成的,它是运用系统方法进行教学开发、设计的理论的简化形式。

1. 几种主要的教学设计过程模式

教学设计过程模式的形成是教学设计领域的专家们多年辛勤工作的结晶,因为个人教学工作环境及专业背景的差异,每个人对教学设计的理解和认识不尽相同,关心点和个人优势也不同,由此产生了很多种不完全相同的教学设计过程模式,根据国内大众标准将其分成三类,分别是以教为中心的过程模式、以学为中心的过程模式及教师主导、学生主体的双主过程模式,并选择几种代表性的过程模式进行阐述。

(1) 以教为主的教学设计过程模式

以教为主的教学设计以课堂教学为焦点,设计的目的是解决教师在设计教师、学生、课程计划、设备、设施和资源的前提下,如何做好教学工作,完成预期目标,设计的重点是选用合适的教学策略,选择、改编和应用已有的媒体资料。下面主要介绍3种具体的以教为主的教学设计过程模式。

① 肯普模式。肯普模式是由肯普在1977年提出的,是第一代教学设计的代表模式。肯普在早期模式中用线条把各个要素顺时针连接起来,但在后来的研究和实践中又进行了多次修改完善,如图 5.1 所示。

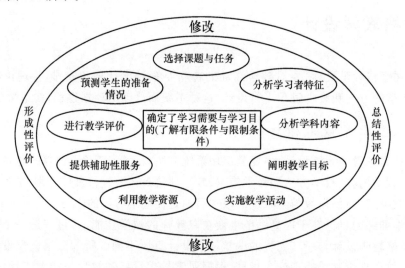

图 5.1 肯普模式

肯普模式围绕九个要素进行教学设计,分别是选择课题与任务、分析学习者特征、分析学科内容、阐明教学目标、实施教学活动、利用教学资源、提供辅助性服务、进行教学评价和预测学生的准备情况。这种模式的主要特点有:各要素相互联系,相互作用;要素间没有连线,可不考虑某要素或次序灵活运用;学习需要和目的是模式的中心,即 ID 的出发点与归宿;教学设计是连续过程,评价与修改不断与其他要素联系;较适于实际的教学问题解决。

② 迪克-凯瑞模型。迪克-凯瑞模型是典型的基于行为主义的教学系统开发模式,该模式设计活动主要包括确定教学目标、选用教学方法和开展教学评价。如图 5.2 所示,主要要素有确定学习目标、教学分析、分析学习者与情境、书写行为表现目标、开发评估工具、开发教学策略、开发与选择教学材料、形成性与总性评价等。

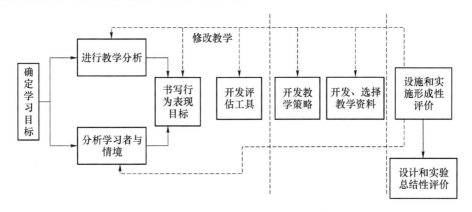

图 5.2　迪克-凯瑞模型

迪克-凯瑞模型最大的特点是最接近教师的实际教学,即在课程规定的教学内容、教学目标的条件下,研究如何传递教学信息。它强调学习者学习任务的分析,强调起点能力的确立;强调教学设计是一个反复的过程,需要设计者不断进行分析、评估和修正,以期完成具体的教学任务,达到教学目标;强调安排教学活动,以优化每一教学事件,保证教学的整体效果。

③ 史密斯-雷根模式。如图 5.3 所示,史密斯-雷根模式是第二代教学设计的代表模型,它由史密斯和雷根 1993 年提出,该模式在迪克-凯瑞模式基础上,吸取了加涅在"学习者特征"环节中注意对学习者内部心理过程进行认知分析的优点,并进一步考虑认知理论对教学内容组织的重要影响而发展起来的。

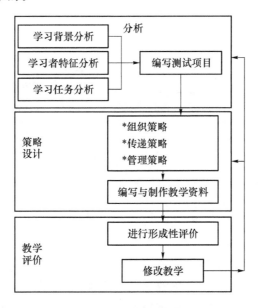

图 5.3　史密斯-雷根模型

史密斯-雷根模型将教学过程分成三个部分:分析、策略设计和教学评价,主要要素包括学习者分析、学习任务分析、策略选择与设计、教学资源设计、评价设计等,主要特点是明确指出应设计三类教学策略:教学组织策略、教学内容传递策略、教学资源管理策略,并把设计重点放在教学组织策略上,由于教学组织策略可进一步分为"宏策略"和"微策略"两类,这两类策略分别以瑞格卢斯的细化理论(ET)和梅端尔的成分显示理论(CDT)为理论基础,有着较为成熟的研究成果,理论基础牢固。

以教为主的教学设计模式经过了几十年众多专家的深入研究与发展,已形成一套比较完整、严谨的理论体系,有较强的可操作性,对教师开展教学设计有很强的指导意义,但它也存在着一定的缺陷。这种教学设计模式重教轻学,课堂由教师主宰,忽视学生的自主学习和自主探究,容易造成学生对教师、教材、权威的迷信,使学生缺乏发散思维和批判思维。

(2) 以学为主心的教学设计过程模式

以学为中心的教学设计是基于建构主义的学习理论和教学理论基础的,整个设计围绕"自主学习策略"和"学习环境"两个方面,前者通过各种学习策略激发学生自主学习和主动建构,后者为学生建构意义建造必要的环境和条件。它强调在学习过程中发挥学生的主动性、积极性,有利于学生的自主探究。如图 5.4 所示,它通常包括教学目标分析、情境创设、信息资源的设计与提供、自主学习策略的设计、协作学习环境设计、学习效果评价及强化练习设计 7 个部分的内容。

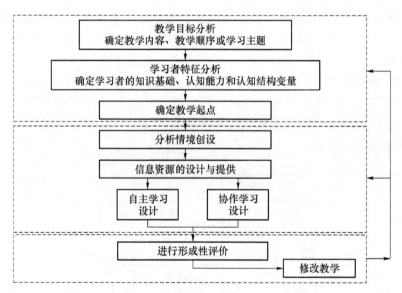

图 5.4　以学为主的教学设计模型

以学为主的教学设计模式强调以学生为主,注重培养学生自主建构、自主探究、自主发现,强调意义建构的重要性,强调对学习环境的设计。但它也往往忽略教学目标的分析与达成,忽视教师在学生学习过程中的主导地位。

(3) 主导-主体的教学设计模式

主导-主体模式是我国著名的教育技术专家何克抗教授结合我国教育实际和社会对新型人才培养的需求所提出的,这种模式结合以教为主的教学模式和以学为主的教学模式,取长补短,既体现教师的主导地位,也强调学生的主体地位。如图 5.5 所示,主导-主体模式包括分析教学目标、分析学习者特征、教学策略的选择与设计、教学媒体的选择与设计、形成性评价设计等。

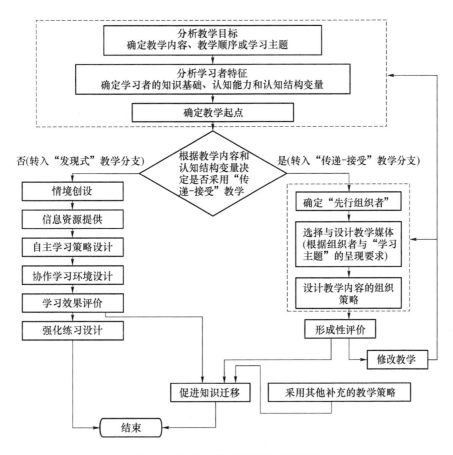

图 5.5　主导-主体教学设计过程模式

主导-主体教学设计模式将教学策略分为两个分支,"传递-接受"教学分支和"发现式"教学分支,它的特点是可根据教学内容和学生的认知结构情况,灵活选择这两个教学分支。在"传递-接受"教学过程中基本采用"先行组织者"教学策略,同时也可以采用其他的"传递-接受"教学策略作为补充,以获得更好的教学效果;在"发现式"教学过程中也可以充分吸收"传递-接受"教学的长处,便于考虑情感因素的影响等。

2. 微格教学设计过程模式

微格教学设计的理论基础、设计方法与原理以及设计的程序同普通课堂教学设计一致,因此微格教学设计要遵循课堂教学设计的原理与方法,应以课堂教学设计为基本框架,充分体现微格教学技能训练的特点。

微格教学设计的基本要素分别是前端分析、目标阐述、策略制订和实施评价。如图 5.6 所示,前端分析主要指教材与学习内容、学习者分析分析;阐述目标是指教学目标与教学技能训练目标的阐述;策略制订包含教学媒体与资源的开发与选择、教学策略与技能训练策略的制订;评价指对教学效果的评价和技能训练效果的评价。

微格教学设计模式以普遍课堂教学设计模式为基础,以实现教学效果和培训教学技能为目的,它与一般的课堂教学设计模式的不同之处,体现在三个方面:

① 微格教学设计的目的是训练教学技能,所以在阐述目标时不仅仅指教学目标,还包括教学技能训练目标。

② 微格教学设计在进行策略制订过程中,不仅要考虑教学策略的选择与应用,还包括教

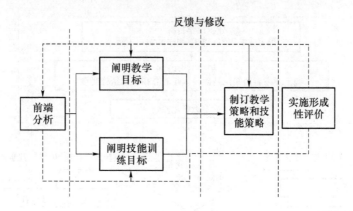

图 5.6　微格教学过程模式

学技能策略的设计,要对教师的教学行为和学生的学习行为进行设计,还要思考如何具体训练各项教学技能,才能促使受培训者的思维和行为方式受到微观具体的训练。

③ 微格教学媒体的选择和运用为教学方法的选择和组织,教师活动的设计教学技能训练的设计,学生学习活动的设计,教学媒体的选择和制作。针对不同的学科,不同的教学任务,不同的教学对象,选择不同的教学方法,不同的教学媒体和制订不同的教学策略。

5.1.3　微格教学设计过程

1. 前端分析

前端分析包括教材分析、学习内容分析、学习者分析等,是掌握学情的重要途径,这些要素与普遍的课堂教学设计前端分析大致相同。

① 教材分析

教材分析是微格教学设计的开端,通过钻研教学大纲与教材,模拟教师可以掌握学习的总体目标,对教材的基本结构、主体模块及不同单元间联系、重点难点分布等有一个基本的了解。微格教学设计要以教材内容为客观依据,进行问题分析,确定问题,分析和确定教学目的。微格教学设计的优劣,取决于受培训者对教材的理解、分析和研究程度。

分析教材首先要对教材进行一个全面的分析。仔细研读课程标准,了解课程的性质、任务和教学目的,并全面通读教材整体内容,对教材的体系结构、地位作用、文字内容及语言表达进行整体了解,方便模拟教师在进行教学设计时前后呼应、整合内容、反复渗透。

其次是对教材具体内容的分析,包括知识结构体系、教学目的和要求,教材特点、教材重难点等。根据教学目的、内容和教学原则,按照教学大纲要求,结合教学的实际情况,研究如何优化处理教材,如何突出重点、抓住关键、克服难点,思考恰当的教学方法和教学手段,利用教材分析提高教学质量。

② 学习内容分析

学习内容是指为实现教学目标、要求学习者系统学习的知识、技能和行为经验的总和。分析学习内容旨在规定学习内容的范围、深度和揭示学习内容的组成部分的联系。微格教学设计的学习内容可能只是某个事实、概念、问题或过程,但也必须明确这一简短教学内容在课程知识体系中的地位和关系,以及这一教学内容的微观结构和内容组织。

为更好地分析学习内容的微观结构和内容组织,根据布卢姆的学习结果分类论,将学习内容分为认知类学习、情感类学习以及动作技能类学习内容。

认知类学习内容是指言语信息、智力技能和认知策略的学习内容,主要特点是知识的获得与应用。对言语信息和智力技能学习内容的分析,可以采用归类分析法和图解分析法,对认知策略学习内容的分析,则主要是为学习多创造使用认知策略的问题情境,并设计相应的练习。如图 5.7 所示,当学习内容本身不存在逻辑层级或程序时,只需要直接对学习内容进行分类,加以系统组织,促进学习者的记忆。

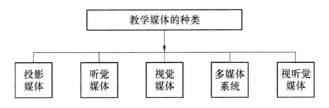

图 5.7 归类分析法

如图 5.8 所示可以使用,使用图解分析法,用直观形式揭示学习内容要素之间的相互联系。

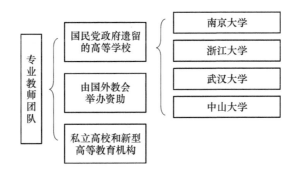

图 5.8 图解分析法

动作技能学习内容的分析,可运用信息加工分析方法,使学习内容更加具体化,如图 5.9 所示,学习内容被分解为一系列较小的学习步骤,并合理安排顺序,使学习者循序渐进地学习。

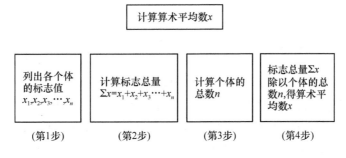

图 5.9 信息加工分析法

情感与态度类学习内容的分析可从认识学习内容和动作技能学习内容着手,最后落实到两个方面的问题:学习者形成或改变态度后,具体是什么?为什么要培养这种态度?

③ 学习者分析

学习者分析是教学设计的一个重要步骤,目的是了解学习者的学习准备状态,也是分析教学起点、决定目标体系、选择教学策略、设计教学活动、制订评价方法和工具的重要依据。在微格教学设计中,学习者由受训者的同伴进行角色扮演,模拟教师要根据教学目标和技能训练要求,来分析模拟学生的特点和原有知识与技能的掌握程度,掌握教学的起点。

如图 5.10 所示,学习者特征分析包括学习准备分析及学习风格分析。学习准备分析主要是对学习者的一般特征、学习者初始能力两个方面进行分析,学习风格则是学习者的一种社会属性,是对感知不同刺激,并对不同刺激做出反应而产生影响的所有心理特性。

学习者的一般特征主要是指学习者在学习过程中,影响学习心理、生理及社会特点,包括学生的年龄、性别、年级水平、认知成熟度、智能、学习动机等背景因素,它与具体的学科内容无直接联系,海涅克等人指出:"对学习者一般特点即使做一些粗略的分析,对教学方法和媒体的选择也是有益的",由此可以看出一般性特征在教学设计过程中的影响。了解学习者一般特征,可以通过查阅有关于年龄、性别等不同学习者特征的相关文献,并查阅学习者的学习情况记录及基本情况登记表,以及通过自然观察和实际观察了解学习者一般特征。

学习者的初始知识和能力分析是对学习者在学习特定学科、领域知识和技能时,原有的知识体系和能力结构的基础状况,主要对学生的预备技能、目标技能以及学习者学习态度进行分析。所谓预备技能是指学习者在开始新的知识学习之前已掌握的知识与技能,目标技能是指教学目标中规定学生必须掌握的知识和技能。如图 5.11 所示,虚线为教学的起点线,起点线以下的知识、技能是学习者的预备技能,以上的知识技能是目标技能。

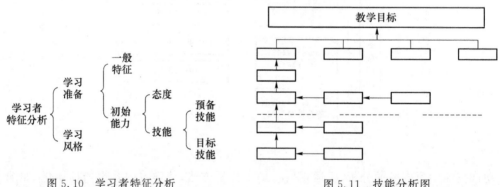

图 5.10 学习者特征分析　　　　　　图 5.11 技能分析图

教师在开始上新课之前,可以通过分析以前的学习情况、查阅以前的考试成绩或通过谈话等形式获得学习者的预备技能和目标技能,也可以通过编制专门的测试题来测定。学习者的学习态度分析可以利用态度问卷量表、访谈及观察法来进行分析。

2. 目标阐述

微格教学设计不仅需要阐述教学目标,更要指出技能训练的目标。教学目标是学习者通过教学以后将能做什么的一种明确表述,是单元目标的具体化,表明学习者行为或能力的变化方向,它是统贯教学活动的总体指标,也是评价教与学活动的依据,是一个多层次的目标体系。微格教学设计的目的是为了训练模拟教师教学技能,所以技能训练目标主要是模拟教师经过某项技能训练后能够达到目的表述。

无论是教学目标还是技能训练目标,都要求是可观察、可测量和可操作的。根据布卢姆的学习结果分类,教学目标可以分为认知学习领域目标、动作技能学习领域目标以及情感领域目标。

① 目标阐述方法

目标阐述力求明确和具体,避免使用含糊的和不切实际的语言描述。传统对教学目的的描述,使用意义含糊的词语,太过于空泛,教师缺乏分类思想的指导,目标缺乏层次性,往往重视描述教学内容、安排师生活动,不着重说学习结果、行为能力的变化,存在很大的局限性。在阐述目标时可以使用行为化阐述法、内外结合表述法及表现性目标表述法等方法。

行为化阐述法是在马杰(Robert Mager)1962年提出的"行为""条件"和"标准"的三要素模式基础上所提出来的,是一种采用行为术语的编写方法,它主要包括对象(Audience)、行为(Behaviour)、条件(Condition)、标准(Degree)四个要素,又称为ABCD法。其中对象是指目标针对的对象,可能是某个人也可能是某些人;行为的描述要使用具体可观察的动词,以减少教学的不确定性;条件是描述学习和评价的条件,影响学生产生学习结果的特定限制或范围,例如"借助工具书";标准是描述学习者学习效果的最低水平,是评价目标是否达成的依据。如图5.12所示,图中标识的ABCD分别对应阐述的目标内容。此外,在实际应用中,不一定要将条件和标准都一一列出,有时对象一目了然的情况,也可以被省略。

在使用行为阐述法阐明目标时应注意:行为是指学习者的学习行为,而不是教师行为,也不是教材内容、过程和程序;条件是伴随行为同时存在;标准是学习质量可以接受的最低标准,不是教师教学成功的最低标准,如图5.12所示准确率80%并不是指80%的学生可以标记出,而是指每个学生在标记不同云的图片时,能够准确标记出80%以上,就达到了教学目标。

[例]初中二年级学生 在观看
　　　　　　　　　　　　A
各种云的图片时,应能将卷云、
　　　　　C
层云、积云和雨云分别标记出,
　　　　　　　　　　　　B
准确率达80%。
　　　　D

图5.12 示例

行为化阐述法是可观察、可测量和可操作的,但这种描述方法也存在一定的缺陷,易导致教学过程丧失弹性,忽视个别差异,不利于高级认知目标和情感目标的表现。

内外结合法是结合学生学习结果的内部状态描述和行为表现,是指先用描述内容过程的术语表述,这些术语可以是模糊的、不易测量的,例如知道、理解、欣赏、尊重等,然后再列举反映这些内在心理变化的外显行为表现。

例如当教学内容与团体活动相关时,可以从内和外两个角度描述。内的描述:学生能够热爱集体;外的描述:积极参加集体组织的各项活动,主动参加教室的卫生工作,准时参加班级会议,帮助学习有困难的同学等。

表现性目标表述是基于建构主义理论指导下的方法,限用于情感目标和高级认知技能上,它明确规定学生应参加的活动,但不精确规定每个学生应该从这些活动中心得什么,是一种对教学目标具体化的补充。

例如:学生做关于资源浪费的社会调查,学生参观动物园并讨论有趣的事情,学生就某一研究问题做文献调研并撰写文献评论报告等。

② 三维教学目标

根据布卢姆等的教育目标分类理论,结合我国的教育教学实际,新课程将课程(学教)目标分为三个维度:知识与技能、过程与方法、情感态度价值观。三维教学目标不是三个目标,而是一个问题的三个方面。它集中体现了新课程的基本理念,集中体现了素质教育在学科课程中培养的基本途径,集中体现了学生全面和谐发展,个性发展和终身发展的客观要求。

第一维目标是知识与能力目标,是指人类生存所不可或缺的核心知识、学科基本知识和基本能力。基本能力主要是指学习者获取、收集、处理、运用信息的能力、创新精神和实践能力、终身学习的愿望和能力。

第二维目标是过程与方法目标,包括人类生存所不可或缺的过程与方法。过程是指应答性学习环境和交往、体验;方法则包括基本的学习方式(自主学习、合作学习、探究学习)和具体的学习方式(发现式学习、小组式学习、交往式学习等)。

第三维目标是情感态度与价值观目标。情感不仅指学习兴趣、学习责任,更重要的是乐观的生活态度、求实的科学态度、宽容的人生态度。价值观不仅强调个人的价值,更强调个人价值和社会价值的统一;不仅强调科学的价值,更强调科学的价值和人文价值的统一;不仅强调人类价值,更强调人类价值和自然价值的统一,从而使学生内心确立起对真善美的价值追求以及人与自然和谐和可持续发展的理念。

3. 策略制订

微格教学的目的是训练课堂教学技能,因此微格教学设计的策略既包括教学策略,也包括技能训练策略。

教学策略是对完成特定教学目标而采用的教学顺序、教学活动程序、教学方法、教学组织形式和教学媒体等因素的总体考虑,是各种教学方法的优化组合。在教学过程中,没有任何单一的策略能够适应所有的情况,有效的教学需要有可供选择的各种策略来达到不同的教学目标。技能训练策略除了一般的课堂教学策略外,还要具体设计教师的教学行为和学生的学习行为,以及如何具体训练各项教学技能。

学习是一系列信息加工的过程,根据信息加工过程的控制点,教学策略可分为替代性教学策略和生成性教学策略。

① 替代性教学策略

所谓替代性策略是教师成为信息加工过程中的控制者,在教学过程中为学生指明教学目标、组织教学内容的选择、安排教学顺序、设计教学活动、进行内容迁移、构建教学环境以及较多的为学生加工信息。

常用的替代性策略有先行组织者、讲解教学、掌握学习、情境-陶冶教学、示范-模拟教学等。

先行组织者是指是先于学习任务本身呈现的一种引导性材料,它要比原学习任务本身有更高的抽象、概括和包容水平,并且能清晰地与认知结构中原有的观念和新的学习任务关联。这个先行者可能是一个概念、一条定律或者一段说明文字,可以用通俗易懂的语言或直观形象的具体模型。先行组织者策略的基本步骤是呈现先行组织者、呈现学习任务和材料、扩充与完善认知结构。

讲解教学是基于奥苏贝尔的接受学习理论,奥苏贝尔认为学习是要能在新概念、新知识与学习者原有认知结构之间建立起非任意的实质性联系,如不能建立起这种"联系",教学将是机械的、无意义的,在有意义的学习中,接受学习与发现学习之间的对比总是偏重于接受学习,因为发现学习费时太多,不能获取大量的信息,如果在讲解教学中提供各种具体的经验,就可以弥补言语处理复杂、抽象命题的不足。讲解教学在实际工作中被大量采用,它强调有意义学习和认知结构等,特别适用于抽象关系的学习。

掌握学习是由布卢姆提出的,他认为只要用于学习的有效时间足够长,所有的学生都能达到课程目标所规定的掌握标准。它以目标为中心,先阐明学习所必需的先决条件,研究实施的具体程序,并评价这种策略方法对教师与学生所产生的结果。掌握学习是基于行为主义的学习策略,它强调在制订教育目标时应该考虑评价的手段,注重学生学习过程的诊断。

情境-陶冶教学也称为暗示教学策略,主要用于情感领域教学目标的教学,该策略主要由三个步骤组成,创设情境、自主活动能力及总结转化。教师通过语言描绘、实物演示及音乐渲染等方式或利用教学环境中的有利因素为学生创设一个生动形象的场景,激起学生的情绪,并安排各种活动,使学生在特定氛围中积极主动地从事各种智力操作,在潜移默化中进行学习,最后通过教师启发总结,使学生达到思想的提升,实现知识的迁移。

示范-模仿教学是指教师有目的地把示范技能作为有效的刺激,以引起学生相应的行动,使他们通过有效地模仿掌握技能,这种策略可以很好地应用于微格教学技能的训练。教师先向学生说明要掌握的行为技能,解决技能训练的规则、要领和程序,并向学生进行技能示范,学生再进行模仿,模仿后自主练习,通过自主独立练习,由不会到熟练,最后升华技能,在新的情境中灵活运用。

替代性策略信息加工强度大,短期内可以使学习者学习较多的材料,带来更加集中、有效、可预测的学习结果,适应于先决知识、技能或学习策略有限的学习者。但它也存在一定的缺点,学习者在教学过程中遵循已安排好的教学步骤,缺少智力活动的投入,缺少挑战性和刺激性,缺乏个性、独立性和动力培养。

② 生成性教学策略

生成性策略是指让学生作为学习的主要控制者,并根据自己的需要和风格来安排学习,自己形成学习目标,自己对学习内容进行组织加工、安排学习活动的顺序、形成知识的迁移、构建自己的学习环境、从教学中建构具有个人特有风格的学习,教师只是作为学习的指导者和帮助者,为学生提供一些必要的教学支持。

常用的生成性策略包括发现学习、支架式教学、抛锚式教学、随机进入教学、启发式教学等。

发现学习是由布鲁纳所提出的,让学生通过自己经历知识发现的过程来获得知识、发展探究能力的学习,强调学生的探究过程,教师的主要任务不是传递知识,而是为学生的发现活动创造条件,提供支持。发现学习创设问题情境,让学生对问题现象进行观察分析,逐渐缩小范围,使注意力集中到某些要点上:①通过分析、比较,对各种信息进行转换和组合,提出假说,而后通过思考讨论,以事实为依据对假说进行检验和修正,直至得到正确的结论,并对自己的发现过程进行反思和概括。②整合与应用,将新发现的知识与原有的知识联系起来,纳入认知结构的适当位置。运用新知识解决有关的问题,促进知识的巩固和迁移。

支架式教学由搭脚手架、进入情境、独立探索、合作学习以及效果评价组成,教师为学习者建构对知识的理解提供一种概念框架,这种框架即为脚手架,脚手架把复杂的学习任务加以分解,逐步促使学习者的理解更加深入。支架式教学通过帮助学习者学习和掌握某种概念或认知技能,促使学习者改变认知结构。

抛锚式教学策略要求建立在有感染力的真实事件或真实问题的基础上,这类问题或事件被形象地比喻成"抛锚"。抛锚式教学由创设情境、确定问题、自主学习、合作学习、效果评价五个步骤组成,使学习者体验真实的环境。

随机进入教学源自于建构主义理论的分支——认知灵活性理论,以提高学习者的理解能力和知识迁移能力为宗旨。学习者可以任意通过不同途径、以不同方式进入同样教学内容,从而获得对同一事物或同一问题多方面的认识和理解,不是像传统教学中那样,只是为巩固一般的知识、技能而实施地简单重复。这里的每次进入都有不同的学习目的,都有不同的问题侧重点。因此多次进入的结果,绝不仅仅是对同一知识内容的简单重复和巩固,而是使学习者获得对事物全貌的理解与认识上的飞跃。

启发式教学是指在教学过程中根据教学任务和学习的客观规律,从学生的实际出发,采用多种方式,以启发学生的思维为核心,调动学生学习主动性和积极性,促使他们生动活泼地学习的一种教学指导思想。它对教师的要求是引导转化,把知识转化为学生的具体知识,再进一步把学生的具体知识转化为能力。教师通过创设问题情境,启发诱导,使学生尝试探究知识、归纳结论并纳入知识系统,尝试变式练习,教师回授尝试结果,组织质疑和讲解,回授调节单元教学结果,完成启发式教学。

生成性策略能够促进信息的深入加工,以达到良好的学习效果,注重学习者的兴趣激发和学习动机的培养,使得学习策略可以得到使用、练习和修正,学习的结果体现个性化。它的缺点是对学生的要求比较高,成功依赖于学习者拥有策略的宽广度,易造成认知超负荷,学习者的情绪易受挫折。

4. 实施评价

微格教学设计的评价包括教学评价和技能训练评价。教学评价是指以教学目标为依据,制定科学的标准,运用一切有效的技术手段,对教学活动过程及其结果进行测定、衡量,并给以价值判断,而技能训练评价则是对模拟教师技能训练过程和结果进行评价。实际上微格教学设计的评价就是对技能训练、微格教学方案及技能运用的评价和修改。

师范生或在岗教师以角色扮演的方式参与教学实践活动,在模拟教学过程中全程录像,指导教师、学习同伴及模拟教师都通过视音频反复播放、进行讨论、评价和自我分析,在此基础上,再对微格教学设计、教案、技能训练进行思考和修改,重新开展训练行为等。

5.2 微格教案编写

5.2.1 微格教案概述

教案是教师为顺利而有效地开展教学活动,根据教学大纲和教科书要求及学生的实际情况,以课时或课题为单位,对教学内容、教学步骤、教学方法等具体设计和安排的一种实用性教学文书。

微格教案是为训练教师的教学基本技能而编写的小型教案,它与普遍的教案类似,遵从的理论、方法和程序是一致的,都是在深入钻研教学大纲、教科书,在全面了解学生情况的基础上,对教学活动进行精心设计的具体实施方案,但微格教案不仅要详细规定教师的教学行为,还要规定学生的学习行为,关注训练技能要素,所以其编写形式和编写重点略有不同,具体体现在以下几个方面:

第一,微格教学设计的内容是一个片断,可以是一节课的一部分,也可以是一个定理、一个概念或一个小单元,所以微格教案是一个小型的教案,编写内容对应的是教学片断的编写;第二,微格教学的核心是教学技能训练,所以微格教案与普通教案相比,其教学目标不仅包括模拟教学的课堂教学目标,也包括技能训练目标,前者是手段,后者是目的;第三,微格教案要使技能训练目标明确和突出,所要针对模拟教师和模拟学生的每一个教学行为和教学行为都要详细描述具体应用的某一项或多项教学技能。

5.2.2 微格教案的具体内容

微格教案具体内容包括教学目标编写、教师教学行为的描述、行为对应的教学技能、模拟学生的行为描述、教学资源的准备以及教学过程中的时间分配等。

1. 教学目标描述

微格教案的教学目标描述是指对课堂教学活动的具体目标进行阐述。根据布卢姆的学习结果分类理论,将微格教案中的教学目标分为三类:认知领域教学目标、情感领域教学目标以及动作技能领域教学目标,每一个领域的目标是由低级到高级分成若干个层次,表现出从简单到复杂的序列。

① 认知领域教学目标

认知领域教学目标一般分为六个层次,如下所示。

知道:对已学过的知识的一种记忆和陈述的能力。

领会:理解知识所含的意义,并将它们整理成自己的思想,然后表达出来的能力,如讲出每段内容的大意。

运用:把已经知识和领会的抽象概念、原理或方法应用到新情境中的一种能力,如能用求长方形面积的公式计算出教室的面积。

分析:把复杂的知识分解成几个独立的部分,并找出各部分之间的相互联系的一种能力,如学生给课文分段并归纳大意。

综合:将所学各部分知识重新组合成一个新的知识整体的能力,如总结课文的中心思想。

评价:根据已有的知识或已给的标准进行价值判断和鉴赏的能力,如判断一篇文章的论点、论据是否合理。

② 情感领域教学目标

情感领域教学目标分为五级,如下所示。

注意:考虑将注意力集中到某件事情上或某个活动中,并准备接受。

反应:以比较浓厚的兴趣主动参与到某项活动中去,并以某种方式积极做出响应,如学生上课能积极发言。

价值判断:用一定的价值对特定的现象、行为或事物进行判断,自发地表现出某种兴趣和关注,并有一致性和稳定性,如主动要求参加学雷锋小组的课外活动。

组织:指在不同价值观念并存时,愿意将它们组织成一个体系,通过比较和分析,接受自己认为重要的价值观念,从而形成个人的价值观体系。

价值与价值体系的性格化:在组织个人的价值观体系时,逐步形成个人的品性,因而可以长期控制自己的行为。

③ 动作技能领域教学目标

动作技能领域教学目标分为七级,如下所示。

知觉:运用感官得知有关动作技能的知识、性质和作用等。

准备:从心理、肌肉、骨骼和情绪等方面做好学习准备,如操练前的准备动作或回忆动作要领。

有指导的反应:在认知的基础上进行模仿,教师给予具体指导。

机械动作:按照动作要领准确地完成工作。

复杂的外显反应:将学生在完成过程中可以做到精确、迅速、连贯协调又轻松稳定,即使是一些复杂的动作模式也能熟练地完成。

适应:根据自身的特点、特殊装置或满足具体情境的需要,能够适当地修正自己的动作模式。

创新:能够创造出新的动作模式,这是以熟练的动作技能和高级认识水平为基础的创造能力。

这三个领域教学目标根据前文所提到的微格教学目标编写方法,可以分别采用行为阐述法、内外结合法以及表现性目标表述法进行教学目标的描述,训练目标也可以直接采用行为阐述法进行描述,要求教学目标的表达具体、确切,便于实施评价。

2. 教师的教学行为描述

所谓教师的教学行为,是教师的教学理念在教学过程中的必然表现,包括教学设计行为、教学组织行为和教学操作行为,体现和落实在教学过程、教学环节和教学细节中,体现在师生关系、课堂赏罚、偶发事件的处理上。主要从五个方面衡量教师的教学行为:明确具体的教师教学行为、灵活多样的教师教学方法、围绕教学任务来进行的课堂活动、及时掌握的学生学习状况和课堂中出现的问题、教师据此来调节教学节奏和教学行为。

教师的教学行为描述是基于以上五个方面的衡量,根据教学进程的顺序,依次描述教师要讲授的内容、制订的课堂规则、布置的活动任务、维持学生注意准备的课堂问题、计划进行的演示和实验练习、要举例的具体实例等序列行为,以利于模拟教师有计划地按程序进行微格课堂教学。

① 讲授内容

教师讲授的内容是重要的信息来源,通过口头语言描述说明学习的目的和学习的情境,为学生提供大量的信息,激发学生学习的兴趣,体现自己的意图和思想。

② 课堂规则

课堂规则是使课堂在有序状态下发挥功能的规则,它对学生的行为产生实质性影响,可以应对性的干预问题行为,也可以预防问题行为的发生。

③ 活动任务

布置活动任务的原则是将原有的知识与新知识之间建立关联,所以在设计活动任务时要尽量贴近学生生活和学习经历,难度要略高于学生的现有水平,使学生能够运用已有知识,经过努力完成任务,所设计的任务也要呈现一定的序列,由简到繁,由易到难,层层深入。

④ 问题

提问是教师在课堂教学过程中,为了调动学生积极思维,根据教学内容、教学目的和教学要求设置问题进行教学问答的一种方式,教师准备的问题要有一定的层次性,由易到难,层层递进,把学生的思维引向深处和高处,维持学生的注意力。

⑤ 演示与实验练习

演示是指以实物或图表为工具,深入解析学习内容。在描述教师教学行为时有必要对演示过程进行讲解,以避免理解错误,模拟教师在设计演示环节时,也要注意操作要简易,追求简单,不要太过于烦杂。在描述教学行为时还要具体讲明实验练习的内容,包括实验的目的、各个环节和步骤等的说明,并将实验方法告之学生。

⑥ 具体实例

具体实例主要是指真实存在的具体例子,它是实实在在的事物。教师在选择具体实例时,要对实例的背景进行说明,并阐述所选实例与教学内容的联系,以促进开展有效的微格教学。

3. 应用的教学技能

教学技能是教师运用已有的教学理论知识,通过练习而形成的稳固、复杂的教学行为系统,是教师必备的教育教学技巧。常用的教学技能有导入技能、教学语言技能、板书技能、讲解技能、提问技能、演示技能、强化技能、变化技能、组织技能、结束技能、整合技能等。

在微格教案标明应用的教学技能,即要明确教学进程中教师的某些行为归入哪一类教学技能,并在其对应处注明这些技能。模拟教师在进行教案编写时,要动手、动脑总结研究各个教学环节的应用技能,并积极采用这些技能。为了训练目标需要,有时还需要对某些重点训练技能注明技能的构成要素。标明应用的教学技能可以方便后期对模拟教师掌握教学技能情况的评价,掌握训练成果,了解模拟教师对教学技能的识别、理解和应用情况。

4. 预测学生行为

学生行为是指学生在学习过程中所开展的一切和获取知识、技能等目的相关的活动中表现出来的行为。

由于微格教学中的学生是由模拟教师的学习同伴来扮演,因此学生角色的行为在微格教案中也要进行预想,它是对学生行为的预先估计,是教师在教学中能及时采取应变措施的基础,体现教师引导学生的认知策略。预测学生行为主要包括学生在回忆、观察、回答问题、参加活动时的预想行为。

5. 准备教学资源

① 教学资源

广义的教学资源指一切可以用于教育、教学的物质条件、自然条件和社会条件,教学媒体是教学资源的重要组成部分之一。而狭义的教学资源指可被学习者利用的硬件和软件,硬件包括学习过程所需的机器、设施、场所等看得见摸得着的物化设备,软件则指各种媒体化的学习材料和支持学习活动。

教学资源的准备就是指在教案中要按照教学流程中的顺序,对教学中需要使用的教具、幻灯、录音、图表、标本、实物等各种教学媒体及软件资源加以标明,以利于模拟教师可以在微格课堂教学过程中充分利用。

② 教学媒体的选择

媒体是指从信息源到受信者之间承载并传递信息的载体或工具。而所谓教学媒体则是指以传递信息为最终目的的媒体,主要用于教学信息从信息源到学习者之间的传递,具有明确的教学目的、教学内容和教学对象。

教学媒体具有表现力、重现力、接触面、可控性及参与性等要素。表现力体现在对空间、时间、运动、颜色及声音表现的特征;重现力体现在不受时间、空间限制,可以把储存的信息内容重新再现的能力;接触面主要是指教学媒体的传递能力,把信息传递给学生的范围;可控性体现了教学媒体接受使用者操纵的难易程度;参与性指教学媒体在发挥作用时学生参与活动机会多。

教学媒体的选择要依据教学目标、教学内容、学生的需求和水平、特定的教学条件、学习者特征、教师态度与掌握的技能、管理方面等的需要,以实现最优化的教学为宗旨,描述媒体要求,列举符合要求的媒体,做出最佳选择,并在微格教案中阐明媒体运用的设想。

6. 时间分配

教学过程中的时间分配,是指预计教师行为和学生行为持续的时间,有利于模拟教师有效控制教学进程和教学行为。

5.2.3 微格教案示例

微格教案的编写大致包括以上六个方面的内容,即教学目标、教师教学行为、行为对应的教学技能、模拟学生行为、教学资源以及教学过程中的时间分配等,如表 5.1 所示。

表 5.1　微格教学教案设计表

科目：		课程内容：		主讲人：
年级：		导师：		日期：

教学目标：	
技能目标：	

时间分配	教师行为	学生行为	应用的教学技能	教学资源（教学媒体和资源、板书设计）

5.3　微格教学训练的内容与方法

5.3.1　微格教学训练的内容

微格教学训练是指在有限的时间和空间内，利用现代录音、录像等设备，帮助培训者训练某一技能技巧，目的是使师范生和在职教师集中解决某一特定教学行为。如表5.2所示，结合加涅的九大教学事件，把微格教学训练内容细分为语言、板书、导入、提问、讲解、演示、强化、变化、组织、结束十项技能和教学技能整合共十一项。

表 5.2　加涅的九大教学活动

内部过程	教学事件	行动例子
接收	引起注意	使用突然的刺激变化
预期	告诉学习者目标	告诉学习者在学习之后，他们将能做些什么
提取到工作记忆中	刺激回忆先前的学习	要求回忆先前习得的知识或技能
选择性知觉	呈现刺激	显示具有区别性特征的内容
语义编码	提供"学习指导"	提出一个有意义的组织
反应	引出行为	要求学生表现出行为
强化	提供反馈	给予信息反馈
提取和强化	评价行为	要求学习者另外再表现出行为并给予强化
提取并概括化	促进保持和迁移	提供变化了的练习及间时复习

1. 语言技能

教学语言技能是课堂教学的最基本技能之一,是指教师在教学过程中为完成教学目标,运用语言阐明教材、传授知识、组织练习、设置学习情境而采用的教学行为方式。本章所提的语言技能包括教学过程中的教学口语技能和教学体态语言技能。口语技能是指教师用准确、生动、带有启发性的语音、语义,以及合乎语法逻辑结构的口头语言,对教学内容、知识方法、问题等进行叙述、说明的教学行为方式。教师的体态语言是指在教学过程中教师通过表情、手势、姿态等体态传递信息的一种语言形式。语言是教学的主要工具,教师在课堂上的语言运用对教学起到至关重要的作用。

2. 板书技能

板书技能是教师为了教学需要,辅助课堂口语的表达或概括教学内容而采用的将文字、图表或其他符号通过某一介质(通常是黑板、白板或投影片)展现给学生的一种教学行为方式。板书技能是一种重要的教学辅助手段,是学生吸取信息的重要途径,它可以丰富课堂教学的表现力,对教师提高课堂教学质量有重要作用。

3. 导入技能

导入技能是教师在进入新的教学内容或教学活动开始时,用以引起学生注意和兴趣,激发学生学习动机,明确学习目的并建立知识间联系的教学行为方式。有效的课堂导入能够为教学环节起到良好的铺垫作用,而富有启发性的导入语也能够激发学习者的思维兴趣,促进学生自主思考,提高学生的听课效率,保证课堂的教学成功。

4. 提问技能

提问技能是教师运用提出问题和做出反馈的方式,通过师生间的相互作用,以促进学生参与学习,运用知识,了解他们的学习状态,启发思维,使学生理解和掌握知识、发展能力的一类教学行为方式。恰当的课堂提问是提高课堂教学质量的关键,能够使学生在课堂上积极主动思维,敢于感知、体验、实践、参与和合作,提高使用教材的效果。

5. 讲解技能

讲解技能又被称为讲授技能,是指教师运用语言及各种教学媒体,通过对教学内容进行分析、综合、抽象、概括、形成概念等方式,为学生呈现知识、经验及其形成的过程,引导学生理解教学内容,认识事物规律和掌握原理的一类教学行为方式。

讲解技能为教师提供主动权和控制权,多适用于事实性的知识,是课堂教学中的必要技能,与其他技能合理配合,能够取得更好的教学效果。

6. 演示技能

演示技能是教师在课堂教学中根据教学内容特点和学生学习需要,进行示范操作或运用实验、实物、模型、图片、图表、信息技术等直观教学手段,为学生提供感性材料,充分调动学生的感官,形成表象和联系,指导他们观察、思维和练习的一类教学行为方式。教师的演示技能直接影响学生的学习兴趣,影响课堂教学的教学效率,影响学生获得知识的质量和智能的发展。

7. 强化技能

强化技能是教师在教学中的运用一系列促进和增强学生反应和保持学习动力的一系列教学行为方式,促使强化方式与希望的学生反应之间,建立稳固的联系,帮助学生形成正确行为,促进思维发展。

强化技能是课堂教学技能中的必要技能,是使枯燥的学习变成快乐学习的重要手段,也是提示教学重点和难点的基本方法。

8. 变化技能

变化技能是教师在教学过程中能够根据教学中出现的各种情况和问题运用变化教学媒体、变化师生相互作用的形式,以及变化对学生的刺激方式等形式,引起学生的注意和兴趣,把无意注意过渡到有意注意,保持学生学习动机,丰富学生学习活动,形成良好的课堂学习氛围的一类教学行为。变化技能可以创造良好的教学气氛,使教学充满生气,有利于提高课堂教学质量,形成教师个性和风格。

9. 组织技能

课堂组织技能是指老师在课堂教学过程中,为达到教学目标完成教学任务,而采取一系列的组织管理和调节控制的措施,以完善和优化课堂教学结构,维持良好的秩序和氛围,引导学生学习的一种行为方式。组织技能是教学得以顺利进行的重要保证,影响整个课堂教学效果。

10. 结束技能

教学结束技能是教师在完成一项教学任务时,通过重复强调、概括总结、实践活动等,对所教的知识或技能进行及时的系统化、巩固和应用,使新知识稳固地纳入学生的认知结构中的一类教学行为方式。应用结束技能,能够帮助巩固教学效果,激发学生再学习的兴趣。

11. 教学技能整合

教学技能整合就是将各种教学技能构成完整教学活动的行为方式。微格教学技能训练是将教学的基本技能分解成若干个子项技能,使教师集中解决某一个特定的教学行为,但教学活动是多种要素综合运用的过程,最终分解的各项子技能都要迁移到完整的课堂教学当中去。教学技能整合可以促进课堂教学设计更加周密严谨,发挥微格教学训练的整体功能。

5.3.2 微格教学训练的方法

微格教学技能训练的方法主要有观察法、角色扮演法、模拟教学、介入教学等,此外人们也常利用书面作业法、教育教学实习、对镜练习法、录音训练法等进行微格教学的补充训练。

1. 观察法

观察法是指研究者通过感官或借助于一定的科学仪器,在一定时间内有目的、有计划地考察和描述教育现象中的各种活动和行为表现并收集研究资料的一种方法,是科学研究中最基本、最常见的一种获取经验事实的方法,通过积极的思维过程,扩大感性认识,启发思考,促使新的发现。

观察法一般包括确定观察目的和选定观察对象、做好观察前的准备工作、进入观察场所获得被观察对象的信赖、进行观察并做记录、整理观察结果、分析资料并撰写观察报告等步骤。

在微格教学训练中,受训者一方面充当模拟教师开展微格教学,另一方面又充当同伴的模拟学生参与课堂教学,在整个角色扮演过程中,又以课堂观察者的身份获得主动、积极的思维过程。对微格教学训练的观察分为直接观察和间接观察。直接观察是指模拟教师的微格教学结束时马上以课堂录像中的时间为顺序,对课堂细节开展现场讨论;间接观察是在训练活动结束后,大家整理视频光盘带回去观看,并查找相关资料帮助思考,当第二次集中时再进行讨论。

通过观察,可以认识师生外显行为与表象,思考师生互动过程中的心智活动,及时了解师生对教学的反馈,了解教学策略的实施。观察法有利于从观察者的视角思考教学技能的应用,有利于实施教学训练评价,提高教学质量水平。

2. 角色扮演法

最初的角色扮演是指虚拟游戏中个人具备了充当某种社会角色的条件，承担和再现角色的过程与活动。在教育教学中应用角色扮演，就是指通过创设一定的情境让学习者扮演不同的社会角色，以提高社会技能。

微格教学中的角色扮演法指受训者根据教学目标和技能训练目标需要，模拟教师或模拟不同类型的学生角色，开展教学活动的训练方法。角色扮演法能够很好地强化受训者的主体地位，调动积极性，使受训者从被动者转换为主动者，并充分锻炼动手能力和思维能力。

3. 模拟教学

模拟教学是指在教师指导下，受训者扮演某一角色或在教师创设的一种背景中，进行技能训练和调动受训者积极性的一种典型的互动教学法。模拟教学的意义在于创设一种和谐的、身临其境的教学环境，拓宽教学渠道，增加教学互动性，构架理论与实践的桥梁，促进教学相长。

微格教学训练的核心是训练某一项教学技能，所以模拟教学主要是对教学过程中的局部模拟，在有限的时间内，受训者通过口头语言、形体语言和局部教学活动而进行的教学形式。

4. 介入教学

介入教学是日本教育实践教学斋藤喜博倡导的，所谓介入教学就是指教师以特定教材，对特定的学习者，根据自己的教学计划进行教学，而旁人则从旁话。

介入教学作为微格教学训练的一种方法，进行插话教学很有成效，它不仅训练模拟教师，同时通过介入训练优秀介入者，提高教学质量。在介入教学中，模拟教师是教学开展的主体，介入者根据模拟教师选好的教材、制订的教学计划及展开的过程，进行介入，是受限定的研究训练的方法。

其他几类教学训练方法中，书面作业法就是模拟备课，适于训练书面表达的技能和以心智活动为主的教学技能；教育教学实习是模拟教师到初等或中等学院进行教育和教学专业训练的实践方法；对镜练习法是指在没有同伴的前提下，在镜子面前进行教学技能训练，及时获得直观形成的反馈信息，边练边改的培训方法；录音训练法是指利用录音设备提供真实客观的语言信息，训练有声语言方面的教学技能的一种方法。这些方法可以根据微格教学训练需要，和以上主要方法结合使用。

5.4 微格教学训练的组织与实施

微格教学训练实施流程如图 5.13 所示，包括六个环节：理论学习与研究、组织示范与观摩、编写教案、角色扮演、反馈评价、教案修改与再次角色扮演。

图 5.13 微格教学训练实施流程

5.4.1 理论学习

微格教学是在现代化教学理论的指导下，对师范生和在职教师进行教学技能培训的实践活动,包括理论学习和技能训练两个模块。学习微格教学训练的理论知识和基础理论,有助于促进技能训练的实际运用价值,有利于以系统的思想为指导研究培训教学技能,为受训者提供模仿的方向和信息。

理论学习的内容包括现代教育教学理论、微格教学理论、教学方法与策略等。

1. 现代教育教学理论

现代教育教学理论是微格教学的理论基础,为微格教学及实践活动提供理论指导。微格教学过程是模拟教师和模拟学生教学相长的过程,对微格教学的研究深受现代教学理论的影响,如皮亚杰的认知发展教学理论、奥苏贝尔的有意义学习、布鲁纳的发现学习理论、布卢姆的学习结果分类理论、加涅的九大教学活动理论、瑞格卢斯的细化理论、梅瑞尔的成分展示理论等。了解现代教育教学理论,有利于师生建立正常的教育观念,适应社会发展需求。

2. 微格教学理论

微格教学理论的基本内容包括微格教学的概念、微格教学的发展历程和特征、微格教学的原理、微格教学模式、微格教学技能分类和教学技能理论等,微格教学理论与实践两者相辅相成,学习理论指导技能训练,并为训练的实施奠定必要基础,避免技能训练走入"单纯模仿"的误区,技能训练将理论与实践相结合,避免理论学习脱离训练实际,影响微格教学质量。

3. 教学方法与教学策略理论

在微格教学训练中所使用的教学方法与策略与一般的课堂教学并无不同,所以微格训练时受训者要提前掌握多种教学方法和教学策略,学会合理选择和制订。在前部分微格教学设计章节中已经对常用的教学策略进行了梳理,包括奥苏贝尔的先行组织者策略和讲解教学理论、布卢姆的掌握学习理论、洛扎诺夫的情境-陶冶教学法、示范-模仿教学、发现学习、支架式教学、抛锚式教学、随机进入教学、启发式教学等。

5.4.2 组织示范与观摩

在进行了理论学习之后,受训者对微格教学的理论基础、微格技能与训练指导有了更深的认识,为了将理论联系实际,受训者通过示范与观摩产生间接经验,初步感知各项教学技能的应用。

1. 组织示范

组织示范是指教师通过录音、录像、影片等媒体形式播放技能训练目标有关的微格教学示范片断,或教师直接现场示范某一项教学技能应用的片断。要求教师在组织示范时,一定要选择优秀的教学示例,可以是名师授课,也可以是优质课程的示范录像。在选择时,要求示范的内容针对性强,直接训练某一项教学技能。

2. 组织观摩

观摩微格示范片断的目的是通过模仿、熟练,最后内化为规范的技能。教师组织受训者观看示范片断时,要提出具体要求,明确目标,对课程内容的观点和过程进行解释,并提示受训者教学技能如何应用,使受训者获得直观、生动的模仿样板。教师可以在观摩中暂停示范播放,或者在观摩结束时,组织受训者对观摩的教学情况进行讨论、评价、学习与模仿,使技能内化。

5.4.3 指导教案编写

指导受训者钻研教材,根据微格训练的指导思想和训练目标,以及教学计划总体安排和基本要求，编写微格教学教案，填写微格教案设计表格，对教学目标、技能目标、教师教学行为、行为对应的教学技能、学生行为、教学资源时间分配等内容进行编写。

5.4.4 角色扮演

微格教学是模拟课堂教学的一种手法，通过角色扮演，使受训者进行教学技能应用的练习。在微格课堂教学里，受训者要分别模拟教师和模拟学生，此外受训者在课堂中充当学生角色时也要扮演课堂的观察者。

1. 分配角色

受训者在角色扮演中从事着课堂教学活动，并通过互动获得课堂教学的直接体验。

教学过程中的受训者有两种身份：模拟教师和模拟学生。模拟教师的主要任务是根据训练要求进行微格教学设计，编写微格教学教案，并在微格课堂中实施教学，练习运用所学的某一项教学技能；模拟学生的主要任务是扮演教学中的学习者，根据模拟教师的课堂设计与组织安排，对课堂教学行为做出反应，也可以主动介入教学，甚至可为模拟教师制造"麻烦"，但学生的所有行为都必须是课堂中可能出现的符合所扮演角色的实际状况。

模拟学生在课堂中同时充当教学活动的观察者，主要观察模拟教师的教态、体态、技能应用、媒体运用等，观察模拟学生的应答及主动行为，观察师生间的互动，以此作为对模拟教师微格训练的反馈评价依据。

2. 组织角色扮演

指导教师确定受训者的角色和工作任务，并制订角色扮演的规则，实施角色扮演过程。

首先根据微格教室的特点，教师将受训学生进行分组，确定好组别和每组对应的训练场所；其次安排模拟教师角色扮演的顺序，制订微格教学活动日程表。此外，根据不同的教学内容和训练内容，确定组内角色转换的时间，例如10分钟教学、5分钟评价、5分钟再组织、10分钟重教等安排。为每组指定录像工作人员，安排录像工作，可以在受训学生当中指定1～2个学生担当录像工作人员，为其他学生的教学行为进行录制和重放。

5.4.5 反馈评价

模拟课堂教学结束后，指导教师要求模拟教师介绍设计目标、使用的教学技能和方法以及教学过程等，并利用重放课堂教学录像为学生提供教学评价的依据，开展微格教学的反馈评价，通过观看自己的教学录像和进行反馈评价，受训者可以清楚地感知自己的教学行为，了解教学行为过程中存在的问题，为后期进行教学修改和重新进行模拟教师角色扮演提供参考。

反馈评价具体有三种形式：自我评价、小组评价和教师评议。

1. 自我评价

模拟教师根据技能训练目标和要求，依据技能理论指导，通过观看自己的教学录像，对自己的技能应用过程和效果进行分析，判断是否达到预期目标，同时对教学设计和过程进行反馈，根据自己的行为表现，对照一定的评价量表进行自评。

2. 小组评价

模拟教师面对小组成员进行自我评价汇报，小组成员通过观察模拟教师的自评和观摩教学录像，对模拟教师的教学活动设计和过程进行讨论和评价，分析优缺点，提出建议和意见。

3. 教师评议

教师在听取了模拟教师的自我评价和小组评价之后，对模拟教师的教学行为和过程进行分步评议,做到尽量客观、全面和准确,既要讲出模拟教师的优点和成绩,也要针对教学行为过程指出不足之处,从应该怎么做和怎样做更好出发,做好模拟教师的评价。

5.4.6 教案修改与反复训练

模拟教师在进行了反馈评价之后,针对同伴和教师提出的意见和建议,并参考技能示范和微格理论,针对不足之处进行教案修改。

修改后根据教师角色扮演计划,进行技能的再次训练,如果时间允许,可重复上述步骤,直至掌握该项教学技能。

思考与练习

1. 什么是微格教学设计?
2. 微格教学过程模式是什么样的?
3. 微格教学策略制订受哪些理论的影响?
4. 微格教案编写包括哪些部分?
5. 微格教学训练包括哪些内容和方法?
6. 微格教学训练的实施过程是怎样的?

本章参考文献

[1] 何克抗.教学系统设计[M].北京:北京师范大学出版社,2003.
[2] 李田.肯普模式对微型学习活动设计的启示[J].中国教育信息化,2014,10:34-36.
[3] 尹玉忠,楚永涛,曹刚. 迪克-凯瑞教学系统设计模型评价[J].河北大学成人教育学院学报,2018,3:76-77.
[4] 徐啸.基于史密斯-雷根模型的在线学习网站的教学设计与实现——以《教育技术学导论》课程为例[J].软件导刊(教育技术),2015,10:44-47.
[5] 何克抗.教学系统设计[M].北京:北京师范大学出版社,2002.
[6] 黄梅,宋乃庆.基于三维目标的教学目标设计[J].中国教育学刊,2009(5).
[7] 徐进勇.基于学案导学的课堂教学的思考[J]. 中学数学研究,2014,6:1-3.
[8] 史小燕.现代教育评价[M]. 石家庄:河北人民出版社,2004.
[9] 何克抗,林君芬,张文兰.教学系统设计[M].北京:高等教育出版社,2006.
[10] 乌美娜.现代教育技术自学辅导[M]. 沈阳:辽宁大学出版社,2002.
[11] 徐继存,赵昌木.现代教学论基础[M].北京:北京大学出版社,2008.
[12] 刘水平.微格教学理论与实践[M]. 呼和浩特:远方出版社,2005.

第 6 章　课堂基本教学技能

本章学习目标：

通过本章学习，了解微格课堂基本教学技能的分类，了解每一类课堂基本教学技能的概念、功能、要素和特征，掌握基本教学技能的使用方法，并能综合应用各项基本教学技能设计与实施教学。

本章要点：

- 教学语言技能
- 板书技能
- 导入技能
- 提问技能
- 讲解技能
- 演示技能
- 教学结束技能

教学技能是指教师运用已有的教学理论知识，通过练习而形成的稳固、复杂的教学行为系统，是教师必备的教育教学技巧。加涅在阐述学习过程和学习结果时，将教学过程归纳成九大教学活动，这九大教学活动的划分对于微格教学训练有重要的指导意义，在此基础上，将微格教学技能分为教学语言技能、板书技能、导入技能、提问技能、讲解技能、演示技能、强化技能、变化技能、组织技能、结束技能、教学技能整合十一项，其中教学语言技能、板书技能、导入技能、提问技能、讲解技能、演示技能与结束技能作为课堂基本教学技能，构成了一堂完整课堂的基本组成部分。

6.1　教学语言技能

本节学习目标：

通过本节学习，了解微格课堂教学语言技能的概念分类，掌握口头语言技能、体态语言技能的类型和使用要点，并能应用教学语言技能解决课堂教学问题。

本节要点：

- 教学语言技能的概念和作用
- 教学口头语言技能的类型与使用要点
- 教学体态语言技能的类型与使用要点

教师是文化知识的传播者,教师工作要求教师不仅要有渊博的知识,而且要有多方面的才能,其中语言表达能力是教师最基本最重要的职业技能之一。教师的语言形式主要有课堂口语,即口头表达;书面语言,即用书面文字表达,如板书,作业批语等;体态语言,即用示范性或示意性动作来表达思想。在这三种语言之中,口头语言是课堂教学中语言表达的主要形式。由于板书技能非常重要,因此此节所指的教学书面语言只是简单叙述,板书技能将另节阐述。

教学口语是教师用于课堂教学的工作用语,它是教师根据教学任务,针对特定的学习对象,按照一定的教学方法,在有限的时间内,为达到某种预期的效果而使用的语言。荀子说,"诵说而不陵不犯,可以为师;知微而论,可以为师。"意指诵说时有条有理,不凌不乱,能够根据教材的内在逻辑,循序渐进,才具备当教师的条件,能精通教材并进行恰当的阐发,才具备当教师的资格。

古今中外教育家都非常重视教师语言的运用。我国古代教育典籍《学记》中说:"善歌者使人继其声,善教者使人继其志。其言也,约而达,微而臧,罕譬而喻,可谓继志矣。"可见,良好的教师口语是使人"继志"的前提,也是"善教"的标志。我国杰出的教育家叶圣陶先生曾说:"凡是当教师的人绝无例外地要学好语言,才能做好教育工作和教学工作。"当代的一些优秀教师如斯霞、霍懋征、李吉林、朱雪丹、于漪、钱梦龙、魏书生、徐振维、刘清涌等,他们在教学中不断总结探索语言运用的规律,努力追求语言的艺术,从而形成各具鲜明特色的教学语言风格。他们在教学上的成功,在很大程度上取决于语言的运用。

6.1.1 教学语言技能的概念

语言是思想交流的工具,在教育教学中是教学信息的载体,是教师圆满完成教学任务行为的重要保证。教学语言技能是课堂教学的最基本技能之一,是指教师在教学过程中为完成教学目标,运用语言阐明教材、传授知识、组织练习、设置学习情境而采用的教学行为方式。教学语言技能是教师完成教学任务最基本而重要的保证。本章所提的语言技能包括教学过程中的教学口语技能与教学体态语言技能。教学口语技能是指教师用准确、生动、带有启发性的语音、语义,以及合乎语法逻辑结构的口头语言,对教学内容、知识方法、问题等进行叙述、说明的教学行为方式。教学体态语言是指在教学过程中教师通过表情、手势、姿态等体态传递信息的一种语言形式。教师是教学的主体,他必须对教材内容按照学生的认知规律加以组织、改造,并且用准确生动富于启发性的语言表达出来,以便于学生的理解和接受。苏联著名教育理论家苏霍姆林斯基曾说:"教师的语言修养在极大程度上决定着学生在课堂上的脑力劳动的效率。"可见,教学语言作为教师传道、授业、解惑的主要工具的重要性。

6.1.2 教学语言技能的作用

1. 传递教学信息

教学过程是一种特殊的认识过程,其主要表现是认识的间接性,即由教师通过语言表达来把人类创造的知识财富传授给学生。因此,教师的语言表达在教学中就起着一种重要的中介作用。教师通过语言向学生传授知识,而学生通过教师的语言表达来系统地把握、透彻地理解书本知识。教师只有具备一定的语言表达能力,才能把书本上比较"死"的书面语言转化成为学生易于接受,直观性强的教学语言,才能将所要传授的知识勾画成一幅鲜明图案,使学生形成一个清晰的概念,从而顺利地由形象思维转化为抽象思维。

2. 影响学生心灵

苏霍姆林斯基说过:"假如在言语旁边没有艺术的话,无论什么样的道德训诫也不能在年轻人的心灵里培养出良好的高尚的情感来。"他认为,"教师的语言是一种什么也代替不了的影响学生心灵的工具。"教师的言语,是教师专业的智慧,高超的能力,高深的修养和高尚情怀的体现。这种语言必然会以自身丰富的审美特征吸引学生、感染学生、打动学生、影响学生,使学生在美的熏陶下情感得到陶冶,灵魂得到洗礼,精神境界得到不断提升,从而逐步变成具有审美和美好心灵的人。教师不仅用语言表达向学生传授知识,而且用富有表情的语言来感染学生。教师在教学中如能恰如其分地进行富有感情色彩的讲述,则会引起学生强烈的共鸣,唤起学生对生活的热爱,从而使他们的性格得到洗涤和陶冶。另一方面教师的语言表达力好,可以强化学生的语言表达能力,能成为学生竞相仿效的榜样,从而不断地把教师语言表达的特征内化成为自己的语言特点。所谓"耳濡目染,不学而会",形象地说明语言表达的作用。教师的语言表达能力如何,对学生起着一种直接的内化作用。因此,教师在教学时不能只满足于告诉学生"应该怎么说,不应该怎么说",还要引导学生如何正确地发音,如何正确地遣词造句,以及如何正确地掌握语法规则,以便学生在正确使用语言的过程中培养自己的语言表达能力。

3. 激发学生兴趣

教师的语言表达能力如何对于学生的学习心理和思维活动有着直接的影响。教师的语言表达能力强,一方面能诱发学生的求知欲,激起学生学习的兴趣;另一方面,能引导学生积极思维,吸引学生的注意。所谓"循循善诱,谆谆教诲"就说明了教师语言表达力的重要诱导作用。在教学中,教师的语言表达能力发挥得好,学生听起课来兴致盎然、津津有味,这样就能收到事半功倍的效果。如果教师的语言表达能力发挥得不好,学生听得索然寡味、昏昏欲睡,教学效果势必不好。教师悦耳动听、抑扬顿挫的语言,能赋予学生舒适的听觉体验,从而使他们形成良好的接受心态。

4. 提高教学效率

教师的语言水平综合反映着教师的教育教学素养,直接影响到教育教学效率的高低与质量的好坏。教师成功的语言表达,是提高教育教学效率和质量的基本保证。学生的知识掌握与教师表述的清晰度有着显著的互动关系,这是因为在教学中最初显现观念与随后提供的有效反馈,都依赖于教师表述的清晰性、流畅性和准确性。同时,教学语言艺术的内在逻辑严密性影响着教学过程的各个环节,可使所表达的内容系统而有条理,大大增强语言的说服力和论证性。

教师的语言应做到准确流畅、简洁清晰、音量适中、快慢有致、难易合度、针对性强,并善于化深奥为浅显,化抽象为形象,化枯燥为有趣,化平淡为新奇,就能使学生爱听、乐听,高效省力地接受教育。这样,既可节省时间,又能提高质量,并减轻学生的负担。著名特级教师霍懋征给低年级学生讲"聪明"一词的教学片段:

她问学生:"你们愿意做个聪明的孩子吗?"学生说:"愿意。""那为什么有的人聪明,有的人不聪明呢?"有的孩子说:"有人生来就聪明。"她说:"不对,一个人除非生理上有毛病,不然都可以变成很聪明的。关键是会不会使用四件宝。你们想知道是哪四件宝吗?"学生注意力高度集中,她接着说:"第一件宝:上边毛,下边毛,中间一颗黑葡萄。"学生们立刻说:"眼睛!""第二件宝:东一片,西一片,隔座山头不见面。""耳朵!""第三件宝:红门楼,白门槛,里面有个红孩儿。""嘴巴!""第四件宝:白娃娃,住高楼,看不见,摸不着……"没等老师说完,学生抢着回答:"脑子!""这四件宝怎么用呢?"她在黑板上先写出"耳"字,然后在"耳"字右边从上到下写出(用心就是用脑),耳、眼、口、心,合成一个"聪"字,她又在黑板上写了一个"明"字,然后说:"这四件宝不能只用一次,要'日日'用,'月月'用,天长日久,就聪明了。"

这里霍老师通过引用谜语,妙释字形等语等语言技巧,既帮助学生有效地掌握"聪明"两字的形体结构,又使他们懂得了多听、多看、多问、多想与聪明的因果关系。语言通俗形象,生动有趣,富有启发性。在轻松活泼的言语气氛中,使学生对所学知识留下深刻的印象。

5. 培养学生能力

现代教育理论的重要观点认为,教学过程是学生发展智力的过程。著名科学家爱因斯坦说过:"一个人的智力发展和形成概念的方法在很大程度上是取决于语言。"教师语言不仅影响到教师教学任务的完成,更重要的还在于它能直接影响到学生多方面能力的发展。教学语言技能要使学生的智力得到发展,能力得到培养,这就要求教学语言形象生动、具有启发性。教师用不同的语言为学生创设愉快和谐启迪智慧积极紧张的环境,有助于学生创造力等能力的发展。

6.1.3 教学语言技能的类型

1. 教学口语技能

(1) 教学口语技能的类型

口语技能是指教师用准确、生动、带有启发性的语音、语义,以及合乎语法逻辑结构的口头语言,对教学内容、知识方法、问题等进行叙述、说明的教学行为方式。

在教学过程中,教学语言的设计要根据不同的情境和不同的内容进行,既要注意科学性,又要具有严密性和逻辑性。教学语言根据功能性质的不同,可以分为系统讲授语言、个别辅导语言、组织协调语言;按信息流向的不同,可以分为意向传输语言、双向对话语言、多向交流语言;按表达方式的不同,可以分为说明式语言、叙述式语言、描述式语言、论证式语言、抒情式语言;按教学过程环节的不同,可以分为导入语言、提问语言、讲授语言、过渡语言、沟通语言、评价语言、总结语言等。下面按教学语言的不同功能介绍教学语言的类型。

① 导入语言

课堂导入语的功能一方面在于激发学生探究新知识的兴趣,使学生在课堂开始的时候,就对新知识的学习充满好奇心,然而更为重要的功能在于调动学生探究问题的欲望。心理学研究表明,要激发起学生真正地对教学活动的参与欲望,使他们产生发自内心的合作、探究的动机,仅仅靠兴趣是不能长久的,更重要的是来自学生发自内心对问题探究的需求,而这种需求更主要的来源于学生的问题意识,所以导入语应该真正激发学生探究的欲望。

② 提问语言

提问语言是指教师在教学中对学生设置疑难,引起困惑,探明程度时设计的语言。提问设计要求根据不同程度的学生组织语言,对于低年级的学生,提问语言要简单明了,富有趣味性;对于高年级的学生,提问语言要合理明确,启发性强。

合适的提问语言能引导学生的积极思维、联想、比较与综合,让学生的脑筋积极开动起来,师生、生生合作,共同完成所探究的任务。它的要求是不急于让学生寻找答案,而是让学生去回顾与之有关的知识,唤起学生的记忆,活跃学生的思维,为学生指点出解题的切口或思路,这样学生便水到渠成地顺利找到答案。提问时教师必须做到"含而不露",过分明确则不足以起到引导的作用,不足以为学生留下锻炼思考的余地,这都收不到引导的效果。如学生接触文章以后,不是由教师直接提出问题,而是用诸如"请谈谈读了文章后,你最想给大家说的感受""你最想请大家讨论的问题""你感到值得怀疑的地方"之类的话引导学生找问题,自己求索。再如合作、探究的过程中,教师引导学生积极思维的话语如"你是怎么得出这个问题的答案的""刚才他的回答对你有什么启发""你为什么这样处理这段话的朗读""刚才两位同学回答的差异在何处"等,这样的语言可以把学生的探究引向深入,取得理想的教学效果。

③ 讲授语言

讲授语言是指教师在教学中给学生解说事物、剖明事理的语言。它对事物的形态、性质、构造、成因、种类、功能,或事理的概念、特点、来源、关系、演变等做清晰准确、通俗易懂的解说剖析,以帮助学生加深理解、形成概念。

讲授语言最重要的特点就是有较强的逻辑性,能使所阐述的道理周密严谨无懈可击而令人信服,要求重点突出,条理分明。不抓住重点的说明只能是泛泛而谈,效果也许不比不说明好。所谓条理就是先抓住最本质的东西(即内容重点),然后再说明次要的东西,否则学生掌握就会有本末倒置的可能,这样就不可能在单位时间内提高学生的学习效率。如果我们在运用这类语言时注意到逻辑性,就可避免"颠三倒四""不说倒明白,越说越糊涂"的现象。教师的语言应能够引导学生理性地认识教学内容,使之不为现象所迷惑,不为情绪所左右,抓住要义、明白道理、领悟实质、把握规律,逐步走向事物现象的深处,认识和理解其各个侧面。

现以特级教师孙双金的《林冲棒打洪教头》的教学片段为例说明教师的讲授语言技巧:

师:"什么地方是你们两个都解决不了的问题?"生:"依草附木。"师:"这是你们两个人都无法解决的,我把它写下来。"……师:"谁会解释?"生:"依靠权势,就是依靠有权有势的人。"师:"这是这个词语的比喻义,它是结合上下文来理解的,我们看这个词在哪句话中,一起把这句话读一读。"(生读句子)师:"这是说,这些人都来依靠柴进,过往的客人、犯人都来依靠柴进,因为柴进有钱有势。这叫什么?"生:"依草附木。"师:"但是,还没有解释这个词的本来意思。依草附木这个词的本来意思是什么呢?首先我们要解决它的本来意思。"生:"它的比喻意思是——"师(打断学生):"不是比喻意思,本来意思。"生:"本来意思是:草依靠着树木,在这一课里也就比喻来往的犯人都来依靠柴进大官人。"师:"我们中国的词语很有意思,你看,我把语词的位置调换一下,可以变成什么——"(师用箭头将"草"和"附"调换位置)。生(齐答):"依附草木。"师:"依靠着草和木,就叫依草附木。我们中国像这样的词语还有很多。比如(板书):惊天动地。实际意思就是——惊动天地。这是解释中国词语尤其是解释成语的很好的一种方法。知道没有?"生:"知道了。"

在上例中,孙老师逐步引导学生解读了"依草附木"这个词。尽管学生已了解词语的比喻义,但孙老师仍不放弃对词语本义的探寻。孙老师的高明之处还在于通过对两个词语的解释说明解词析义的基本方法,从而使教学具有一定的深度。

④ 过渡语言

过渡语言又称为课堂的衔接语,是指联结课堂各个环节的纽带的教学语言。巧妙的过渡语可以起到自然勾连,上下贯通,逻辑深化的作用。过渡语也是引路语,提示和引导学生从上一个方面的学习顺利地进入到下一个方面的学习,给学生以层次感、系统感。过渡语言贵在自然、恰当、贴切、简洁,使整个教学活动浑然一体,同时要注意艺术性和趣味性,使学生的思路能顺利地从前者达到后者。过渡语的设计可以有以下几种:一是顺流式,指上一个问题自然为下一个问题做了预备和铺垫。二是提示式,指出上下环节或问题之间关系的过渡语。例如:"好,上面讲的这一切如果都是成立的话,那么下面的这种说法也能成立吗?"。三是悬念式。运用前面问题推出的结果,制造一种悬念效应,巧妙地引出下文的过渡语。例如:"同学们听了我讲的这些以后,一定感到很奇怪,真的有那么厉害吗?好。这个问题我们先放在这里,我们学了下一部分的内容就会明白的。"

过渡语要求揭示出各要素间或授课教学要点间的内在联系,承上启下,过渡自然,而非机械罗列"一""二""三"点。科学得体地运用问题之间的连接语,既能确保课堂教学的衔接紧密、转换自然,使教学结构完整、内容贯通、思路相承,又能确保学生在探究问题中的心理自然衔接,保持探究的欲望。

⑤ 沟通语言

沟通语言,是指教师在教学过程中为了达到与学生顺利、清楚地沟通信息的目的而使用的语言技巧,要求反应敏捷、机智幽默、速控课堂。教学语言使用的最基本要求是能实现师生之间的相互沟通。在教学过程中,教师需要把握正确的方向,让学生接收必要的信息,了解相关的要求。教师传递的信息要清楚明确、相对完整,便于学生接受,不至于产生误解、错解和难解等问题。

⑥ 评价语言

教师的评价语应对学生的学习行为具有明确的指导性、启迪性和激励性。教师的评价语是学生了解自己学习情况的一面镜子,能反映学生学习过程中存在的问题和取得的进步,能衡量学生学习水平的高低,是学生学习的助推器,能激励学生学习,增强自信心。但教师的评价语又是一把双刃剑,评价得好可以激励学生,评价得不好可能打击学生的自信心和积极性,压制学生的学习愿望。评价语言中包括表扬、鼓励和批评语。

传统的教学教师往往是主宰一切,在这种观念的影响下,学习过程中的师生交流往往变成教师向学生发出指令性的意见:"你应该……""你不能……""你怎么能……"。而在新理念指导下的课堂应该是一种和谐的、民主的、平等的师生关系,让学生在平等、尊重、信任、理解和宽容的气氛中受到激励和鼓舞,得到指导和建议。德国教育家第斯多惠说过:"教学的艺术不在于传授的本领,而在于激励、唤醒、鼓励。"人的内心深处都有一种被肯定、被尊重、被赏识的需要,为此,教师应该用赏识的眼光和心态,去寻找每一个可以赏识的对象,抓住师生、生生之间每一次交流中的闪光点,运用合适的评价性语言,使他们的心灵在赏识中得到舒展,让他们变得越来越优秀,越来越有信心。如"同学的这种方法很有创新,很有新意,能把思考范围延伸到题外。""你与众不同的见解真是让人耳目一新!""你真行,对刚才的问题,不满足于找到结果,而是观察思考,又有新的发现,如果能说出其中的道理,那就更了不起了。"教师的这些鼓励和开发学生创造力的赏识性的评价语言,是不可低视的"动力资源",在一定的场合,一句话可以产生巨大的"现场效应",有时甚至可以改变学生的人生。这就要求教师要善于抓住一切教育契机,运用评价语言,使学生在老师充分信任、满怀希望、富有鼓动性的评价中受到感染、激励,这样学生的探究意识得以保持长久。当然,老师的评价要注意实效,既不要大肆夸张"你是未来的科学家……",也不要泛泛而谈"不错、很好……"等,容易使学生觉得无从进步或失去目标。

⑦ 总结语言

总结语言,也有人称为"断课",它是指教师在一节课结束的时候所用的教学语言,要求能灵活运用总结式、点睛式、巩固式、铺垫式、悬念式、延伸式、激励式等多种结束语的方式。总结性语言的主要特点是具有概括性,即用最少的语言去表达最丰富的含义,这是总结性语言的本质特征。这种类型的语言可分为小结和总结两类,小结最为常见,课课有堂堂有,总结则是相对范围较大的内容而概括的语言——课堂结束语,它不应该仅仅是问题探究的结束,还有可能是新一个问题的开始,所以教师应该充分地利用好这一重要时间段,精心设计,使学生保持问题探究的动机。

(2) 教学口语技能的构成要素

① 语音

语音是语言的物质材料,是语言的基本组成单位,多种有意义音节信号组合而构成了语言。有了语音这一载体,才使得这一表达信息的符号—语言得能以声音的形式发出、传递和被感知。

语音的基本要求是规范。根据由国家语言文字工作委员会和国家教育委员会、广播电影电视部颁布的《普通话水平测试等级标准(试行)》,师范类专业以及各级职业学校的与口语表达密切相关专业的学生,普通话水平不低于二级,其中语文教师不低于二级甲等,即朗读和自由交谈时,个别调值不准,声韵母发音有不到位现象,难点音失误较多,方言语调不明显,有使用方言词、方言语法的情况。

② 吐字

吐字要求清楚、坚实、完整。造成吐字不清的主要原因是发音器官在发相应的字音的时候不到位。音节是由唇、齿、腭、舌的不同动作产生的。唇是字音的出口,对控制吐字的质量有明显的影响。比如,发音时唇向前突出,会使字音包在口中,给人以压抑沉闷的感觉。如果适当将唇收拢使唇齿相依,字音就会明朗很多。为使字音集中,还必须加强唇的收撮力,如果唇的收撮力弱,就容易使声音发散,不清楚。因此,唇在控制普通话的发音吐字中具有特殊的意义。唇、齿、腭、舌在发音中是一个整体,四者相互协调才能完成准确、清楚发音的任务。

③ 音量

音量是指语音的音强,这由发音时的能量大小来决定。教学口语必须要有合理的音强。说话声音太小,学生听不清楚,说话声音太大,学生觉得刺耳易疲劳。音量的控制,教师要根据学生的多少,教室的大小来设定自己的音量,是在教室安静的情况下,坐在最后一排的学生能听得清楚为宜。

④ 语速

语速是指讲话的平均速度。教师语速的快慢,对教学效果有直接的影响。教学语言是一门专门的工作语言,不能用日常习惯的语速去讲课,而必须受到课堂教学自身规律的限制。如果过快,学生没有思考反应的时间,如果过慢,单位时间内语言包含的信息量偏少,这两种情况都会对教学效果产生不良的影响。

一般来说,在学生注意力集中、精神饱满时,讲话速度可以快一些,学生思维疲劳、注意力分期时,讲话速度可以慢一些。以易于学生所接受的语速以适度为准,一般来说,教师在进行单向表述时以一分钟 250 个音节左右为宜。

⑤ 语调

语调是指讲话时声音的高低声降、抑扬顿挫的变化。从所表达的内容出发,运用高低的变化、自然合度的语调,可以大大加强口语表达的生动性。

美国耶鲁大学的卡鲁博士经实验发现,用低沉、稳健的语调讲授,比用那种高亢、热情、煽动性的语调,更让学生记得牢。有调查资料表明,教师用高亢型语调讲课的班级,学生容易出现烦躁、厌倦的情绪,作业平均正确率为 68%;在语调抑制型教师的班级,学生很快出现精神冷漠、注意力不集中的情绪,作业平均正确率为 59.4%;在语调平缓型教师的班级,学生表情平淡迟钝,作业平均正确率为 81.1%;在语调交换型教师的班级,学生精神亢奋,注意力集中,反应灵敏,作业平均正确率达到98%。尽管这种研究还需要进一步验证,但语调的运用在教学过程中的重要作用是明显的。

⑥ 节奏

节奏是指讲话时的快慢变化。抑扬是指语言中字调、句调的高低配合;顿挫是指音节间、语句间的停顿与衔接。由声音抑扬顿挫,轻重缓急而形成的回环往复的形式。这与前述的语速有联系,但却有区别,虽然语速为180~250字/分钟,但其中每字所占的时间不一样,有的音长些,有的音短些,句中可以有长短不一的停顿。这些由音的长短和停顿所构成的快慢变化,伴随相应的语音强弱,力度的大小和句子长短有规律地变化就是节奏。没有节奏的教学口语会让学生感到单调乏味,而且会造成表意不完整、停息被损耗等不良后果。常见的节奏类型大体有:轻快型、沉稳型、舒缓型、强疾型。轻快型节奏大多用来描绘欢快、诙谐的情志,沉稳型常用来表示庄重的气氛或悲痛的情感;舒缓型节奏一般用来描绘安静的场面和舒展的情怀;强疾型节奏则用来表现紧张急迫的情形。

⑦ 词汇

词汇是语言中能独立运用的最小单位。语言是音义结合的符号系统,而词汇是这一系统中最基本的建筑材料。没有词汇就没有语言,只有具备一定量的词汇,并能正确、熟练地运用于教学语言的表达中,才具有一定的语言技能。在教学语言中,对词汇的基本要求是:a. 规范。运用普通话的词汇进行交流。b. 准确。表达一个意思或客观事物,运用准确的词语。c. 生动。注意用词的形象性和感情色彩。

⑧ 语法

语法是用词造句的规则,是某一民族在形成民族共同语言的长期历史过程中形成的。按照这一规则表达,学生才能听懂,否则无法交流。

⑨ 逻辑性

组织一段语言时,思路要顺畅,要合乎逻辑规律,语言才能连续。任何抑扬顿挫,快慢适度,音量适中,语气自然的语言都必须在准确生动的逻辑语言基础上才有意义。

2. 体态语言技能

教师的体态语言是指在教学过程中教师通过表情、手势、姿态等体态传递信息的一种语言形式。在教学过程中,体态语与有声语言同样重要。体态语言是教师内在素质的外在表现,对于融洽课堂气氛,增强教学效果有重要的作用。教师的体态语言既是教师为人师表的一个重要方面,又是传达教学信息,体现教学艺术的重要手段,应当引起高度重视。古人云:行如风,坐如钟,站如松,即人应坐有坐姿,站有站态。教师的身势姿态不仅应符合道德规范和审美要求,也应遵循心理学上的有关原理,使之合乎教学上的原则和要求。好的体态语言能起到以下几个作用:一是辅助语言表达,强化意义传递;二是吸引学生注意,增强教学效果;三是调节教学节奏,创造和谐的课堂气氛;四是对学生的正确反映进行肯定、鼓励和强化。教师体态语言技能大致有以下几类。

(1) 站姿

教师的教学生涯,绝大多数都是在站立中度过的。站立成了教师工作中一个十分平常而又必不可少的重要部分。站态不仅是一种涵养程度的检验,而且有很强的造型特点,对教师传达教学信息有着很重要的作用。教师的站态技巧与要求如下:

① 站立的基本技巧

教师良好的站态不仅可以起到有效辅助教学之功效,也会使学生从教师的教学中获取一定知识的同时得到一种形象美的熏陶,有利于学生良好仪态行为的培养和形成。相反,如果一个教师缺乏基本的仪态行为素养,站在学生面前畏畏缩缩、作态拘谨,或大大咧咧、我行我素,不仅会给学生一种教师形象的萎缩感和庸俗感,而且从整体上破坏了教师的仪表形象,妨碍教学效果。

教师站态的主要要求是稳重自然、落落大方、优雅得体,要做到挺胸、收腹、梗颈,整个身体重心要自然均衡地落在双腿上,切忌含胸驼背、收肩缩颈、左摇右晃、站立不稳,或呆板僵硬、一动不动。

站着讲课不仅有助于教师动作、表情的阐发,让学生感知更多的内容,同时也易于使教学富有感染力。因此,没有特殊原因,教师都不应坐着授课,特别是青年教师,更应学会站态,练习好站功。在课上或课下,教师不同的站立姿势,对学生的心理会产生不同的影响。面对黑板而站说明教师的心理是封闭的,不利于阐述教学内容,抒发情感,而且会给学生留下没有修养的感觉。站时重心或左或右,被视为信心不足,情绪紧张和焦虑过度,而面对学生站姿端庄、亲切自然、庄重大方,则表明教师准备充分,有信心上好这堂课,有能力控制整个教学局面。学生回答问题时,教师身体应微微前倾,以示对学生说的话感兴趣,也表明教师的注意力都集中指向学生,增强亲切感。当需要阐述、描述和分析时,教师应稍离课桌,或轻松自然地走动,或微微分开双腿,在踱步活动中求得休息,使学生既感到教师的端庄严肃,又感到教师的亲切自然。在课堂上,教师消极、错误的站态有:背对学生只顾自己板书,给学生一种不礼貌的感觉;双手放在裤袋里或双手反背在后,一副师道尊严、居高临下的态势,没有一点儿亲切感;固定一种姿势在一个地方站得时间过长,给学生产生一种单调、乏味的枯燥感;伴有摸头、捂鼻、搔耳、玩弄教鞭或粉笔等其他消极的体态行为,会对学生产生不良的示范作用;双手撑着讲台,两肩失去平衡,低头勾腰,显得瘫软无力,容易使学生觉得老师精神状态不佳,从而降低课堂听课兴趣。

② 站姿技巧的训练

站姿技巧的训练要点包括:

a. 以站在讲台中间为主,挺胸、收腹、抬头、沉肩、梗颈;

b. 双手下垂,神态自然,手势自然;

c. 双脚稍呈八字形,身体稍微前倾,两腿一虚一实,重心落在一只脚上,或两脚掌平行,距离与肩同宽。

(2) 坐态

坐态作为教师体态行为规范中的一个很重要的组成部分,同样显示出一个人的文明修养程度,并对学生心理产生一定的影响。

与其他身势相比,坐态在课堂教学中的运用相对较少,但在其他教学活动中如专题讲座,个别辅导或办公活动中应用广泛,因此同样不可忽视。

① 坐态的基本技巧

教师正确的坐态应该是挺胸正坐,全身自然放松,两腿平行前屈,两肩保持平衡,头眼端正,胳膊动作自然。起座落座,动作应尽量保持轻柔、稳重,不宜猛落猛起。教师不好的坐姿包括:动辄跷起二郎腿,弯背屈身;双腿在下面不停地上下抖动,或双腿在地上来回蹭磨;瘫坐一团,软弱无力等。

② 坐态技巧的训练

a. 抬头挺胸,精神饱满;

b. 面对学生,目光平视,不要眼睛只看桌面;

c. 双腿自然分开或并拢,手自然放在桌面上;

d. 手运用自如,但动作要从容小心,不可冒冒失失、大起大落;

e. 有意识地调整自己就座时的身体指示方向。

(3) 走势

每个人都有不同的走路姿势,这其中的有些特征是因为身体的结构差异所造成的,但步法、跨步的大小和姿势都是可以改变的。一个刚刚受到表扬的快乐无比的小学生,走起路来是很轻快的,一个刚刚挨过批评的学生走路缓慢无力。同样,坚定有力的步伐,精神集中,表现出一个教师的力量,不管他身材高矮胖瘦,学生都会看到教师自信的力量。

① 走势的基本技巧

走动是教师传递信息的一种方式,如果一个教师一节课只是一个姿势站在那里讲课,课堂会显得单调而沉闷,学生也不容易引起注意;相反,教师适当地走动,会使课堂变得有生气,还能激发起学生的兴趣,引起注意,调动学生的积极情绪。教师在课堂不能一节课不停走,也不能一动不动,不要在教室里频繁快速地来回走动,分散学生的注意力,但也不能整堂课都原地不动。在授课时,教师要站在教室中间,或站在教室前面,或稍靠边一点,从而能更好地听到学生的回答。所以教师在课堂上一是应该控制走动的次数;二是控制走动的速度,身体突然地运用或停止都有可能影响学生的注意力,因此应该是缓慢地、轻轻地走动,而不是快速地,脚步很重地运用;三是走动时姿势要自然大方。

② 走势技巧的训练

教师在课堂上的走势训练要点包括:

a. 慢走慢踱,时时驻足,走、说的节奏要一致;

b. 走上讲台时要注意:精神饱满,从容自然,面带微笑;挺胸抬头,目视学生,不东张西望;步态稳重自然,手臂不做大幅度摆动;两手自然下垂,不插在口袋里;走上讲台后转身要自然;站定后要环视整个教室后再转为正视,脚步不要随意移动;走下讲台和走出教室时,要做到步态从容、自然,不要匆忙跑开,也不要漫不经心、随随便便、摇摇摆摆地离开。

(4) 手势

手势语言是指用手指、手掌和手臂的动作和造型来表情达意的一种体态语言。它是人类最早使用的一种重要的交际方式,直到现在,手势在人们的社会交往及教学活动中仍被广泛地使用。不同的手势造型能表达人们内心潜在的各种微妙的情感,同时也可描摹出事物复杂的状貌。在戏剧、音乐、影视、舞蹈界都将手称作人的"第二张脸",在生活中手势交流也极为广泛。

① 手势运用的技巧

在课堂教学中,手势语是教师必不可少的一种教学辅助手段,是构成教师主体形象的一个重要因素。有经验的教师总是以文明大方、得体自如的手势语感染、激发学生的情绪。手势语有助于描摹事物复杂的状貌,表达潜在情感,有助于有声语言的陈述和说明、强调,有助于组织教学秩序,调控课堂气氛。但教师的手势语言不同于日常生活中的手势,是一种严格根据讲授内容,与有声表达相协调的艺术化的手势。否则,手势语会干扰教学活动的正常进行。同时,教师的手势语应当体现对学生人格的尊重和与学生情感上的融洽,努力避免任何威胁性地、侮辱性的手势出现。

② 手势技巧的训练

运用以下不同手势表达教师的论述内容和对学生的态度。

a. 情意手势:是帮助教师表达情感,使教师要表达的某种情感更加丰富、强烈和动情,对学生能更有力地产生感染和感召作用。如教师表达坚定不移的情感时,右手握紧拳头,稍微抬起过肩;表达展望未来时,可头部仰望前方,右手展开伸向右前方。如西方政治家在盛大的群众集会上演讲之前,面对热烈欢呼的听众,往往双手高举,手心向外,表示对听众的欢迎和感谢,同时又起到感召的作用。

b. 指示手势:具体指明教师在教学中所论述的人、事、物的数量及运动方向等。其特点是动作简明,表达专一,基本不带有感情色彩。

c. 象形手势:用来模拟人或事物的状貌,从而给学生一种较为具体、直观的感觉。这种手势往往带有较大的夸张性,而不求其模形状物的形神兼备。

d. 象征手势:可以表达比较抽象的概念。使学生能够准确恰当地理解这个手势与有声语言结合在一起以后所产生出来的那种意境,并使学生从中发出联想,产生一定的感悟与启迪。

e. 祈使手势:相当于乐队指挥手中的指挥棒。它有时与有声语言配合使用,有时能替代有声语言对学生进行直接的提示、指挥,可以减少语言重复,活跃课堂气氛。

(5) 目光
① 课堂上目光分配的技巧
目光分配要合理,扩大目光注视区域。
② 目光注视技巧的训练
改善目中无人的讲课方式,注意目光投向区域的合理分布,提高目光注视的技术。

(6) 表情
表情的合理运用同时也可以让学生从教师处了解到教师的关心、爱护、疑惑、等情绪,从而达到情感上的理解,主要的面部表情可以有沉着、喜悦、愤怒、悲哀、振奋等。
① 表情运用的技巧
表情运用的要求:准确、自然、适度、温和、用笑说话。
② 表情技巧的训练:
a. 结合以下动作,做面部表情练习。
口角向上,表示愉快、喜悦或谦逊;口角向下,表示悲哀、忧虑或烦恼;口唇紧闭,表示冷静、决断或轻蔑;口唇大张,表示诧异、惊讶或恐惧。
b. 结合下列语句,做面部表情练习。
语言这东西,不是随便可以学好的。
让暴风语来得更猛烈些吧。
日本人在中国杀人放火,犯下了滔天罪行。
小王,你盼望已久的房子问题终于解决了。
在热闹的大年夜,卖火柴的小女孩静静地去了,她被活活冻死了。
这不,我把小坛子装进大坛子里了。
c. 结合词语含义,用面部表情表现。
心情平静、心潮起伏、内心痛苦、心灰意冷、志得意满、愤世嫉俗。

(7) 师生距离
每个人都生活在一个无形的空间范围之内,每个空间范围圈就是我们感到必须与他人保持的间隔距离。人与人之间空间距离的远近与情感的接纳水平成正比例关系。反过来,人际空间距离也会影响人与人之间的情感。很多教师总与学生保持一种公共距离,而很少进入学生的亲密距离和个人距离与其打成一片,学生往往也对教师敬而远之,很难建立一种亲密民主的师生关系。因此,教师在教学过程中应自觉控制和利用空间距离。一般来说,教室的讲台本身就具有某种权威性,教师在对学生提出要求、宣布一项决定时,应站在讲台中央。而在日常教学中,在保持大部分时间站在讲台的同时,或走下讲台,走到学生中间,课下更可以与学生一起交谈说笑甚至共同游戏,这会使学生感到亲切、亲近。在课上和课下,教师还可以直接进行到学生的亲密距离圈内,如拍拍同学的肩膀等。但这一定要根据师生双方的性格、性别和年龄等各方面而定,不能滥用、误用。

(8) 头势

最基本的头势是点头和摇头。一般来说,交谈过程中最有效的办法是观察他的头势。比如,当对方说我同意你的高见,可无意却将头从一侧摇到另一侧,则表明他表达的可能不完全是真心话。将头保持中立时,表示他对对方的讲话不厌烦,但也没有太大的兴趣。如果人的头从一侧倾斜到另一侧时,则表明听者对讲者的话产生了兴趣。因此,在教师讲课时,如果学生坐在那里,歪着脖子,而且身体前倾,说明你的讲课是成功的,但如果头下垂,则表示学生对课不感兴趣。

6.1.4 教学语言技能的应用原则

1. 学科性

每一门学科都在发展过程中积累了大量的知识素材,在此基础上总结出自己的理论,并通过它们所构成的理论体系来揭示客观规律。教学语言是学科语言,也是专门的知识性语言。一门学科有其特定的名词术语,如概念定义、定理定律、逻辑关系等。这些专业术语,是学科范围内的共同语言,准确运用它进行教学,一说就懂,而且极其简明,不用这些术语,不仅不利于交流,而且往往会不严密,甚至会出现错误。

文科教师的语言要求感情色彩浓厚和想象力丰富,而理科教师的语言则要求用语准确精练,逻辑推理严谨,或遵循从大量经验事实中归纳结论、寻求规律,或是从已知的科学结论中推演出特殊的结论。

2. 科学性

教学语言的科学性包括两个方面:一是用词必须准确,在教学中使用严谨准确的词汇语言来表达概念,叙述原理。二是必须合乎逻辑,合乎事物自身发展变化的规律,合乎人们认识事物的规律,具有逻辑性,不能含糊笼统,更不能胡言乱语。

教学语言要求教师在教学中传授知识必须准确无误、明明白白,表达定义要准确,阐述理论要清楚,说明要透彻,揭示真理要有力。如果教师在教学中不遵循语言规律,信口开河、词不达意、模棱两可、含糊不清,就会造成学生抓不住要领,难以正确理解,甚至还会越听越糊涂、疑云丛生。教学语言的科学性是教学内容科学性的重要保证。如在数学中的线段不能说成直线,化学中的无色不是白色,电子的能级跃迁不能说成电子飞掉等。如果用词不准确,势必造成概念的混淆,这在教学中是绝对不允许的。比如:在生物中讲"细胞是一切生物体的结构和功能单位",乍一听似乎正确,细一想,难道病毒不具有细胞结构,就不属于生物了吗?准确的说法应该是"细胞是生命活动的基本单位",病毒虽然没有细胞结构,但其生命活动必须在寄主细胞中完成。

3. 教育性

教师的职业特点决定着教师的教学语言对于学生的思想、情感、行为有着潜移默化的影响,有时甚至起着决定性的作用。教学语言的教育性主要取决于教师语言表达的感染力。这就要求教师的语言必须考虑学生现有语言的接受能力、已有的知识储备和词汇储备,使其能听懂,能获得信息,并能促成学生语言能力的提高和智力的发展。一般来说,学生的年级越低,教师的教学语言对他们的影响越大。教学语言的教育性,常常渗透在教学过程中,与教学内容紧密结合在一起,也常常渗透在组织教学的语言里。教师对学生的尊重、鼓励、爱护流露在师生交往的言谈中,这对于密切师生关系,调动学生学习的积极性,培养学生自尊、自爱的意识以及进行精神文明的语言教育,都会起到积极的作用。同时,教师在运用语言技能的时候,要做到语言本身要健康、文明、进步,杜绝低俗的语言。有些教师为了引起学生的兴趣,逗乐大家,爱用一些土话俚语,或讲一些庸俗的笑料或口头禅。而有些教师喜欢在学生面前大发牢骚,误导学生,这都是不负责任的行为,对学生起到了相反的作用。

4. 针对性

教师教学语言的针对性应包括内容和表达两方面。就内容而言,它必须是学生已有知识和经验范围内可以理解的,它同学生的思想感情必须是相通的,不能超越学生的认知能力,也不能违背学生的兴趣需要。对于表达来说,教师的教学语言应该是深入浅出、通俗易懂的。教师在使用教学语言的过程中,必须要认真研究学生,研究不同层次背景的学生在知识经验的差别,研究不同年龄阶段学生的特征,从学生的实际出发选择和组织自己的教学语言。

同时,教师在讲课时,其语音、语调、语速要高低适度,快慢适中,使之与学生听课协调合拍,配合默契,这是增强教学语言表现力的一个重要方面。教学语言起着直接刺激学生大脑的重要作用,唯有适度适宜,方能恰到好处。教师要善于利用音量、音调、音速的变化来引起学生的定向反映,始终使学生的听、看、想与之同步,让学生大脑皮质持续地处于积极思维的状态。从根本上说,教师必须针对教材内容和需要来确定讲课的语音、语调、语速;切莫随心所欲,滥用一气。

5. 简洁性

教学语言应言简意赅、干净利落,不能拖泥带水、呆滞冗长。实践证明,学生对简洁明快的语言反应快,能在大脑留下深刻的印象,而对冗长生硬的语言反应慢,难以记忆。因此,教师要以高屋建瓴之势,将深奥的理论、难记的概念、烦琐的公式化难为易,变繁为简,用自己精心加工的语言把知识传授给学生,做到是非曲直,一语中的,使学生听得清,记得明。同时,还要避免语言上一些不必要的重复,清除语言中的杂质,克服口头禅,保持语言的纯洁性,做到"丰而不余一言,约而不失一词"。

6. 启发性

威廉说过:"平庸的教师只是叙述,好教师讲解,优异的教师示范,伟大的教师启发。"教学语言的启发性,是指教师的语言能善于启发引导学生,使之在主动自学的基础上,积极地进行独立思考,真正理解和运用所学的知识。教师的语言是否具有启发性,从某种意义上来说,就是看其语言是否拨动了学生的心弦,是否对学生产生了激励作用。在教学时,教师的教学语言应富有问题性,给学生留下想象的余地,让学生能由"此"想到"彼",由"因"想到"果",由"表"想到"里",由个别想到"一般",收到"一石激起千层浪"的效果。

如初中学生读《孔乙己》,不易体会蕴藏在笑声后面的悲剧含义。教师便用启发性的语言提出问题:"孔乙己叫啥名字?"学生不假思索地回答:"叫孔乙己。"继而一想:不对呀!这三个字是从描红纸"上大人孔乙己"上挪用的绰号。那么,他的真名字到底叫啥?"不知道,大家不知道,连孔乙己本人也可能不知道。"学生于是理解到一个人一生中连自己的名字都给剥夺掉了,反映出他的命运悲惨到了什么地步,领悟了其中的悲剧含义,并举一反三地对全文情节去做由表及里的分析。

启发性教学语言的激思作用由此可见一斑。同时,教师还应注意把握启发教学的火候,"不愤不启,不悱不发",在适当时机施教,才能充分发挥教学语言的启发作用。爱因斯坦说过:"提出一个问题,往往比解决一个问题更重要。"教学语言启发性的突出之点,就在于教师要善于设疑、激疑,诱导和刺激学生孜孜不倦地去探求新问题,让学生在不断的"为什么"过程中获取新的知识。

7. 情感性

人的认识活动和情感是紧密相连的,任何认识活动都是在一定的情感诱发下产生的,马克思说:"人类在探索真理时,丝毫不动感情地进行探索的事是一次也没有的,现在没有过,并且不可能有的。"教学更是如此。教师授课的心境与情感直接影响着学生学习的情绪。当教师精神萎靡、意志消沉、无精打采、表情麻木时,课堂气氛就会笼罩在压抑、沉闷之中,师生关系就会变得冷漠、淡化;当教师精神振奋、乐观豁达、全神贯注、表情丰富地投入课堂教学之中的时候,课堂气氛就会热烈、活跃,师生关系就会变得融洽、深化。因此,教师要始终如一地用良好的心境和积极的情感为学生上好每一堂课,不要把不良的情绪带进课堂,这是教学语言具有情感的决定因素。

8. 生动性

教师不能只限于知识的传授性,而应在学生对知识的接受性上大做文章,因而教学语言的生动性就显得十分重要。倘若教师语言枯燥、单调乏味,从理论到理论,由概念到概念,干巴巴的几条筋,只见骨头,不见血肉,毫无疑问,就难以激起学生的学习兴趣,学生就势必会产生昏昏欲睡之感,使思维处于惰性状态。所以,教学语言不能平铺直叙,而应有高峰低谷,潮涌静流,能使学生思维波澜起伏,迥旋跌宕;不能像和尚念经那样呆板,而应像彩虹悬碧空、白帆映秋湖那样诱人,使学生满怀激情地在知识的海洋里遨游。教师应该学会运用各种手段,如比喻、夸张、对照、衬托等修饰手法,借助必要的直观教具,如实物、模型、图片等,配以优雅而恰当的状态语,力求把事物的本质,尽可能在传授知识的同时,变理性为感性,变抽象为具体,努力使讲课做到绘声绘色、多姿多彩。

6.1.5 教学语言技能应用要点

(1) 语言规范流畅

普通话说得好,并不等于教师的口语技能强,而好的教师口语必须用标准普通话来表达。普通话包括语音、词汇、语法三个方面的主要内容。从语音上来看,教师口语应该语音准确,没有方言土语;从词汇看,教师口语应使用通用的、科学的词语,一般不使用有地方色彩或自造的词语,以免引起学生理解上的混乱和困惑;从语法上看,应符合现代汉语的语法规范,语句要通顺完整。教师口语须连贯表意的语音流转自如。教师口语发声时气息要通畅,吐字共鸣要准确,语流不能出现较大的迟滞和重复,不能有过多的多余部分,表述内容句式要完整,没有因不合逻辑规则,不合约定俗成模式的停顿等造成的病句以及歧义等不良现象。

(2) 语音语调适中

句调就是说话时语音高低升降的变化,它总是随着感情而变化。上扬调,全句调子由低到高,尤其是在句末有明显的上扬,且气息多呈短促状态,它多用于表示惊讶、疑问、号召、命令、激动的句子。降抑调,由高至低,声音逐渐降低,句末音节念得短促,且气息一般呈缓慢深长的状态,多用于表示肯定、感叹、请求的句子。曲折调,调子变化多样,或前升后降,或两头低,中间高,且气息呈深浅、长短、缓急等多种状态,常用于表示感叹、讽刺、愤怒、怀疑的句子。平直调,全句没有明显的上升或下降,气息上较为均匀和平稳,它常用于叙述、说明和解释,表示迟疑、思索、严肃的句子。

(3) 语速快慢适度

语速是指说话时语言的频率变化,一般教师语速应在一分钟 250 字左右,但也需要随着教学对象的年龄和教学内容的深浅变化语速。对于低年级的学生,语速要稍微放慢,重点难点的地方语速要放慢,而对于高年级的学生或内容比较简单的地方,语速可以略快。

(4) 节奏抑扬顿挫

停顿是语句或词语之间语音上的间歇,它就像是文章中的标点符号,具有承上启下的作用,并使教师的口语具有韵律美和节奏感。语法停顿,即根据语法关系来处理停顿,其目的在于保证语意的清楚、明确,通常以标点符号为标志。语义停顿,即为突出某种语意而处理停顿的一种方法,其目的在于增加说话的逻辑力量,显示讲话内容的逻辑层次,通常是在意群之间而不是在意群中间出现。

(5) 重音突出合理

重音的主要作用就是强调。语法重音,即根据语法规律对一句话中的某些语法成分重读。这种重音位置比较固定,如主谓短句中的谓语重读,名词前的定语重读,动词及形容词前的状语重读等。教师可视教学内容的需要而做出相应的选择,以更准确地表现教学主题。语义重音,即根据教学中表情达意的需要特别加以强调的重音。教师要根据说话的环境、意图、感情及特定的要求等因素支配、处理好语义重音。情感重音,即教师被强烈的感情驱使,为着重表现爱憎或喜恶的感情时所造成的重音。教师要从表达感情的需要出发,变化用声、控制用声,使声音在对比中表现出喜怒、兴奋、力量,从而产生预期的效果。

课堂教学要求在限定的时间内完成一定的教学内容,这就要求教师对授课的内容应进行取舍。对于教学重点、难点要详讲,对于一般问题可以略讲。教师要根据教学内容和目标,以及学生的知识水平和能力程度,做到详略有度,以便突出重点、突破难点。

6.1.6 教学语言技能的评价

1. 评价要点

(1) 口头语言

① 普通话标准

普通话发音正确清晰,无方言;吐字清晰,声音洪亮,语速、节奏适当。

② 条理性

语句通顺,简练,语义明确,重点突出;语言条理清楚,层次分明,具有一定的逻辑性。

③ 情境性

能用恰当的语言声调,丰富的词汇创设适当的教学情境。

④ 启发性

能用生动、形象有语言启发学生的思维。

(2) 体态语言

① 站姿

站立状态端正,自然优美大方。

② 手势

手势能与口头语言适当配合,没有多余动作。

③ 目光

能用眼神与同学交流,面向全体学生。

④ 表情

表情和蔼可亲,随教学内容变化。

⑤ 走势

注意适当走动,快慢合适,停留得当。

2. 评价量表

口头语言技能评价量表如表 6.1 所示,体态语言技能评价量表如表 6.2 所示。

表 6.1 口头语言技能的评价量表

序号	评价要点	评价项目	标准等级				权重
			好	较好	尚可	较差	
1	普通话	普通话发音正确清晰,无方言					0.15
2		吐字清晰,声音洪亮,语速、节奏适当					0.15
3	条理性	语句通顺,简练,语义明确,重点突出					0.15
4		语言条理清楚,层次分明,具有一定的逻辑性					0.15
5	情境性	能用恰当的语言声调,丰富的词汇创设适当的教学情境					0.2
6	启发性	能用生动、形象有语言启发学生的思维					0.2

整体评价与建议:

表 6.2 体态语言技能的评价量表

序号	评价要点	评价项目	标准等级				权重
			好	较好	尚可	较差	
1	站姿	站立状态端正,自然优美大方					0.2
2	手势	手势能与口头语言适当配合,没有多余动作					0.2
3	目光	能用眼神与同学交流,面向全体学生					0.2

续表

序号	评价要点	评价项目	标准等级				权重
			好	较好	尚可	较差	
4	表情	表情和蔼可亲,随教学内容变化					0.2
5	走势	注意适当走动,快慢合适,停留得当					0.1
6	头势	能对学生回答用恰当地点头或摇头表达意见					0.1

整体评价与建议:

思考与练习

1. 教学语言技能的主要分类与相应的概念。
2. 口头语言技能运用的原则是什么?
3. 体态语言技能的主要类别及其运用技巧。

6.2 板书技能

本节学习目标:

通过本章学习,了解微格课堂板书技能的概念与分类,掌握板书技能的应用原则与使用要点,掌握板书技能的训练方法。

本节要点:

➢ 板书技能的概念和作用
➢ 板书的主要类型
➢ 板书技能的应用原则和要点
➢ 板书技能的训练方法

板书是课堂教学的重要组成部分,是提示教学主题,呈现内容关系,启发和引导学生思维的一个重要教学手段,也是教师在传统课堂教学中使用频率最高,效果最明显的教学手段之一。随着多媒体的出现,传统黑板板书的使用频率与以前相比有了一定幅度的减少,但板书形式更趋多样化,在我国中小学教学课堂中也大量存在,作用也不可替代。

6.2.1 板书技能的概念

板书技能是教师为了教学需要,辅助课堂口语的表达或概括教学内容而采用的将文字、图表或其他符号通过某一介质(通常是黑板、白板或投影片)展现给学生的一种教学行为方式。板书是需要教师经过精心加工、深层次浓缩的教学内容,可以起到帮助学生理解、促进知识迁移、强化信息传输、增强学生记忆的作用。

板书从在课堂中的作用及位置来分主要有两种形式,一种是教师在对教学内容进行高度概括的基础上,提纲挈领地反映教学内容的书面语言,往往写在黑板或白板的正中,称之为正板书。正板书是教师在备课过程中精心设计的,一般都作为教案的一部分事先写好。另一种是在教学过程中,因为学生听不清、听不懂,或者作为正板书的补充、注脚而随时写在黑板上的文字,往往写在黑板或白板的两侧,称为副板书。

板书技能的构成要素主要有以下两点。

(1)内容。板书技能的内容要素有两个:一是教师在板书中所再现的教学重点、难点以及逻辑关系;二是教师对所再现的教学重点、难点和逻辑关系的认识与评价及由此产生的思想感情。

(2)形式。板书技能的形式是板书内容的组织结构和表现手段的总和。板书技能的形式包括两个因素:一是板书的语言、字体、公式、符号、图像、表格、色彩等;二是板书的组织结构、呈现模式、呈现位置等。

6.2.2 板书技能的作用

1. 激发学生兴趣,示范板书艺术

好的板书是一门艺术,形式优美,设计独特的板书具有激发学生学习兴趣的作用。一副精湛的板书,无论是内容还是形式都包含着丰富的因素,如内容的简洁美、语言的精练美、构图的造型美、字体的端庄美、色彩的和谐美,能够引起学生浓厚的兴趣。板书技能也是教师的基本功之一,教师漂亮的粉笔字,设计精巧的板书结构,都能够对学生起到良好的示范作用。板书的规范性和严谨性有助于培养学生严肃认真的学习态度,形成良好的书写习惯。

2. 揭示教学内容,突出重点难点

板书具有抽象概括的作用,有助于帮助学生理解教材,明确重点和难点。学生仅凭听讲理解一节课的内容有困难,通过板书,学生边听、边看、边记,眼耳手脑多种器官同时调动,相互协调,有助于学生理解教学内容。教师一般是在讲解教学重点、难点内容时进行板书,且在关键时可以着重表示,它能突出教学重点,解决教学难点。

(1)揭示教学内容

好的板书应突出课程内容的思路,演示公式、原理的推导过程,理顺知识线索、事态的发展及层次,把重点、难点的内容通过板书让学生加强理解,从而使其领会教师语言和文本含义。

板书也可以当作是一个微型教案。因为板书需要在一板或者几板之内有目的地揭示整个教学内容和结构,往往可以精简地反映教学的大体思路。在教学中,教师可以通过文字、符号、图表、色彩等板书形式落实教学目标、重难点和内容,学生也可以通过教学板书的呈现,及时跟上教师的思路,达到更好地理解和掌握教学内容的目的。

(2)强化内容记忆

板书是课堂教学的重要组成部分,是传递教学信息的有效手段,是教师口头语言的书面表达形式,在教学中它有增强语言效果,加深记忆的作用。心理学研究表明,人在获得外部信息时,不同器官发挥的作用是不同的,其中视觉获得的信息占83%,听觉获得的信息占11%,其他器官获得的信息只占6%。利用板书将课堂的主要内容展示给学生,有利于充分调动学生

的视觉功能,让学生在短时间内掌握教学的主要内容。

板书是抽象内容的形象呈现,也是复杂内容的精要概括,学生通过板书中的关键符号、信息点的提示,可以唤起对教学内容的形象化记忆,也可以将要点中所包含的丰富信息补充完善,从而更好地达到回忆再现相关教学内容的目的。

3. 体现教材层次,发展学生思维

优秀的板书,可以充分体现教材的层次性、系统性和逻辑性。教师通过书写文字规范、条理清晰、层次分明的板书,可以潜移默化地影响学生的思维品质。在长期的教学活动中,板书这个知识的导航图,逐步培养学生良好的分析、整理、综合、归纳、概括的习惯,提高其逻辑思维能力。作为一种信息的输入,通过教师书写,引起并保持学生的有意注意,讲授新知识时,教师先进行课题的板书,目的是把学生的思想集中到授课内容中来,然后围绕课题有条理地讲授,同时边讲边板书课文中的要点,引导学生的思路。

6.2.3 板书的类型

可以依照板书的形式将板书分为以下几种类型:

1. 提纲式板书

以讲授内容的内在逻辑关系为线索,将教学内容的层次含义以大小不同的符号和简洁的语言书写出来。按照教学内容和教师的讲解顺序,以纲目的形式展示教学顺序要点的板书形式。这种形式的板书通常以精练的语言、序号排列的形式出现,条理清楚,个人从属关系分明,层次分明,结构清晰,能突出教学的重点和难点。有利于学生把握学习的内容和结构层次,有利于学生提纲挈领地理解和掌握教材结构,便于理解和记忆。其参考示例格式如图 6.1 所示。

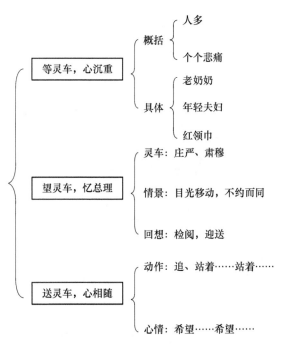

图 6.1 《十里长街送总理》板书设计

2. 表格式板书

表格式板书是指根据教学的不同内容分门别类地列入表格,这类板书简洁明确,井然有序,对比强烈,便于学生进行分类归纳,建立联系。教师根据教学内容设计表格,提出相应问题,让学生思考后提炼出简要的词语填入表格,或教师边讲解边把关键词语填入表格,还可以先把内容分类,有目的地按一定位置书写、归纳、总结,再形成表格。如完成地理区域气候类型的讲授后,结尾可设计如表6.3所示。

表6.3 我国四大地理区域气候类型板书

		北方地区	南方地区	西北地区	青藏地区
分布范围		秦岭—淮河线以北	秦岭—淮河线以南、青藏高原以东	秦岭—淮河线以西、昆仑山—阿尔金山以北	青藏高原
地形		高原、平原	平原、高原、盆地、丘陵	高原、盆地、山地	高原
气候	温度带	温暖带、中温带、寒温带	亚热带、热带	温暖带、中温带	高寒气候
	降水量	400~800 mm	>800 mm	<400 mm	
	干湿状况	半湿润区、湿润区	湿润区	半干旱区、干旱区	
植被		落叶阔叶林、针叶林	常绿阔叶林	草原、荒漠	高寒植被

3. 流程式板书

流程式板书是以教材提供的线索(时间、地点等)为主,依据教学的主要内容,把本节课教学内容的梗概一目了然地展现在学生面前,使学生对教学主题内容的全貌有所了解。这种板书形式指导性强,便于记忆和回忆,多用于表示事物的发展变化关系,其重点在于展示知识内容间的递进关系。其参考示例格式如图6.2所示。

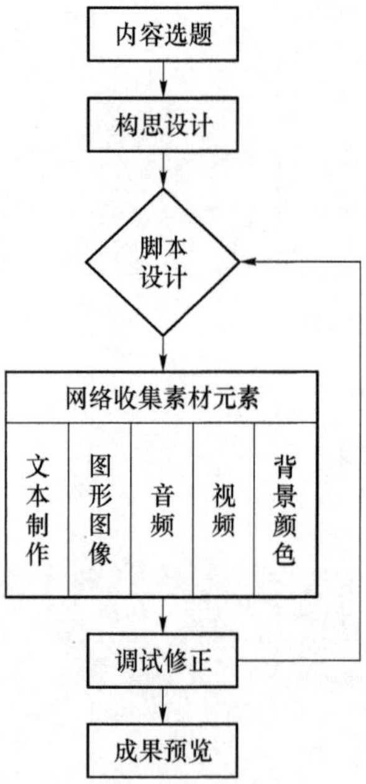

4. 线索型板书

线索式板书通常以教学内容的故事情节、发展过程为逻辑线索构成的板书。这类板书使学生对它的全貌有所了解,思路清晰。它常可以起到化繁为简、以简驭繁的效果。其参考示例格式如图6.3及图6.4所示。

图6.2 网页制作教学设计板书设计

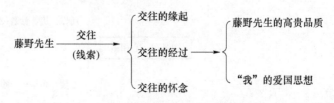

图6.3 《藤野先生》线索式板书

5. 总分式板书

总分式板书根据教学内容,将教学内容的整体结构和局部结构,在板书上进行布局,而形成的一种板书方式。这种形式的板书适合于先总体叙述,后分述或先讲整体结构再分别讲解细微结构的教学内容。条理清楚,从属关系分明,便于学生理解和掌握教材结构,给人以清晰完整的印象。其特点是概括性强,条理分明,能清晰展示教学内容的纵向联系,按照并列的形式进行分别归纳,同时又能够展示各部分内容间的横向联系,完整呈现教学内容的层次和结构。其格式如图6.5所示。

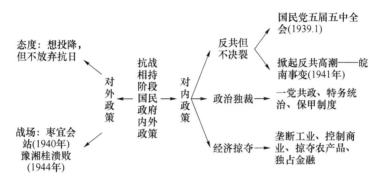

图 6.4 《中华民族的抗日战争,国民政府的内外政策》线索式板书

最简单的有机化合物——甲烷

一、物理性质:无色无味的气体,难溶于水,比空气轻

二、分子结构:

1. 分子式和电子式:CH_4 和

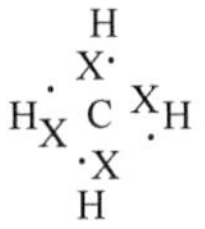

2. 结构式:$H-\overset{\overset{H}{|}}{\underset{\underset{H}{|}}{C}}-H$

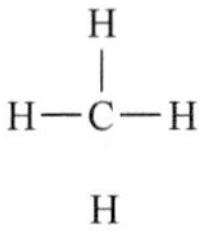

3. 立体结构:正四面体型

三、化学性质

1. 氧化反应:$CH_4 + 2O_2 \xrightarrow{} CO_2 + 2H_2O$

2. 取代反应:有机物分子里的某些原子或原子团被其他原子或原子团所替代的反应

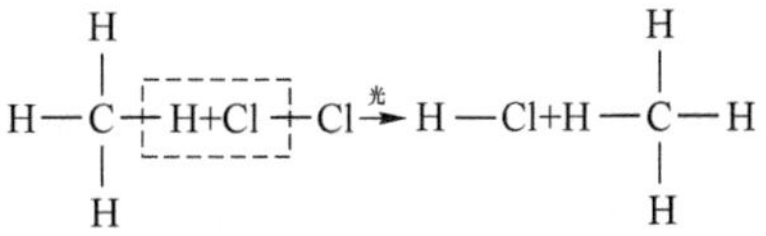

$$H-\overset{\overset{H}{|}}{\underset{\underset{H}{|}}{C}}-H + Cl-Cl \xrightarrow{光} H-\overset{\overset{H}{|}}{\underset{\underset{H}{|}}{C}}-Cl + H-Cl$$

小结:1. 分子结构 2. 化学性质

图 6.5 《最简单的有机化合物——甲烷》板书设计

6. 图示式板书

图示式板书即选择教学内容中的重点词语和教师必要的提示语,按内容思路排列并辅以数字、线条、符号或图形,将教学内容中的关键部分系统地呈现出来,力图准确地反映出内容各部分之间的层次和内在联系。这类板书具有直观性、生动性和概括性的特点。其参考示例格式如图 6.6 所示。

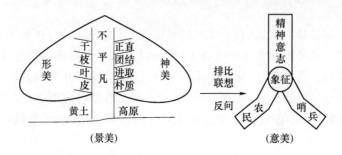

图 6.6 《白杨礼赞》板书设计

7. 运算式板书

运算式板书是在黑板上进行公式的推导、例题的演算等。常用于理科课程教学,可以激发学生有意注意,记录教学过程,培养学生的逻辑思维能力。

除以上类型之外,板书的设计上还可以根据内容多种多样,但无论哪种类型都应紧扣教学内容,层次分明,重点突出,精确凝练,把板书有机地、和谐地融入教学过程,与其他教学技能结合成一个协调的系统,促进教学效果的优化。

6.2.4 板书技能应用原则

1. 目的性

板书是为了实现既定的教学目的,其内容的选取一定要紧扣教学目标,突出教学重点,并有利于突破教学难点。

2. 启发性

板书的内容要忠于教材,但又不应总是只局限于课程内容的摘录,它是教师创造性劳动的成果,艺术的结晶,好的板书是学生理解记忆的线索。

3. 规范性

板书具有示范的作用,因此,教师的板书不仅要美观、规范,更要设计准确、合理。板书的书写格式必须符合规律,这样有助于培养学生良好的习惯。

4. 条理性

板书要深入挖掘课程内容的内在顺序和逻辑性,板书的条理有助于学生的理解和记忆,也有助于学生提高逻辑思维能力。

5. 简要性

布鲁纳曾指出,详细的资料是靠简化的表达方式保存在记忆里的。一节课学习的详细资料,如果能用简明的板书表达出来,将更利于学生的记忆和理解。板书一般是只有一板或两板,所以板书的选材要力求简明,对学习的内容进行高度的概括和提炼,以最精要的文字和最简单的图形表达出来。这就要求我们在设计板书时,既要使内容简单扼要,又要使之能易于记忆联想。

6. 科学性

教师在课堂上呈现的板书,是学生通过视觉接受的信息,不仅以鲜明的形象留存于学生的脑海里,而且将长期地保存在学生笔记中,因此必须准确无误。内容不能有科学性的错误,不能为了浓缩有损于内容的原意,语法和各种符号、图表要符合规范,不能有各种逻辑错误或引起学生思维混乱的失策之处。

6.2.5 板书技能的应用要点

1. 明确目的，条理清晰

板书首先应经过有目的地设计，进行应用时板书的脉络层次应清晰明了，各层次之间通过特殊的板书语言符号而形成一个整体。

2. 简练概括，突出重点

板书应做到简明扼要，少书精书，用最精练的文字或简洁明了的符号来反映教学的主要内容。同时，板书应该要反映教学的重点和难点，可写可不写的东西，就不要写在黑板上，以防学生思维混乱。不可随意板书或满板书。若板书用语烦琐，反而会喧宾夺主，失去板书对教学的辅助作用。

3. 字迹工整、规范美观

教师粉笔执笔通常采用"三指法"，即拇指、食指、中指三者齐力握笔，其中拇指、中指对应相抵，食指在距离粉笔头约1.5厘米处控制行笔方向，其余两指自然弯曲相依即可。白板执笔参照普通钢笔执笔方法。板书的内容要规范，不能有错别字，字体上以楷体为主，大小根据教室的大小和听课人数多少来确定，以最后一排能看清为宜。总体来说，板书要求书写工整美观，用词简洁、清晰和准确，但书写速度不宜太慢。

4. 配合讲解，呈现适时

板书主要是为了配合讲解而采用的一种技能，大多数板书都是在课堂上当着学生的面逐步完成的，呈现太早，学生会觉得突兀，呈现太晚，学生会觉得多余。其时机一般分为：(1)先板书后讲授。这是将本节要讲的内容先分题写在黑板上，再一个个地讲解。这样适合学生对某一主题先有一个全面概括的了解，再细致讲解的时候采用。(2)边讲授边板书。这是最常用的方式，这种板书呈现时间讲写结合，有利于引导学生的思维跟随教学进度，能较好地控制学生的注意力，引导学生思路。(3)先讲授后板书。这种是引导组织学生观察、探索之后，再得出结论，呈现板书。这种时机能够较好地总结课程的内容，使学生有完整的认识，符合学生认知规律，利于加深学生印象。教师可按照教学内容和学生的知识水平，选择不同的时机，以学生掌握为准。

6.2.6 板书技能的评价

1. 评价要点

(1) 目标

符合课程目标，具有鲜明的目的性。

(2) 内容

内容明确，结构合理，思路清晰。

(3) 呈现

呈现时机得当，能配合语言讲解等技能引起学生的兴趣和积极的思维。

(4) 书写

书写规范，板书简、快、准，大小、位置恰当，板面整洁，适当使用彩色强化信息，板书姿态自然庄重，没有笔顺、笔画错误，无错别字。

2. 评价量表

板书技能的评价量如表6.4所示。

表 6.4 板书技能的评价量表

序号	评价要点	评价项目	标准等级				权重
			好	较好	尚可	较差	
1	目标	符合特定的教学目的					0.2
2	内容	内容简明扼要,设计精巧					0.15
3		结构合理、思路清晰					0.15
4	书写	书写规范,板书简、快、准					0.1
5		大小、位置适当,板面整洁					0.1
6		适当使用彩色笔强化信息					0.05
7		没有笔顺、笔画错误,无错别字					0.05
8	呈现	呈现时机得当,能配合其他技能合理运用					0.1
9		能够引起学生的兴趣和积极思维					0.1

整体评价与建议:

思考与练习

1. 板书的主要形式有哪些?
2. 板书应用时的主要原则是什么?

6.3 导入技能

本节学习目标:

通过本节学习,了解导入技能的概念、功能和作用,掌握导入技能的不同类型,能够根据课程需要进行课堂导入设计与具体应用,并能使用评价量表对导入技能的应用进行评价。

本节要点:

➢ 导入技能的概念和作用
➢ 导入技能的主要类型
➢ 导入技能应用时的主要原则和要点

加涅认为学习是内部信息加工的过程,教师通过教学促进学生原有知识体系与新知识体系之间建立联系,形成内部知识转化过程。在这个过程中,导入标志着教学的开始,它使学生从无意注意迅速进入有意注意,为教学环节起到良好的铺垫作用。

6.3.1 导入技能的概念

导是"示之道途"即"引路"的意思,入是进入学习之门的意思,导入即指教师引导学生进入学习门径的意思。所谓导入,是指教师在进入新的教学内容或教学活动开始时,用以引起学生注意、引发学生兴趣,激发学生学习动机、明确学习目的并建立知识间联系的教学行为方式。

教学导入技能是指教师在课堂教学中处理导入这一教学环节时,利用简短的语言、行为或各种教学媒体,创设学习情境,恰如其分地引领学生主动进入学习内容的一种教学行为方式。

导入技能作为课堂教学的第一个环节,是教学能否成功的关键之一,也是教师必须掌握的基本教学技能。

6.3.2 导入技能的作用

一个有效的导入,能活跃课堂气氛,激发学生强烈的求知,培养学生积极的思维活动,迅速集中学生的注意力,明确思维方向,激发学习热情和"角色欲望",使学生愉快而主动地投入到寻求探索的课堂活动中去,在学习新课的一开始创造良好的学习环境。其具体功能与作用体现在以下方面:

1. 吸引学生注意力,激发学习兴趣

课堂导入是学生逐步进入课堂环境的阶梯,它可以吸引学习的注意力,激发学生学习的兴趣。

注意是学习的首要条件,是心理活动对一定事物的指向和集中,加涅所提出的九大教学活动中的首要活动,就是引起学习者的注意。通过导入环节,使学生的意识活动迅速集中到学习刺激上,调动认知注意和情绪注意,抛开与学习无关的刺激,为新的学习任务做好准备。

学习兴趣是学习入门的向导,是学习者对学习积极性选择的态度,也是学习的内在动机。教师引人入胜的导入,能够激发学生强烈的求知欲望,使学生带有浓厚兴趣把注意力集中到学习任务中。

2. 促进思维定向,强调内容和情感的准备

课堂导入能够为学习者提供先行组织者,使学生明确学习目标,产生定向思维并以此规范自己的情感和行为。

如导入环节的先行组织者能够给予学生一个要领或概括的框架,使学生对学习程序心中有数,这些先行的表述或呈现能够帮助学习者确立有意义学习的心向,使其产生对学习的期待,从而有目的、有意义地开展定向学习活动。

同时导入环节采用形象化的语言或启发性的问题都有助于培养学生的思维创造能力,使积极的思维活动快速集中到新课程内容上,使学习基于良好的情感状态和心理准备等方面。

3. 创设课堂氛围,提供学习情境

良好的导入能够为师生创设轻松、愉快的课堂氛围,为新知识和学生原有知识体验之间建立关联,创造贴近学生生活实际的学习情境,促进良好的学习。

导入为新知识的学习提供预备知识,通过展示新旧知识的联系点,为学习新知识、新概念、新原理进行引导和铺垫,在新知识与原有知识体验之间建立关联,促进知识的内部建构。

教师在利用与学生相近的生活实际问题或自然的生理现象导入新课程,使学生产生熟悉感,激发学生的认知兴趣,从而使学生置身其内,以积极愉悦的心态进行学习,在这种和谐愉快的气氛中,师生相互交流,共同探讨学习内容,情感相通,心理相融。

6.3.3 导入技能的类型

导入技能并没有固定的模式,教师在导入环节要根据课堂教学的实际情况进行导入方式

的选择,综合考虑学习者特征、教学内容、教学方式、教师教学风格及学科特色等,进行不同的导入处理。教师常用的导入类型主要有以下几种:

1. 直接式导入

直接式导入是指教师直接告知学生本次授课的教学目标、关键词、重点难点、教学程序等先行组织者内容,明确学习任务,这种方式也被称为开门见山式,是最简单及最常用的导入方式。

无须借语铺垫,只需要通过简短的语言点题叙述或设问,迅速将学生注意力集中到学习情境中。例如,在进行高中生物"DNA是主要的遗传物质"教学时,教师可以直接以告知学习目的的方式进行导入:"今天我们通过学习,要了解科学家是如何发现DNA是主要的遗传物质,他们做了什么样的实验,我们要掌握实验设计的基本思路。"除直接交代学习新课的目的和现实意义外,还可以直接叙述新课程的学习内容,例如,在讲授化学课程"元素周期表"一课时,教师可以这样导入:"元素周期表是按照相对原子质量由小至大依次排列,将化学性质相似的元素放在一个纵行,通过分类、归纳而制出的,它揭示了化学元素间的内在联系。下面来看看我们已经接触到的这些化学元素在元素周期表中是一个什么样的排列呢?"通过简单的提问,直接将新课程的内容展示给学生,使学生了解新课程的学习方法,培养定向思维。再如通过点题的方式导入,例如,在学习徐志摩的《再别康桥》时,教师可以直接点明康桥的由来,为什么徐志摩会"再"别康桥,由此将学生引入散文中。

直接式导入一般适用于较高年级的学习对象,他们相对于年龄较小的低年级学生而言,思维发展更加理性化,逻辑性强,更容易接受直接的语言导入;内容方面,直接式导入更加适用于理论性较强的课程,导入环节提供先行组织者使学习者对新课程内容产生思维定向,更利于学习接受与迁移;教学过程方面,一般适用于连续性教学的后续教学导入。而相对于年龄较小的低年级学生而言,材料导入容易平铺直叙,缺乏强烈的冲击力和感染力,难以让学生在短时间内集中注意力,所以不宜使用太多。

2. 经验式导入

经验式导入的目的是在新课程内容与学生原有的知识体验之间建立关系,从学生已有的生活经验、社会常识、已感知的素材为出发点,通过生动而富有感染力的讲解和提问等方式导入新课。经验式导入与学生原有经验相关联,所以这种导入方式易引起学生的注意力,使学生产生共鸣,从而促进学习的内化。

教师在进行经验式导入时,既能使学生明确学习的目的和重要内容,又能够与学生的生活体验密切联系,激发学习兴趣。例如,教师在讲解高中化学"用途广泛的金属材料"一课时,直接以图片或视频方式展示材料的变更过程,介绍现代高科技材料的制作成品,使学生的生活体验与新课程的内容产生关联;音乐老师在讲解初中音乐课程"插秧歌"时,以介绍插秧歌的由来及播放秧歌相关的电视节目引起学生的共鸣,由此引入学生对插秧歌节奏及动作韵律的思考;在学习物理"惯性"一课时,教师以生活中的惯性现象开始导入:"大家坐过过山车吗?当过山车经过每一个急拐弯处时,人都有一种被甩出去的感觉;当正在行驶中的汽车突然刹车时,人的身体会继续往前冲,这些都是我们生活中的惯性现象。"通过具体的生活体验,将现象与课程内容相关联。

经验式导入通过引起学生对已有经验的回忆,减少新课程学习的难度,一般适用于较为抽象、难以理解的概念性学习内容,教师在选择经验导入中使用的材料时,要选择贴近学生的真实生活或是学生非常熟悉的体验或素材,要求该内容选择适当合理,既与新课程内容有关系,又能够增强学生探究的兴趣。

3. 复习式导入

复习式导入是指教师通过帮助学生复习与即将学习的新知识有关的旧知识,提供新旧知识联系的结点,顺其自然地引出新的教学内容,达到温故知新的目的。复习式导入是课堂教学中最常用的方法之一,通常从复习、提问、练习等教学活动开始,对照新情境,发现问题,明确任务,使复习到讲授新课连贯自然。

复习式导入通常在新知识与原有的旧知识之间既有联系又有区别时采用。在数学、物理等课程的教学中,一节新课往往需要引用过去的公式进行计算,利用学过的概念或术语进行解释和说明等,例如,在讲解高中数学"柱、锥、台、球的结构特征"时,教师通过复习引入,让学生回忆在过去的学习中曾经研究过哪些平面几何图形和空间几何图形,并要求学生对已展示的空间物体进行柱、锥、台、球体的分类,使旧知识与新知识之间产生联结点;在进行物理课程"向心力"教学时,教师通过提问复习已学过的向心加速度、牛顿第二定律等内容,并要求学生写出向心加速度及力的表达式,从而引入向心力表现式的新内容。在语文课程教学中,教师也可以通过复习式导入唤起学生的回忆,推出新内容,例如,在进行小学课程《海龟下蛋》教学时,教师通过提问的形式开始复习式导入:"我们已经学习过《小蝌蚪找妈妈》和《龟兔第二次赛跑》,其中有一个同样的小动物是什么呢?(乌龟)谁记得这个动物长得什么样?(学生描述乌龟的样子)今天呀,老师要带大家认识这个动物的一位亲戚(展示图片),你们看,它们的形状像不像?今天我们就来学习《海龟下蛋》这篇课文。"在英语教学中,教师也经常选择已学过的,与新知识相关的单词和语句进行复习和巩固,避免学习的枯燥。

复习式导入可以很自然地使学生从已知领域过渡到未知的新领域,从回顾旧知识到获取新知识,它适用于导入连贯性和逻辑性较强的知识内容。在进行导入时,教师要注意在设计回顾旧知识时应尽量简明扼要,并通过有针对性的复习做好铺垫,提示或明确告之学生新旧知识的联系点,适量应用提问方式激发学生思维的积极性,尽量让学生主动参与复习,提高参与度。

4. 设疑式导入

设疑式导入是教师在导入阶段,设疑布障,从侧面不断巧设带有启发性的疑问、疑难,引起悬念,使学生觉得"新、奇、难",激发学生思维,唤起好奇心和求知欲,激起学生解决问题的愿望。设疑式导入承上启下,头尾呼应,引导学生思考,展示学生已有观念的现象,使学生产生相信与怀疑共生的矛盾,并提供一些似是而非的选择,学生已有的经验中缺乏可以辨认的手段而产生迷惑,在推理的过程中,故意引出两个或多个相反的推理,使学生产生认知冲突,启发学生自动思维。

为了将学生的思维引入对新知识内容的思考,教师通过设疑式导入设计相关的问题和悬念。例如在教授小学课文《蓝树叶》时,教师通过提问的方式给学生设置疑问:"我们生活中的树叶都是绿色的,但我们今天要学《蓝树叶》,树叶为什么会是蓝的呢?带着这个问题我们来学习今天的课文。"一位语文教师在教授李白的《赠汪伦》这首诗时,就是以一个布满疑团的故事为悬念:"李白是我国唐代大诗人,可是他上过一次当,受过一次骗。"学生顿时产生疑惑,老师由此引出李白和汪伦之间的小故事,并穿插诗歌的背景介绍,引入学生对新知识的主动思维。

设疑式导入有利于引导学生进行思考和联想,多适用于中高年级,教师在创设悬念时,要充分结合教学内容及学生的身心发展水平,悬念设置要适当,只有巧妙而适度地创设悬念,才能使学生积极动脑思考,从而进入良好的学习情境。

5. 实验式导入

实验式导入是教师通过实物模型、图表、幻灯、投影、电视等教具进行实验演示，或学生实验的方法来设置问题情景，引导学生观察，以已知实验现象或知识经验与发现新现象对比方式产生问题情景，提出新问题，自然地过渡到新课学习的导入方法。实验式导入有利于形成学生的高度注意，刺激学生的好奇心，促进形象思维到抽象思维的过渡。

一般情况下，学生接触新知识要求的经验或许在生活中有所涉及，但没有充分引起注意和思考，通过实验可以获得明显的表象，引起学生思维方式的改变。例如在物理课程"圆周运动"教学时，教师准备好机械钟表、小球等一系列道具，先演示机械钟表时针、分针、秒针的运动情况，让学生进行观察和讲述不同指针运动的不同特点，结合多媒体课件展示生活中常见的圆周运动现象，从而引出圆周运动的概念。实验式导入虽然是物理、化学和生物等学科中常用的一种导入方法，但也并不专用于理科课程，在语文课中，实验也是语文实践的一个重要环节之一，特别是有些实验性比较强的课文。例如在讲《死海不死》这篇课文时，教师可以利用实验来导入新课内容，选择一个玻璃杯，倒入清水，放入鸡蛋和一条小鱼，让学生观察鸡蛋和小鱼的现象，放入食盐后再让学生观察，从而激发学生学习兴趣，并引导学生理解死海的特点。

实验式导入的主要任务是在学生与新知识内容之间创设理想的诱发情境，增强学生的探索精神。在进行导入时，要注意演示的内容是为新内容而服务的，两者既要有密切的关联，又要提出适当的问题，引导学生积极思考。

6. 故事式导入

故事式导入是以学生生活中所熟悉的事例或报纸上的有关新闻，以及历史上认识自然与社会中的故事设置问题情景的导入方法。导入中选取的故事和事例要具有一定的启发性，并且要为新课程内容服务，为学生创设引人入胜、新奇的学习情境。

恰当地使用故事和事例导入，能够使用学生感到亲切，起到触类旁通的作用。例如，在进行《兰亭集序》课程教学时，教师在讲解兰亭序之前先以作者王羲之的小故事来引出新内容："王羲之二十岁时，太尉郗鉴到王家选女婿。王家的男孩们听到这个消息，纷纷打扮起来，只有王羲之好像没事一样，坐在东边的床上敞开衣襟吃饭。郗鉴听说这件事，便把女儿郗浚嫁给了王羲之，这就是东床婿的故事。我们将要学习的散文名篇《兰亭集序》，就出自王羲之之手。"通过这个小故事，引起学生对接下来要讲授的内容感兴趣。在物理课程"抛体运动的规律"学习时，教师以柯受良飞越长城和飞越黄河瀑布的故事为导线，引出抛体运动的轨迹分析。在历史课程中，故事、事例式导入更为常用，例如在讲解《赤壁之战》时就可以通过"桃园结义""三顾茅庐"及《铜雀台赋》引发《赤壁之战》等小故事作为导入的材料。

故事式导入要根据教材内容的特点和需要，选讲联系紧密的故事片断，首先，教师要注意选取的故事和事例必须是有趣的，具有启发性、教育性的；其次，在选择历史故事时，要注意故事与事例的真实性，不能为达到教学目的而随意戏说历史；最后，用学生生活中熟悉或关心的事例来导入新课，要具有针对性和侧重选择，能为课程主题服务。

7. 情境式导入

情境式导入，也称为情景式导入，就是选用语言、设备、环境、活动、音乐、绘画等各种手段，创设一种符合教学需要的情境，以激发学生兴趣，诱发思维，使学生处于积极学习状态的一种导入方法。情境式导入如运用得当，则会使学生身临其境，意识不到是在上课，从而在潜移默化中受到教育，获得知识。

导入时的情境可以通过教师语言描绘、多媒体展示及现场模拟等方式创设。例如教师在进行物理实验"探究功与速度变化的关系"时,使用多媒体视频资料来创设情境,导入时播放奥运会射箭运动员拉弓射箭的情景,箭在弹力作用下,获得很大的速度射出去,并播放行驶中的汽车,因前方有路障而紧急刹车,汽车在阻力作用下逐渐停下来的过程,要求学生分析两个视频中的共同特点,导入功与速度变化的新知识;在英语课程教学中,也常常使用情境式导入新课程内容,例如在学习"Hello"一词时,教师通过角色扮演模拟会面场景,并进行口语交谈,使学生自然进入学习情境;在语文课《采薇》一文学习中,教师利用语言描绘了这样一种情境:"想我当年出征日,杨柳依依。如今归来返故里,却是雨雪霏霏。行路迟缓路漫漫,又渴又饿不胜寒。我的家乡,你怎么那么遥远,我的亲人,你们现在什么样?——这是一个多年出征在外,如今归来的战士走在回乡的路上。让我们走进《采薇》认识一下他吧。"在《认识新伙伴》一课时,教师可以让学生回忆并唱出有关于友情的歌曲来引入新知识。

运用情境式导入应注意三点:一是要从教学内容出发创设情境,精心组织,巧妙构思,创设良好的符合教学需要的情境;二是设置情境时要及时对学生进行诱导和启发,激发思维;三是教师设置情境时应有明确的目的或意识,或激发学生情感,或引发学生思维,或陶冶学生性情等。

8. 问题式导入

问题式导入是指教师提出富有挑战性的问题使学生顿生疑虑,引起学生的回忆、联想、思考,从而产生学习和探究欲望的一种导入方法。问题式导入也是常用的导入方式之一,其目的是利用具有挑战性的问题引导学生学习新课,所以所提出的问题要求与新课程内容相关,既要有一定的难度,又不能打击学生积极性。

问题式导入是在课堂开始的前端,可以由学生提出,也可以由教师直接提出,可以由学生回答,也可以由教师自答。例如在学习"牛顿定律"一课时,教师以问题"在拔河比赛中从拉绳来看,是赢方的拉力大还是输方的拉力大"导入,学生争着说赢方大,此时教师自答:"不对,拉绳上的力是一样大的",由此引起牛顿定律中的作用力与反作用力;在进行《就任北京大学校长之演说》一课讲授时,教师也以简单的提问导入新课:"提起北京大学这所无数学子梦寐以求的百年名校,我们的心中都会不由自主地生出仰慕与向往。可又有多少人知道办学之初的北京大学是怎样的呢?北京大学为什么能成为世界一流的大学呢?80多年前,一位著名的教育家在北京大学的一番讲话《就任北京大学校长之演说》,为我们提供了最好的答案。"

问题式导入在课堂中可以集中学生的注意力,激发学习动机和兴趣,复习之前所学内容,并强化学生的记忆力,激发学生思维能力。关于如何提问,请参考提问技能章节。

以上八种类型的导入手段并不是独立而没有关联的,例如问题式导入也可能是复习式导入,设疑式导入也可能是情境式导入,而且在实际运用当中,也并不仅限于一种导入方式,可能多种导入方式并用,以达到良好的导入效果。实际上,导入技能也并没有固定的格式,以上八种类型只是课堂教学中比较常用的手段和方法,教师在教学当中还可以利用歌曲导入、诗文导入、习题导入、笑话导入、谜语或歇后语导入、游戏导入、绘画导入、板书导入等,只要是教学内容需要,符合学生的生理特征和心理特征,教师可以选择多种形式的导入方法,为课堂的主题服务,有效地引导学生进入新课堂内容的学习情境。

6.3.4 导入技能的应用原则

1. 针对性原则

导入技能的目的是促进学生积极主动地进入新课内容的学习情境,其设计的首要原则即为引入新知识而服务,所采用的各种导入方式与手段都必须与将要学习的新知识紧密联系,无关的内容不硬加,避免导入游离于教学内容之外。教师在导入时要注意紧扣教学目标和教学要点,针对学生的生理和心理特征、知识结构及能力背景,有针对性和目的性地引导,起到渗透教学的作用,如直接式导入和复习式导入,就很够很好地针对教学目标和课程内容进行新知识引导。

2. 启发性原则

启发是教学的精髓,我国古代教育家孔子说过"不愤不启,不悱不发",指开导其心,使之领悟的意思,可见自古启发就是教学成功的关键因素。在导入时教师要注意选材的新颖性和探索性,创设"愤""悱"的学习状态,采用启发诱导的方法,抓住学生心弦,调动其独立自主、积极主动的思维活动,引导学生自主发现问题,激发学生解决问题的强烈愿望。如设疑式导入,就是创设相冲突的悬疑情境,其他类型的导入形式也遵循启发性原则,启发学生自主思维。

3. 趣味性原则

兴趣可以奠定一个人的事业基础和进取的方向,是激励人们进行某种活动的推动力,它可以激发学生表现出强烈的责任感和旺盛的探索精神。教师在设计导入时,讲究趣味性和知识性的结合,能够激发学生的学习动机,促使学习的兴趣和学习积极性,营造轻松愉快的学习氛围,引人入胜,这样才有利于防止学习枯燥无味,促进学生对学习新知识产生兴趣,达到知识的内化和迁移作用。教师无论是讲典故事例、诗词书画,还是提问设疑,都要尽量轻松有趣,引发学生的参与兴趣。

4. 简洁性原则

导入是课堂教学的起始环节,是在课堂教学开端,通过不同方式引导新课的教学行为,是为新课教学目的而服务的,所以导入内容要短小精悍,讲究简洁,时间不宜过长。教师在设计导入时,要从教学内容实际出发,把握好所用时间的"度",如果耗时太长,易造成课堂结构混乱,喧宾夺主,影响教学效果。

此外,导入技能设计还要讲究导入的语言艺术性和创新性,使导入语言准确、科学、富有思想,在吸引学生兴趣的同时,更给人以深刻的启迪。

6.3.5 导入技能的应用要点

教师在应用导入技能引导学生学习新的课程内容时,要充分结合教学目标和课程内容的需要,综合考虑学习者的生理和心理特征,选择恰当的导入手段和方法,确保课程导入的有效性。

1. 为新内容创设学习情境,鼓励学生积极参与

导入是教学的"引子",是原有知识与新知识之间的"桥梁",是学生无意识思维到有意注意的一个过渡。要使导入发挥积极的作用,教师在应用时就要紧紧围绕新内容,利用不同的导入类型创设与新知识密切相关的问题情境,设置悬疑,引导学生仔细观察,积极回应,使学生在"不经意处"发现问题,引发探究冲动,问题情境的创设旨在拓宽学生的思维空间、激发学生的问题意识,因此,创设的问题情境只有切合学生的实际,努力贴近学生的思维特点,才能激起学生的共鸣。

2. 合理安排导入的时间、内容和形式

为使新课导入更有成效,教师应在导入的时间、内容和形式上合理安排。导入是学习的准备阶段,所以时间不宜过长,要尽量紧凑,三五分钟内转入正题,避免喧宾夺主,影响课程教学;

导入选取的素材可以是一段直白、一个问题、一个故事、一首歌、一个多媒体作品等,内容要做到简明扼要、通俗易懂,并且富有吸引力;导入的形式绝不能采用固定的某种模式,要根据不同的课程、不同的教材及不同的学生需要,在实际应用中灵活调整和变化的形式。

3. 充分利用多媒体技术,拓展学生知识面

真实的资料和历史典故可以生动地把学生引向新知识相关的问题情境,对学生的创造力培养也有重大的作用,但有时信息难以通过大脑思维进行还原,又或在有限的课堂时间和空间内很难完全展示,此时利用多媒体技术图、文、声、像并茂的优势,可以模拟生活中的实际现象,创设真实的体验情境,使学生身临其"境",打开思维的翅膀。

4. 调动课堂气氛,促进师生互动

导入有安定学生情绪,激发学习兴趣,把握学习目标,拉近与学生情感距离的作用。教师在应用导入时,自身的精神状态直接影响课堂氛围,教师精神抖擞,情绪饱满,积极与学生互动才能激发学生的兴趣,调动学习的积极性,引导学生进入学习状态,学生如果精神状态或情绪不佳,教师应用导入的技巧,从感情上调动氛围,也能很好地促使学生进入学习状态,加强师生间的互动。

6.3.6 导入技能的评价

导入技能是教学中的一个重要环节,直接影响着学生学习的情绪和效果,衡量教师课堂中应用的导入技能是否有效,可以参照现有的评价参数,根据一定的评价要点,制订出评价量表。

1. 评价要点

孟宪凯等人曾将导入技能的评价要点提炼为六个部分:引起注意、激发兴趣、主题衔接、学习目的、时间把握和态度情感等,结合该六个要点,本章对每个部分进行了内容细化。

(1)引起注意:在进行导入之前学生的注意力是离散混乱的,当教师开始应用导入时,要使学生从无意注意迅速进入有意注意状态,具体体现在:导入过程自然合理,带有强烈的冲击力和感染力,能够使学生意识在短时间内迅速集中到学习刺激上。

(2)激发兴趣:兴趣是最好的老师,具有趣味性的导入环节能够激发学习动机,也是决定学习成效的重要因素,衡量导入是否激发兴趣。具体体现在:教师的语言和行动是否诙谐有趣,是否具有感染力,学生是否积极仔细地观察,是否主动参与了师生间的互动,是否带有强烈的求知欲望等。

(3)主题衔接:导入的关键是在新旧知识间建立关联,所以主题衔接是评价导入技能的关键。主要表现在:导入是否贴近了学生的真实体验,是否与学习内容紧密结合,是否为学习新知识、新概念、新原理进行了铺垫,是否自然流畅的转换到新知识学习等。

(4)学习目的:导入不能脱离于教学目标"为导入而导入",否则易造成导入环节脱离主题,要有明确的学习目的,能够正确地定向学习活动。具体表现在:教师在引导之初是否点题,是否引导学生明确了学习目的等。

(5)态度情感:导入环节要体现教师与学生积极向上的情感态度。主要表现在:学习的精神是否饱满,感情是否充沛,表情是否丰富,态度是否积极,对新知识是否充满好奇和渴望等。

(6)时间把握:根据导入设计的简洁性原则,导入的时间要紧凑合理,内容短小精悍,避免影响教学效果。

2. 评价量表

导入技能的评价量表如表 6.5 所示。

表 6.5　导入技能的评价量表

序号	评价要点	评价项目	标准等级				权重
			好	较好	尚可	较差	
1	引起注意	导入带有强烈的冲击力和感染力					0.2
		导入自然合理,使学生短时间内迅速集中到学习刺激上					
2	激发兴趣	教师语言和行动诙谐有趣,具有感染力					0.3
		学生积极观察,主动参与师生互动					
		学生带有强烈的求知欲望					
3	主题衔接	贴近学生真实生活,并与学习内容紧密相关					0.2
		为学习新知识进行了铺垫,并自然流畅的转换到新内容学习上					
4	学习目的	教师直接点题					0.1
		教师引导学生明确学习目的					
5	态度情感	学习精神饱满,感情充沛,表情丰富,态度积极,对新知识充满好奇和渴望					0.1
6	时间把握	时间安排紧凑,内容短小精悍					0.1

整体评价和建议:

思考与讨论题

1. 导入技能的概念是什么?
2. 导入技能在教学中的有什么功能与作用?
3. 经验式导入应该如何应用?
4. 设疑式导入应该如何创设悬念?
5. 故事式导入如何选材?
6. 导入技能的应用原则和要点有哪些?

6.4　提问技能

本节学习目标:

通过本节学习,了解微格课堂提问技能的概念、类型及作用,熟练掌握问题设计与提问的方式,掌握教师应答的方式,并能应用提问技能进行课堂教学。

本节要点:

> ➢ 提问技能的概念
> ➢ 提问技能的作用和类型
> ➢ 问题的设计与提问的方式
> ➢ 教师应答的方式

在教学中,提问是教师在课堂教学中应用最为广泛的教学行为和手段,是教师教学能力和教学技能的集中反映,直接影响着教师的教学质量。一个设计充分,时机合理的提问对学生掌握教学内容将起到非常重要的作用,而有效地应答和反馈也将鼓励和帮助学生形成更完整的理解。

6.4.1 提问技能的概念

提问技能是教师运用提出问题和做出反馈的方式,通过师生间的相互作用,以促进学生参与学习,运用知识,了解他们的学习状态,启发思维,使学生理解和掌握知识、发展能力的一类教学行为方式。课堂提问不单单是一个技能,更是教师教学能力和智慧的集中体现。

提问技能常常设计与提出一些影响学生认知能力的问题唤起学生自觉的学习活动并给这种学习活动制订方向,使之持续深入地发展下去,课堂教学中的提问是一项重要的也是比较复杂的教学技能,被广泛用于整个教学活动的过程中,成为联系师生思维活动的纽带。

6.4.2 提问技能的作用

1. 引起有意注意

提问技能运用在新课开始或更换教学内容环节时,往往能起到引起注意的作用。以教师科学提问,学生有效回答为形式的课堂提问,能不断地引起学生的注意,造成学生一定的心理紧张,使他们积极参与到课程中来。通过提问可以给学生以外部刺激,防止注意力的分散,学生要对所提问题做出恰当合理的回答,就必须跟随课堂的思路走,并对所提出的问题进行紧张积极地分析和思考,这样可以使学生自然地产生一种紧迫感,从而督促和激励他们保持对所学内容的高度注意。实践证明,通过课堂提问引起学生的注意,让学生积极参与教学活动,所学知识比由教师对学生单向传递信息所获得的知识的印象要深刻和有效得多,对于教师有效地组织和开展教学也有其独特的意义和价值。

如讲授高中物理"牛顿第一定律"这一章节时,教师提问:在一做水平匀速运动的列车上,车厢里有人竖直向上跳起,落下时是否仍在原处?这类问题不一定要学生马上得出答案,而是通过提问使全班学生的注意力集中在这一个教学要点上,并使学生对此感兴趣,急于想了解其内容。

2. 激发学习动机

布鲁纳认为,学生的学习除了受一些生理的内驱力驱动之外,更重要的是受认知需求的驱使。兴趣是最好的老师,教学最大的成功是学生乐学。由于学生不能根据现实的愿望和需求去选择学习内容,所以学生对知识的需求常处于一种潜伏状态。如何把这种潜伏状态转化为对学习起实际促进作用的活动状态,这就需要教师不断采取措施进行激发,课堂提问就是有效的措施之一。

课堂提问能激发学生的好奇心,从而引起学生的学习兴趣和动机,激发他们对事物的认识欲望和探究激情。一个有意义的问题能够激发学生的学习动机促使他们积极思考,努力探求问题的正确答案,以体现他们对未知世界的探索和追求。在对教师提出问题思考和探索的过程中,他们会充分调动和运用自己的聪明才智,激发自己的创造潜能,从而获得对问题的深刻理解和认识。

3. 引导内容理解

课堂提问的恰当运用,有利于引导学生分析教学内容中的重点信息和材料,促进他们对教学内容充分理解。教师通过分析教材,从简到繁,由提出问题到解决问题,适当运用提问技巧,针对学生理解有困难和课程重点的内容,引导学生分析那些对教学内容整体起关键作用的材料和信息,帮助学生认识整体,从而串起教学内容,使学生能够产生对教学内容的整体理解和认识。

4. 促进互动交流

传统课堂教学中,往往采取教师讲、学生听的单向知识传输模式,教学中的信息不容易在课堂中表达出来并得到有效反馈,不利于师生的交流互动。课堂提问可以通过教师提问、学生回答的方式,使学生可以参与到教学过程中来,强化学习效果。师生双方都能接收到来自对方的反馈信息,从而加强双方的互动交流,活跃了课堂气氛,有助于形成良好的师生关系。

5. 培养批判思维

产生疑问是发展批判性思维能力的第一步,没有疑问,就不会思考,没有智力的发展和能力的培养,也就没有创造力的养成。传统教学条件下,学生听课多用听觉和视觉,很少去思考问题,这对思维能力的发展是非常不利的。出色的提问可以引导学生去探索所要达到目标的途径,获得知识和智慧,养成善于思考,敢于批判的习惯和能力。

6. 训练语言表达

提问往往以问答的形式出现,在一问一答的过程中,蕴含着大量进行口语交际训练的材料和因素,能提高学生的语言表达能力。教师根据学生在语言表达和交流中存在的问题,有意识地鼓励、提示、纠正和完善学生的回答,不仅能够起到传授知识、启发思维的作用,而且能够在完成其他教学任务的同时自然而然地训练学生的语言表达能力。

7. 获得教学反馈

学科知识通常是前后联系的,许多新知识是建立在旧知识基础上的,教师在讲述新知识时,可以通过适当提问,让学生共同来回忆、复习旧知识,并在此基础上引出新的概念和规律,检查知识,及时了解学生的学习情况,获得改进教学的反馈信息。

6.4.3 提问技能的类型

提问技能按教学顺序结构可以分为引入性问题、启发性问题、巩固性问题,按教学目标的认知领域目标可以分为知识性提问、领会性提问、应用性提问、分析性提问、综合性提问和评价性提问。按提问内容可以分为目的性问题、理解性问题、分析性问题、综合性问题等。

此节中将提问技能的类型按认知领域目标的不同层次进行分类。在教学中,根据教学目标,有的内容需要学生记忆,有的需要理解,有的需要分析和综合。根据布鲁姆的观点,教学目标分为认知、情感和动作三个领域,每个领域的目标又是由低到高分成若干层次,认知领域的目标包括知识、领会、应用、分析、综合和评价六级水平。因此根据教学内容设计和学生的思维水平,要求教学中所提的问题应包括多种类型。

1. 知识性提问

知识性目标是指对先前学习材料的记忆,包括对具体事实、方法、过程、概念和原理的回忆,这是最低水平的认知学习结果,即回答是什么这一层次的问题所涉及的是具体知识还是抽象知识的辨认,用一种非常接近于学生当初遇到的某种观念和现象时的形式,回想起这种观念或现象。常用提问的关键词包括"回忆""记忆""识别""列表""定义""陈述""呈现"等。知识性提问一般有三种:

一是判别式的提问。即要求学生回答是或否,对与不对等,要求学生对提问做快速反应,不需要进行深刻的思考,多是集体回答。如"水是由氢和氧两种元素组成的吗""大气压强来源于大气吗""浮力和压力是一个概念吗""杜甫是唐代人吗"等。

二是回忆式的提问。要求学生回忆旧知识,解释词语、术语,回忆已学过的事实、概念、定义等。如"当汽车向右拐的时候,坐在汽车上你会向哪边倒"这种问题是要求对单词、词组或系列句子的回忆提问。再如"诗歌创作的关键是什么""什么是诗歌的意境"等。这类问题要求学生回忆已学过的事实、概念等。这种由一个单词到包含系列句子的具有一定思想的回忆提问,是向较高级理解提问的过渡。

三是要求找寻式的提问。字词、系列语句等相关知识的提问,所回答的内容一般是直接能找到的原文原句。在这类提问中,教师常用到的关键词是"谁""什么是""哪里""什么时候"等。如"人民陪审员的工作职责是什么""谁在文中发现了地下的宝藏"等。

知识性提问的答案单一,但对于督促学生掌握基础知识和技能是必不可少的。

如在《燕子》一课中,正确理解课文中为什么使用"落"和"痕"这两个字是一个教学难点。一位教师在教学中运用回忆式的提问:"在《幸福的回忆》中,有一句话'在场的人听了都笑了起来,让开了一条缝。'句中哪一个字用得比较好?'缝'我们一般会写什么?'路'。缝和路相比为何好?缝字贴切地表明当时的人很多,表达了人们对邓小平爷爷的热爱之情。"然后出示本课句子填空"有几对燕子飞倦了,( )在电线上。"多数填停。问与原文比较哪句好,好在哪里?讨论后得出结论:"落"字写出了燕子疲倦后去停的样子,比"停"恰当。

但简单的判别式提问容易限制学生独立思考的能力,没有给他们表达自己思想的机会,课堂看上去很活跃,实际上学生没有动脑,有口无心。因此,教师在课堂上不应过多地把提问局限在这一等级上,而是应有所节制。一般在课的开始,或对某一问题的论证初期,使学生回忆所学过的概念或事实等,为学习新知识提供材料的时候可以采用。

2. 理解性提问

这里所指的理解是指把握所学材料的意义,是指对事物的理解,但不要求深刻的理解,而是初步的,甚至可能是肤浅的。这种认知目标代表最低水平的理解,其包括转化、解释、推断等。理解性提问是考查学生对概念、规律的理解,让学生进行知识的总结、比较和证明某个观点。理解性提问一般包括三种:

一是一般理解提问,要求学生用自己的话对事实、事件等进行描述,以便了解学生对问题是否理解。例如"你能叙述光合作用的过程吗""你能用自己的话再复述一个故事情节吗""你能用自己的语言来说清楚什么是惯性吗"等。

二是深入理解提问,要求学生用自己的话概括段意、中心思想等,以了解学生是否抓住了问题的实质。如让学生用自己的话讲述问题的中心和关键,以便了解其是否抓住了问题的实质。如"《荔枝蜜》一文是按作者对蜜蜂怎样的感情变化来组织材料的"等。

三是对比理解提问,要求学生对事件、人物、语言表达方式等进行对比,区别其本质的不同,以达到深入的理解。如"检察院和法院的区别和联系是什么",再如,在《故乡》一文教学中,可以通过提问让学生比较少年闰土与中年闰土的语言、外貌有什么不同,让学生理解个性化语言对表现人物性格的作用。一般来说,理解提问多用于新学知识和技能的检查,了解学生是否理解某一项教学内容。学生要回答这类问题,必须调动已有的知识和经验,对新学内容进行重新组合。在这类提问中,教师常用的关键词是"用自己的话进行叙述""比较""对照"和"解释"等。

3. 应用性提问

认知的应用性目标是对所学习的概念、法则、原理的运用。它要求在没有说明问题解决模式的情况下,学会正确地把抽象概念运用于适当的情况。这里的应用是初步的直接应用,而不是全面地、通过分析综合地运用知识,代表较高水平的理解。

应用性提问主要是考查学生对所学习的概念、法则、原理的运用,让学生运用新获得的知识或旧知识来解决新问题,如语文教学中让学生运用有关的语法知识、修辞知识等来分析文章的有关段落、语句,或是运用构词的知识来解释新的语句等。如"用法律条款解释为什么应该执行疑罪从无的原则""用惯性来解释为什么汽车开动时,人会往后倒"等。学生必须将所学材料应用于新的情景之中,许多数学问题和理科的概念教学也经常用到这类提问。如概念外延的界定,各类定理、法则的运用,各类专业方法的实施等。在这类提问中,教师常用的关键语是"应用""运用""分类""举例"等。如生物教学中的问题"用根毛吸水的原理说明盐碱地为什么不利于植物的生长",化学教学中的问题"中和反应 pH 值的测定在农业生产和科学研究中应用如何"等。

4. 分析性提问

认知的分析性目标是将整体材料分解成若干构成要素,是学生高效理解其组织结构及相互关系,能进行关系的分析并阐明基本理论和基本原理。分析性提问要求学生把整体分解成各个部分、各个方面,找出其间的相互关系,主要是让学生透彻地分析和理解,并能利用这些知识来对自己的观点进行辩护。如"为什么会发生类似余祥林那样的冤假错案""为什么说光电效应说明光具有粒子性"。学生要回答这一类型的提问,仅靠阅读课文或是记住教师所提供的材料是无法回答的。这就要求学生能组织自己的思想,寻找根据,进行解释或鉴别,进行较高级的思维活动。这类提问中,教师常用的关键词是"为什么""什么因素""得出什么结论""证明""分析"等。提问需要学生从作品中识别作者的意图、观点、态度,如"家鸽的结构是如何与它飞翔生活相适应的""《小橘灯》一课中明明写的是一个七八岁的小姑娘,作者却为什么用小橘灯作标题""森林对人类有什么意义""森林和人类的关系""价值规律发生作用的表现形式是什么""为什么一片薄铁皮会在水中沉下去,而钢铁制成的轮船却会浮在水面上"等,这些问题要求学生对已有材料进行分析,并从分析中得出结论。

所有的高级认知提问不具有现成的答案,这就要求学生能组织自己的思想,寻找根据,进行解释和鉴别,进行较高级的思维活动。对分析提问如何回答,教师要不断地给予指导、提示与帮助。教师除鼓励学生回答之外,还必须不断地给予提示和探询。学生回答后,教师要针对回答进行分析和总结,以使学生获得对问题的清晰理解。

5. 综合性提问

综合性认知目标是以分析为基础,全面加工已分解的各要素,并再次把它们按要求重新地组合成整体,将所学的零碎知识整合为知识系统,以便综合地创造性地解决问题。它涉及具有特色的表达,制订合理的计划和可实施的步骤,根据基本材料推出某种规律等活动。它强调特性与首创性,是高层次的要求。常用关键词有"预见""写出""如果……会……""总结""组成""建立""设计""开发""计划""支持""系统化"等。综合性问题是能使学生系统地分析和解决某些有联系的知识点集合。如"什么情况下法律会不公平""如果物体间没有摩擦力,世界将会怎样"等。这类提问可以用来帮助学生将所学知识以另一种新的或有创造性的方式组合起来,形成一种新的关系,常用于发展学生的创造能力,它所考查的是学生对某一课题或内容的整体性理解,要求学生能进行预见,创造性地解决问题。

综合性提问的作用是激发学生的想象力和创造力,是以学生的认知经验、智慧技能为基础的,更能体现个人认知策略的风格性。如以下案例,就在教学情境中设计了一系列的问题,最后通过一个综合性的问题结尾,学生要完成这个问题必须在头脑中把事物的各个部分、各个方面、各种特征结合起来思考并回答。

师:时间差不多了,课后再好好读读。作者写的对象是安塞腰鼓,总结一下,它有什么特点?(板书:安塞腰鼓)

师生一起说"热烈的,壮观的"。

师:表达形式带有强烈的感情色彩。大家看看作者是什么地方的人?

生:(齐)黄土高原。

(板书:黄土高原)

师:一方水土养一方人,一方水土养育一方文化。作家是生长在那里的。如果换作我就写不来。西北作家写自己的家乡,充满了感情,所以用了(指着板书,师生一起说)"排比、比喻、反复、对比、感叹",把对家乡的热爱之情传递出来。

大家理解了他所写的,说明他的传递是成功的。如果让你写西湖,你能写出什么感受来。

(选自:郑桂华.听郑桂华老师讲课.上海:华东师范大学出版社,2007:14)

6. 评价性提问

认知的评价性目标是认知领域里教育目标的最高层次,这个层次的要求不是凭借直观的感受或观察的现象做出评判,而是理性、深刻地对事物本质的价值做出有说服力的判断,它综合内在与外在的资料、信息,做出符合客观事实的推断,对材料内在的标准或外在的标准进行价值判断。评价性提问是指可以帮助学生根据一定的标准来判断材料的价值。它要求学生对一些观念、价值观、问题的解决办法或伦理行为进行判断和选择,也要求学生能提出自己的见解。在这类提问中,教师常用的关键词是"判断""评价""证明""你对……有什么看法"等。

如"余祥林冤假错案被曝光是好事还是坏事,为什么?""爱因斯坦相对论的科学价值是什么?""你如何看待柏拉图的《理想国》中的教育观点?""柏拉图在书中营造的理想国的状态是否可能实现?""提公因式和分组分解的使用范围是什么?""哪种因式分解更有用?"等,这是最高水平的认知学习结果。评价性提问需要运用智慧技能和认知策略来进行回答,回答这类问题须先设定标准和价值观念,要求学生分析其理由是否充分,结论是否准确,对答案进行分析综合,据此对事物进行评价判断或选择。评价性问题包括概念的评价、方法和技能的评价、原理的评价等,还可以对有争议的问题提出看法,评价各种观点、思想的价值。

如特级老师孙双金在教授《落花生》一课时,就运用了评价性的提问。在学生明白了文中父亲是要我做落花生那样的人后,提出问题:落花生和苹果、石榴两者只能择其一,你想做什么?学生分成苹果、石榴方和落花生方意见相左的两派,对父亲的观点进行实话实说的评论。

(选自:孙双金,周一贯.《落花生》教学设计.小学语文教师,2001(10):11)

在教学中应该鼓励学生进行判断和给出判断的理由,这样做会使他们回答问题的理由十分明晰。如"你认为……为什么""你同意……为什么""你相信……你觉得……你喜欢……为什么""你认为民间音乐好还是宫廷音乐好,为什么""你喜欢古诗词还是现代诗词,为什么"等。

这六种类型的提问中,知识性提问、理解性提问和应用性提问这三类是属于低层次的认知问题,它一般有直接的、明确的、无歧义的答案,主要用于检查学生对知识的掌握程度。学生用所记忆和学习的知识照原样回答即可,不需要更深入的思考。教师判断学生的回答也较容易,只需判断正确或错误即可,故也被称为初级认知提问。而分析提问、综合提问和评价提问,是在学生内心引起新知识的问题。学生需要在原有知识的基础上,对所学对象进行分析、综合、概括等组织加工,才能得出正确的答案。教师判断时,主要根据提问的意图来判断答案是否有道理,有无独创,或者在几个答案中比较哪一个更好些,通常没有唯一的正确答案,从不同的角度有不同的回答。这类提问一般被称为高级认知提问。

在课堂教学中应根据教学内容和教学对象有层次地进行设计,不能仅仅局限于初级认知的问题,在适当的时机,高级认知问题更能够激发学生的思维,培养学生的批判性思维能力、创新能力、自我观念和评价体系。

6.4.4 提问技能的应用原则

1. 针对性原则

要设计针对学生年龄和个人能力特征的差异化问题,使多数学生有机会参加回答,使不同层次的学生都能通过问答得到发展。若提出的问题低于或高于学生的思维水平,学生就很难进行积极的思维活动。对不同学生设置的问题都应该在他的最近发展区之内,使其稍做努力就能获得答案。因此,教师在备课时,不仅要备好教材、教法,也要备好学生。要针对学生的具体情况出发,否则学生把握不了内容的重点和难点,容易挫伤他们的学习积极性,起不到激发学生思维的作用。

2. 启发性原则

启发性原则是指教师在提问设计和实施的过程中要能够激发学生的思维,启发学生去思考、探索和发现。教师可以通过创设问题情境、课件演示、回忆已有知识、观察现象、出示练习题等方式提供思维加工的原料,再用准确、清晰、简明的语言进行提问,充分发挥和调动学生的主观能动作用。教师要善于把教学内容本身的矛盾与学生已有的知识、经验间的矛盾作为设计问题的突破口,启发学生去探究为什么,把学生的认识逐步引向深化。同时,可以通过提出高级认知问题,引导学生从不同角度联想所学知识,寻找多种解答途径,有利于学生深刻地理解知识,准确地掌握和灵活地运用知识。在课堂中不仅要启发学生提问,而且要启发学生驳问。美国布巴鲁克说,"最精湛的教学艺术遵循的最高标准是让学生自己提出问题"。爱因斯坦也曾说过,"提出一个问题往往比解决一个问题更重要"。提倡驳问,就是培养学生批判思维能力,培养学生创造精神。如学习"南辕北辙"这个成语时有一段话:"楚国在南边,他偏要往北跑,谁都知道他的马跑得越快,车夫的本领越大,盘缠带得越多,他离楚国也就越远。"可是有学生说书上说得不正确,地球是圆的,只要沿着一个方向一直跑,最终是能跑回楚国的。对于此种驳问,教师应对学生进行鼓励,如果时间允许的话还可以抓住这个问题组织大家进行讨论,引起了大家的兴趣,同时也充分锻炼了学生的思维能力。

3. 重点性原则

提问的重点要将问题集中在那些牵一发而动全身的关键点上来,问在最需要、最值得问的地方,以突出重点,攻克难点。提问是非常需要时间的过程,需要经过教师提问、等待回答、学生回答、教师追问或评价的一系列过程。因此,提问需当问才问,要抓住教学重点,不在枝节上花太多时间;抓住问题的难点,有的放矢地帮助学生突破难点;抓住学生认识模糊易遗漏的地方,抓住关键词和抓住主要矛盾为突破口设计问题,才能有效地帮助学生将片面的、孤立的认识转化为全面的、辩证的认知结构。

一个提问,如果班上有半数左右是经过思考之后能回答,而且基本能回答正确,那么,提问的难度和效度就能被接受。如果一问三不知或三答无一对,则无信效度可言。课堂提问要避免两种倾向,一是问题过大、过深、过难。如"杜甫的作品与李白的作品在思想内容上有何区别,各有什么特色"这种题目,并非三言两语可以回答,可以考虑在课后深入思考或专门开展讨论。另一种是问题过小、过浅、过易。如"作者是谁"或多次提问"是不是,对不对"等问题,这种纯记忆的问题思考价值不大,在课堂上要少用慎用,虽看似热闹,但不助于学生思维能力的训练。

4. 系统性原则

系统是指问题不是各个孤立的,彼此之间应显示难易深浅的梯度和内在联系。人的认识活动具有一定的系统性,是由表及里、由浅入深、由具体到抽象、由感性到理性,逐步深化,循序渐进的过程。因此,提问也要有系统有层次地进行,要紧扣教材重点、难点和关键点,分析教材内容的内在联系、逻辑顺序和学生已有的知识、能力,按照由具体到抽象、由感性到理性的认识规律,由易到难,循序渐进地设计一系列问题,使学生的认识逐渐深入、提高。如在设计每课开头的几个问题时,不可太难,如果学生开头几题答不出来,容易失去信心。

如《捕蛇者说》的讲解过程中可以设计三个层次的问题:一是"既然永州的蛇奇毒无比,永州人为何还争相捕蛇";二是"蒋氏捕蛇,三代遭难,为何还不愿更役,复赋";三是从"永州捕蛇人民的悲惨生活中可以看到当时怎样的社会现实"。这三个问题能使学生层层深入地理解课文内容,从而得出赋敛之毒有甚于蛇者的结论。这样的问题就像是一个链条,每个问题都是其中一环,它承前启后,环环相扣,能有效地训练学生思维的系统性。

5. 全面性原则

全面性原则是指提问要面向全体学生。如果提问只针对部分学生,则会让其他学生产生事不关己的想法,把自己看成是局外人,这样实际上是让多数学生机械地接受(有时甚至不接受)他人现成的思维成果,与教师满堂灌无实质性差异。教学不能只看形式上的有问有答,重要是要看实效,即看学生的思维是否处于积极活动的状态。所以,课堂提问要注意辐射面,既抓点又顾及面,既要让成绩好的同学发言,又要让成绩一般和差的学生发言,以点带面,充分调动各类学生思考的积极性。一是可以设计不同难易程度的问题。利用问题的系统性由简到繁、由易到难设计台阶式的问题,使学习比较困难的学生当堂能积极思考,给他们攀登的勇气,使学有余力的学生也能够面对更高的挑战。二是可以变换训练的方式。不能总是教师提问,学生举手回答。可以指答、齐答、轮答、重复答、跳答,采用多种训练方式,使全体学生的脑子都转起来,以培养和训练其思维能力。三是教师应该做好提问中的评价工作。低层次的问题首先要确定学生回答得对不对、好不好,高层次的问题应着重于分析其回答的合理性与不合理的因素,让学生既知其然,也知其所以然。最后注意无论是赞赏还是批评,都应该对事不对人。

6. 目标性原则

目标性原则是指提问设计要目标明确,内涵清楚。设计教案时,应该与教学目标紧密结合,根据本节课的重难点,设计关键性的提问。根据课堂教学的需要,可设计目标明确的提问,如课堂组织的定向性提问、了解学情的摸底式提问、学习方法的指导性提问、知识理解的启发式提问、触类旁通的发散式提问、归纳总结的聚敛式提问、温故知新的复习式提问。要使学生准确回答，教师提问须有明确的未知内涵，教师应根据自己的提问意图，对提问的题干做出严格的限制，把答案界定在基本可控的范围之内。否则，教师的提问虽有目的，但学生不理解提问的目的，回答也就会模糊不清。

6.4.5 提问技能的应用要点

1. 框架完整

问题框架完整连续是指教师根据教材内容和学生认知实际，以提问的方式，将与实现教学目标有关的问题，排列成一个由浅入深、由易到难的系列或是发现问题、解决问题的过程，从而给学生提供一个连续思考的问题框架。为了完成这一问题框架，教师必须提供一些特殊的信息（如资料、方法等），还可以借助板书等方式，帮助学生对提问做出适当反应，形成系统的、全面的认识。

2. 措辞清晰

问题表述的语言要准确、明白、简洁。一是提问的语速应根据问题难易程度有所变化。容易作答的提问可以用较快的速度叙述。难于作答的提问，除了提问后应有较长时间的停顿外，还应仔细缓慢地叙述，以使学生对问题有清晰的印象。二是要清楚学生中究竟存在哪些问题，课文中哪些地方应当设疑。问题抓得准、摸得透，才能做到有的放矢、切中要害。三是问题表述要明确，让学生明确思维定向。有时问题抓得准，但文字表述上有毛病，学生听不明白，因而无从思考，失去目的性而造成乱猜，浪费时间。四是措辞要简洁。问题的文字表述要简洁，要使问题表述清晰，意思连贯，措辞恰当，概念准确。

3. 指向明确

一方面教师要确定回答问题范围的大小。回答范围大的问题，可以让大多数学生参与，回答范围小的问题，指向性强，能够有效地引入一个课题或帮助学生回忆。另一方面，一个问题中所包含的任务数量不能太多，问题的中心要突出，使学生能集中精力，全力以赴地完成这一任务。为了突出问题的中心，集中力量解决问题，可以化整为零，分几步走，使绝大多数学生能参与讨论。

4. 提示恰当

教师提出难度较大的问题之后，或者当学生的回答与教师所期望的回答有一定距离时，教师往往要对学生的情况进行探查，以帮助学生对所提的问题形成合适的答案。学生初次回答问题，往往不够全面、不够准确，甚至出现错误，这时就需要教师纠正；在讨论问题时，需要教师用适当的策略引导讨论方向，保持学习顺利进行。提示是由为帮助学生完善答案而给出的一系列暗示所组成的。提示的目的主要是使学生的回答有重点，指示问题的方向和帮助表达困难的学生。探查提示的主要策略有澄清、支持、准确、复杂等。

5. 分布合理

分布是指在提问对象上的分布和在时间上的分布。在提问对象上，为了使尽可能多的学生参与教学活动，教师应该有意识地将问题指向全体学生，以此来鼓励所有学生，使他们感到回答问题人人有责，而不仅仅只是几个特殊学生的事。教师应合理分配问题，使各种程度的学生都能参与，从而诊断出共同存在的问题，还可以查明某个学生学习的困难，调动每一位学生的学习积极性。尤其对那些不善发言的学生，强迫性的提问也是适当的。同时也可以借助提问,查明学生回答问题积极性不高的原因。任何一个班级,因基础、理解能力、表达能力、性格等不同,对教师提问的响应程度和答案的正确程度亦不同。在提问时机上,要分布合理,不要一开始连问多个问题,也不要一堂课几乎一个问题都不问。应该有针对性地根据课程内容的进展和难易程度的不同,开展不同形式的提问,达到激发学生注意力,促进学生思考和理解内容等目的。

6. 适当停顿

教师提问后需要根据问题的难易程度进行停顿,停顿的时间应根据问题的难度有所不同。停顿的过程中环顾全体学生,观察他们的反应。这些反应一般都是非语言的身体动作或情绪反应,而这些反应对教师下一步教学行为具有积极导向作用。停顿同样也给学生提供了一定的信息。停顿时间短,说明问题简单,要求做出快速回答;停顿时间长,表明问题比较复杂,要求认真、全面思考。在进行提问时,除把握好提问时机外,提问过程中和提出问题后,也应有必要的停顿。前者使学生做好接受问题与回答问题的思维准备,后者便于学生对问题进行思考。停顿对于教师和学生都有一定的意义。老师不能一提出问题立刻点名,一个学生回答不出来,来不及思考就立即点另外一个学生,还有的是先点名后提问,这样做都容易造成学生心情紧张,久而久之,对学生都造成了一种害怕提问的心理。停顿应分两个层次,一是当教师提出问题后,应该等待足够的时间,而不能马上指定学生回答问题。二是当一个学生回答之后,教师也要停顿一段时间,才能评价学生的答案或提出下一个问题。

7. 反馈及时

反馈是指教师对学生回答的反应。要对学生的回答做出正确的反馈,教师就必须对学生的回答进行正确的分析。分析学生的回答包括以下几种情况:一是分析学生回答的正确程度。学生的回答可能是完全正确、基本正确、完全错误、答非所问、文不对题、回答与预想的答案有距离、回答超前、学生对提问没有反应等。二是分析学生回答的思路和误答的原因。不管学生的回答正确与否,都应重视对学生思路的分析。对于误答,要清楚学生在思考过程中,什么地方偏离了正确的方向,以致离开了预想的答案。还要分析偏离的原因,忽略了某些内容、对某些内容理解不了、没有听讲、没有清晰题意、判断推理过程出错等。只有找到原因,才会有相应的解决措施。三是分析个别学生的回答和多数学生的理解是什么关系。个别学生回答得好,其他学生的理解是否也达到了一致。个别学生的回答存在问题,是否是全班同学存在的问题。做出以上分析判断后,教师应立即做出反应,是对学生回答做出评价或是对问题本身做出调整。反应的方式有重复学生的回答内容、对学生的回答加以转化、对回答做概括、对回答做进一步扩展、对学生的思路做分析、对回答方法做出确认等。即使回答完全错误,也要注意发现其中的积极因素,给学生以某一方面某种程度的肯定,教师在反馈评价中的热情和公正,是使讨论深入进行下去的重要保证。

6.4.6 提问技能的实施步骤

提问过程是指教师提出问题,指导学生解答问题,并使之掌握知识、提高能力的活动过程。提问技能实施过程主要有:

1. 拟题阶段

拟题是为提问而做的准备工作,它是提问成功的重要条件之一。教师在此阶段要根据教学目标、教学内容和学生情况等精心设计问题内容和提出的时机。

2. 引入阶段

教师通过必要的语言和动作表情来表示即将提出的问题,以使学生对提问做好心理准备。如"请同学们思考这样的一个问题""下面这个问题可有一定的难度,请大家仔细听好题目"等用语。

3. 陈述阶段

陈述所提的问题,并做好必要的说明。表述问题应该清晰准确,对问题中的某些概念进行解释,或给予适当的提示。在此阶段要注意先提后问、时机得当、表达清晰、选准对象等问题。问题的措辞应该要适应学生的理解水平,字面的意义应该与表述意义完全一致。句子不宜太长,切忌背景的大篇陈述或问题的指向含糊不清。重点内容应通过改变语速、音量、重音或重复等方式加以强调。

4. 探查指引

教师提出问题后,学生的回答可能存在两种困难情况,一是回答不准确,不完整,二是思维受阻,无法作答。前一种情况,教师往往要针对学生的回答,通过直接表述或者提出问题给予提示,帮助学生发现回答中的不足及其产生的原因,从而改进回答。第二种情况,教师往往要以有序的系列化问题,设置认知阶级,通过分解为一系列子问题来帮助学生发现困难所在,从而实现整个问题的解决。教师的这些行为都是提问技能中的探查指引,具体行为主要包括:

(1) 澄清:要求学生对初次的回答进行准确的概括,或者使答案意义更加简明。

(2) 支持:要求学生对初步的回答提供证据或举例说明他们的观点。

(3) 准确:要求学生注意初次回答中的错误,重新判断和组织一个答案,通常在教师指出回答的合理部分和错误并提供某些暗示后,要求学生再次来回答。

(4) 表态:在集体讨论中或针对已有的回答,给学生个人提供机会来表达他是否同意已发表的观点。

(5) 复杂:在学生回答正确的情况下,提出相关的更高层次的问题。

(6) 辅助:从较低认知的问题入手,逐步加深,通过问题系列以探查出学生在哪些层次的问题上思维受阻,针对问题加以指引和解决。

5. 听答阶段

教师要倾听学生答题,在学生回答有困难或不完全时,要以不同方式鼓励、启发学生。如督促学生完整地思考问题,点明关键,帮助学生快速做出反应,给学生铺设适当台阶,使其能答,当学生对题意不完全理解时,教师要复述问题或换一种方式陈述问题。

6. 评价阶段

教师在此阶段可以重复学生的答案,对学生回答中不足的地方进行追问,或请其他同学给予补充,或纠正错误的答案,给出正确的答案;可对学生的回答给予评价反应,视绝大多数同学的情况,如大家都非常充分地理解时可适当延伸。

6.4.7 提问技能的评价

1. 评价要点

(1) 问题设计

问题有明确的教学目的性,难易适中,能根据不同教学进程进行设计,问题之间有层次性。能启发学生进行思考,有助于培养学生的批判性思维能力和创新能力。

(2) 问题表达

问题能引发思考,表达清晰流畅。

(3) 问题呈现

问题呈现时机恰当,能给予学生思考时间,能面向全体学生进行提问。

(4) 提示与答问

对不同问题有不同的辅助回答策略。对学生回答的评价及确认方式合理,适时总结。

2. 评价量表

提问技能的评价量表如表 6.6 所示。

表 6.6 提问技能的评价量表

序号	评价要点	评价项目	标准等级				权重
			好	较好	尚可	较差	
1	问题设计	问题有明确的教学目的性,难易适中					0.15
2		能根据不同教学进程进行设计,问题之间有层次性					0.15
3	问题表达	能启发学生进行思考,有助于培养学生的批判性思维能力和创新能力					0.1
4		问题表达清晰流畅,条理清楚,层次分明,具有一定的逻辑性					0.1
5	问题呈现	问题能引发思考,表达清晰流畅					0.1
6		能给予学生思考时间					0.1
7		面向全体学生进行提问					0.1
8	提示与答问	对不同问题有不同的辅助回答策略					0.1
9		对学生回答的评价及确认方式合理,适时总结					0.1

整体评价与建议:

思考与讨论题

1. 提问技能的概念是什么?
2. 提问技能的主要类型有哪些?
3. 提问技能的应用要点有哪些?
4. 提问技能实施的主要流程是什么?

6.5 讲解技能

本节学习目标:

通过本节学习,了解讲解技能的概念、功能和作用,了解讲解技能的类型和设计原则,能够在训练中合理运用不同类型的讲解,掌握讲解技能的实施办法和评价。

本节要点:

> ➢ 讲解技能的概念与作用
> ➢ 讲解技能的类型
> ➢ 讲解技能的应用原则
> ➢ 讲解技能的实施过程

讲解在课堂教学中是应用最广泛、最主要的教学行为方式,也是最基本的教学技能之一。合理地应用讲解,不仅可以充分发挥教师在课堂中的主导作用,更使课堂教学省时省力,使学生在较短的时间内掌握较多的知识,形成较为系统的知识结构。

6.5.1 讲解技能的概念

讲解是指解说、解释与和解之意,也称为讲授,它是用语言传授知识的一种教学方式。在课堂教学中,教师利用语言对事物进行描述和分析,揭示事物的现象、发生、发展过程和内在规律,启发思维、交流思想和表达情感,其目的是使学生把握事物的内在联系和本质。

讲解技能又被称为讲授技能,是指教师运用语言及各种教学媒体,通过对教学内容进行分析、综合、抽象、概括、形成概念等方式,为学生呈现知识、经验及其形成的过程,引导学生理解教学内容,认识事物规律和掌握原理的一类教学行为方式。

课堂教学是一个复杂的活动,需要各种教学技能的有机构成。讲解技能作为基础性的教学技能,常与其他技能整合使用,教师在实际应用过程中要综合协调,逐步实现教学目标。

6.5.2 讲解技能的作用

讲解技能主要以语言讲述为主,注重知识内容的组织和程序的表达,说明和引导学生在新旧知识之间建立关联,启发学生形成新的认知结构体系,帮助学生掌握事物的实质和规律。一个精心组织的课堂讲解,可以帮助学生简单快速地掌握知识结构,积累间接经验,充分发挥教师的主导作用,调控整个学习过程。讲解技能的主要功能与作用体现在以下几个方面:

1. 高效传输知识内容,提高学习效率

讲解技能的首要作用是为学生传授知识,使学生在短时间内能够迅速准确地获得完整、系统的知识信息。课堂教学时间有限,学生所有的学习体验也因为各种原因,只能形成部分直接经验,而利用讲解技能,教师可以将事实性知识和程序性知识叙述、描绘、解释给学生,将概念性知识归纳演绎性讲解,使学生快速高效地掌握。

讲解技能可以有效控制利用,而且操作简单,学生在认知过程中可以减少盲目和误差,高效获得知识,使学习省心省力。讲解技能在教学中有独特的优点,它比其他教学技能更为突出,教师讲解的内容经过系统整理、去粗取精,不断地提炼和升华,使学生的学习事半功倍,大大提高了学习效率。

2. 培养学生的想象力,促进思维发展

教师通过讲解,精心组织语言,渗透自己对知识内容的认识和体会,这些生动和富有启发性的语言及自然而然流露出的个人情感不仅能牢牢地吸引学生的注意力,激发学习的兴趣,而且能够激起学生思考的涟漪,开阔视野,引导学生进入无限的想象空间,培养丰富的想象力,促进学生获得感性知识。

在感性认识的基础上，教师通过揭示蕴含在事物表征中的联系、本质和规律，进一步引导学生掌握科学的思维方式，使学生在学习过程中通过模仿逐步形成理性思维方法，掌握分析问题、解决问题的基本技能，促进思维的发展。

3. 发挥教师主导作用，调控教学过程

讲解技能可以充分发挥教师在课堂上的主导作用。教师运用讲解技能，可以在短时间内讲授大量的知识内容，并向学生传输间接经验，合理安排教学过程，引导学生沿着教师的设计意图进行思维活动，并逐步将思考过程和结果呈现给学生。

教师可以根据学生实际表现，调节讲解的步调和速度，指导学生在学习过程中保持正确的方向，使学生少走弯路，事半功倍，并指导学生学会正确的思维方法和学习方法，帮助学生学会如何正确对待生活必然会碰到的各种问题，充分体现主导作用。

4. 传递师生教学情感，加强感情联系

教学过程中，师生利用语言、表情、手势及问答等方式传递知识的同时，也传递着师生间的教学情感。教师在讲解过程中自然而然的感情流露，都会潜移默化地感染学生，这些情感的互动不仅可以促进课堂教学过程的和谐和平衡，也直接影响着教学目标的实现。

6.5.3 讲解技能的类型

讲解技能在课堂教学中能否应用成功，除了受到学生多方面的影响外，还会受到教师不同讲解方法的影响，每种讲解方法或类型都有不同的特点，讲解的类型划分标准也不尽相同。目前常见的讲解类型主要有：

1. 说明式讲解

说明式讲解又称为解释式、翻译式讲解，主要运用于陈述知识、交代意义、澄清概念、说明含义等。教师讲解需要用简洁严谨的语言，具体讲解事物、事理的含义和原因。根据讲解内容的不同，说明式又分为意义解释、结构程序说明及翻译性解释。

意义解释是指教师通过讲述，对学习内容的内涵、意义或价值、原因等进行讲解分析，将学生已知与未知联系起来。意义解释在课堂中使用非常普遍，例如，生物老师在讲解"寄生"时，这样进行描述："寄生是一种生物生活在另一种生物的体内或体表，并从其体内摄取营养来维持自身正常生命活动的营养方式。"化学老师在讲解丁达尔效应时，结合森林和电影院的丁达尔效应现象，解释了丁达尔效应的内涵："直径为 1~100 nm 的粒子对光线的散射作用，导致从入射光垂直的方向看能观察到一条光亮的通路，称为丁达尔效应。"

结构程序说明是指教师把学习内容的结构、程序用言简意赅的语言准确、严密、条理清晰地进行讲解，适用于程序性知识的讲解。例如，数学老师在解一次方程和不等式的步骤时，会对"去分母—去括号—移项变号"等过程准确地描述；化学老师在讲解水的分子结构时，会将水分子的化学结构式进行分解，对每一个分子组成进行说明；体育老师在讲解如何正确掌握跑步姿势时，使用的即是结构程序说明式讲解。

翻译性解释是指教师对文字内容逐字逐句地串讲。例如，语文老师在讲解《风景谈》一文时，结合提问技能对"猩红"一词进行了翻译性解释："在'茫茫一片''热空气在作哄哄的火响'，驼马枯骨发着'微小的白光'的'苍茫''寂静'的大沙漠中，打着'猩红'大旗的驼队'昂然高步'地走来，你能体会这里的特殊情感色彩和特定的美感含义吗？'猩红'在这个语境中，赋予'沙漠驼铃'这个画面、驼队这面大旗鲜活的亮与，与白骨形成对比；'猩红'不同于'鲜红'，它让人感到死寂中的生机和野性的生命力……"

说明式讲解是比较普遍的一种讲解方法，一般适用于初级的、具体的、事件性、陈述性的知识教学，例如课文背景讲解、人物介绍、概念说明等，而高级的、抽象的和复杂的知识，单纯使用说明式讲解难以收到良好的效果。

2. 描述式讲解

描述式讲解是指教师用比较生动、形象的语言，具体、鲜明、逼真地再现人、事和物的发生、发展、变化过程及其形象、结构和要素，使学生对所描述的事物和过程有一个完整清晰的印象，有一定的认识和了解。描述性讲解要求语言丰富带有感情色彩，只有生动有趣的语言描述，才能紧扣学生心弦，激发学生学习的兴趣。描述式讲解可分为结构要素性描述讲解、顺序性描述讲解、描绘式讲解等。

结构要素性描述是指教师着重揭示文章结构层次关系和文体要素间的关系，突出重点，抓住关键，运用生动形象的比喻和类比方法时突出重点进行讲解的方式。在语文教学中，老师采用结构要素性描述讲解对小说、故事等内容进行结构、情节发展、写作思路、人物发展变化的交代。例如，在讲解《赤壁赋》时，老师交代苏轼的写作背景："苏轼因乌台诗案被贬黄州期间，每次游览人们传说的古战场赤壁，都不免触景生情，发出惊世浩叹。由此，中国文学史上就增添了《前赤壁赋》《后赤壁赋》两篇精妙绝伦的散文。他写成《前赤壁赋》时，展纸挥毫写了一幅长卷，这幅长卷写得尤为成功。传到明代，董其昌拜观了真迹，十分倾倒，说苏轼的书法笔力欲透纸背，全用正笔中锋，每波划尽处，常有聚墨痕，如黍米珠。今天，让我们伴随著名播音员夏青的朗诵步入苏轼为我们构筑的文学和哲学的殿堂，领略苏轼那卓绝的雄风。"

顺序性描述是指教师按文章中事物在时间、空间上发生、发展变化的先后顺序有条理地向学生进行描述的方式，可分为顺叙、倒叙、插叙、补叙、平叙等。运用这种方法讲解要求语言通俗易懂，清晰明了，对过程的顺序和事物之间的联系做具体的交代。例如，老师在讲解光合作用时，就可以利用顺序性描述法根据时间、空间的发展顺序描述光合作用的发现过程："人们对光合作用的研究开始于17世纪。此后的几百年间，人们一直坚持不懈地进行研究。到18世纪80年代，美国科学家因其在研究光合作用方面的突出贡献，获得了诺贝尔奖，光合作用被称为地球上最重要的光化学反应……"

描绘式讲解在叙述的基础上增加了语言表演的成分，一般指教师用比较生动形象的语言，具体地、鲜明地、逼真地再现人物、事件、景物状态和情景等，着重事物的变化过程，使学生身临其境、如见其人，激发学生形象思维的发展，对抽象知识的传授有一定的缺陷，它要求条理清楚，语言丰富带有感情色彩，语调、语速随着内容的变化而变化，能扣动学生的心弦。例如，老师在教授高中语文《林黛玉进贾府》时，利用描绘式讲解向学生呈现了黛玉的人物形象："文中有三处描写黛玉的句子，首先是众人眼里的黛玉，然后是王熙凤眼中的黛玉，在经过两处铺垫之后，文中第三处借宝玉之眼浓墨重彩地描写黛玉。五个对偶句抓住林黛玉弱不禁风、多愁善感的性格特点，工笔细描，细致地表现了黛玉无与伦比的姿容、神韵和风采，绘出了一幅精美的风流俊逸的病美人图。这一形象只有宝玉的眼睛能看出来，其他任何人都是无法发现的。"

描述式讲解主要用于事实性的描述、概念的描述和结论的阐述，可以向学生提供大量材料，有利于学生形象思维的发展，但往往难以胜任抽象知识的描述，仅运用描述式讲解不易培养学生的逻辑思维能力。

3. 论说式讲解

论说式是指教师用富于逻辑性的语言根据教材中提供的已知材料进行摆事实、讲道理、论是非,运用推理合乎逻辑地推导出某个结论,从而判断真实性或虚拟性,使学生在接受知识的同时,明白或懂得一定的道理。如在讲解世界水资源数量时教师这样进行论述:"全球水圈总量约 13.86 亿立方千米,其中淡水 2.53%,淡水中能被人类利用的淡水资源约占全球淡水储量的 0.3%。如果我们把全球水圈总量比作是 1 桶水,那么淡水就是其中的 1 杯水,而可利用的淡水资源则是 1 杯水中的 1 小匙水。"数学老师在讲解"直线与平面平行的性质"一章时这样进行论说:"直线与平面平行的性质定理揭示了直线与平面平行中蕴含直线与直线平行。通过直线与平面平行可得到直线与直线平行。"语文老师在讲解《荷塘月色》时这样论述:"现实世界总有许多让人无奈之处,人类不仅在物质上需要大自然的哺育,在精神上也能从大自然中寻求到依托。当我们有困惑、有苦恼的时候,当我们感到身心疲惫的时候,去野外走走,去大自然中走走,不也能愉悦身心吗? 朱自清先生以洋洋笔墨、细细笔触和浓浓深情,向我们描绘了一个清静、自由的'荷月世界',一个美好的心灵家园。"

4. 证明式讲解

证明式讲解指教师为论述根据已知材料提炼出的某一思想观点、自然法则、思想情感的正确性,或者用事实、科学公理作为依据来证明某立论、法则、文化思想正确而采用的一种讲解方法。例如,语文课《春蚕》一文讲解时,老师说:"课文主要写母亲的养蚕过程,作者以'春蚕'为题是为了赞扬母亲勤劳无私的精神,就像唐朝诗人李商隐的两句诗'春蚕到死丝方尽,蜡炬成灰泪始干。'课文中的母亲也把一生奉献给了孩子,母亲不正是无私奉献的'春蚕'吗?"

5. 原理中心式讲解

原理中心式讲解又称为推理式,是以概念、规律、原理为中心内容的讲解,主要说明"为什么",属于讲解的高级形式。原理中心式多采用叙述加议论的表达方式,强调例证、论据及数据材料的组织,交替应用分析比较、归纳、演绎、类比、抽象、概括、综合等逻辑方法,并配合板书、提问等教学方法。

原理中心式可细分为概念中心和规律中心。概念中心例如,在信息技术课程教学中,老师利用概念中心式对输出设备进行讲解:"输出设备的特点——照相机是不是输出设备?——分析——结论——是";老师在讲解鱼的概念时,阐述鱼的特点——提问:鲸鱼是鱼吗?——分析:鲸用肺呼吸——结论:不是鱼。规律中心式例如,三角形的面积计算的教学中,老师建议学生用割补和拼接的方法将两个完全一样的三角形进行拼接,得到一个平等四边形,通过计算平行四边形的面积得出三角形的面积。

原理中心式讲解的本质是老师引导学生去论述和推理,一般适用于概念性、规则性、规律性知识的教学。

6. 问题中心式讲解

问题中心式讲解在课堂上为解答某个具体的问题而进行的启发性讲解,主要说明"怎么做",是高级的应用性讲解类型。它的一般模式是:引出问题—明确标准—选择方法—解决问题—得出结果,提示学生从已知材料与问题的关系中寻找解决问题的方法,通常配合提问、指点讨论等其他教学技能。例如,福建泉州第一中学叶其武老师在设计"能量守恒定律"时,提出问题:"在推导中我们以物体做自由落体和斜面小车为例进行的,上述两种运动有什么相同和不同之处? 从上述两种运动中,你能猜想一下:机械能在什么情况下守恒?"由此引导学生回答两种运动的本质,并分析机械守恒定律的条件;化学老师在讲解盐类的分解时,也以问题为中心开展教学:"通过实验,我们看到醋酸钠溶液是碱性的,但醋酸钠并不能电离出 OH 离子,为什么显碱性? 我们来全面分析,先看醋酸钠溶液中有几种离子? 它们是怎样产生的?"

问题中心式讲解适用于重难点内容、智慧技能以及认知策略等方法性、操作性、应用性知识的教学。

6.5.4 讲解技能的应用原则

合理有效地讲解可以帮助教师在短时间内面向学生传递大量的知识信息,充分发挥主导作用,同时教师的讲解注入了自己的情感和智慧,能够帮助学生快速理解学习内容。在课堂中,讲解技能要结合其他技能一起使用,遵循设计原则,才能取得最佳效果。

1. 结构性

老师在设计讲解技能时要紧紧围绕教学目标的要求和学生的特点,紧扣教材,明确讲解的结构,做到组织合理、条理清晰、逻辑严密、层次分明。没有明确讲解结构,随意地讲解易造成学生思维混乱,抓不住要领,从而难以形成正确的学习方法和思路。例如,语文老师在教《孔雀东南飞》时,设计了四个问题:"(1)兰芝是个好媳妇吗?(2)府吏为兰芝分辨的核心理由是什么?(3)阿母"大怒"的原因是什么?(4)府吏"还必相迎取"的诺言是真心的吗?能履行吗?四个问题串起文章,形成清晰的框架,使讲解更加富有条理性,从而引起学生的思维。

2. 启发性

讲解并不仅仅是老师的单一活动,必须结合提问、训练等方式,掌握学生的认知特征,引导学生主动学习。学生的认知是循序渐进的,讲解要从已知到未知,从感性到理性,为学生学习创设情意,设置引起学生思考的点,激起学生的情绪,引发学生的好奇心,激发学习兴趣,点出矛盾,调动思维的积极性。

教师可以通过健康向上的感情去感染学生,使学生从中受到鼓舞和鞭策,体验成功的快乐;也可以设置悬疑,以此作为启发学生的支点,造成思维上的悬念,激发学生解疑的动机和兴趣;也可以通过循循善诱,步步开发,组织学生经过研讨后,分组探究,培养创造性思维;此外教师还可以通过点拨法、对比和类比等方法暗示启发,引导正确的思维,以获得清晰的概念。例如,在讲解《孔乙己》一课时,语文老师问:"小说最后一句'大约孔乙己的确死了',作者这里用'大约''的确'两个自相矛盾的词,是疏忽还是另有深意?"通过问题启发同学开动脑筋,积极讨论与分析,以寻找正确的答案。

3. 连接性

在讲解中可以使用一些起连接作用的词或短语,以表述新旧知识之间的关系,或者利用案例将熟悉的经验与新的知识联系起来,要求案例与新内容之间具有实质性的非人为的逻辑关系。讲解过程中可以合理利用反复、语调变化和身体语言的变化来进行强调,引起学生注意新旧知识间的关联。

此外,在设计讲解时也要求讲解语言流畅、准确、明白,讲解内容有条理性,在讲解过程中要注意讲解时间的控制,给学生思考和理解的时间,重视学生的反馈,并根据实际应用过程及时调控,以获得最佳的讲解效果。

6.5.5 讲解技能的应用要点

1. 创设情境,激发兴趣

教师在课堂教学过程中,恰当地运用教学语言,清晰、准确、精炼、亲切地进行讲解,为学生创设自觉、愉快、主动的学习环境。特别是在开篇之初,教师通过声情并茂地讲解,可以为学生展示丰富的知识背景,激发学生的学习兴趣,引导学生进入学习情境。

2. 使用案例，分析透彻

教师在应用讲解技能时，通过使用恰当的例证，帮助学生将熟悉的经验与新知识之间建立联系，引导学生思维对话。在选择例证时，要求能够正确地反映教学内容中的概念原理，并符合学生认知的水平。在分析例证时，要注意分析透彻，引导学生举一反三，使学生通过启发思维，自主发现这些"联系"。

3. 张弛有度，步调协调

冗余单调地讲解容易引起学生的疲劳，影响教学效果，每次讲解的时间不宜太长，要根据材料和课堂节奏有密有疏，张弛有度，断续间隔，创造富有动态节奏的课堂气氛，使学生轻松、愉悦地度过一堂课，引导学生融会贯通，深入强化。并可恰当地进行强调，引起学生对重点内容的关注，引导学生有成效的学习。

4. 情感交流，灵活运用

教师在运用讲解技能的过程中，不仅要与学生进行知识交流，更通过讲解，与学生产生情感交融。教师在灵活运用讲解技巧的过程中，实际上也是学生的情感教育过程，通过教师讲解，学生思想上受到教育、心灵上受到净化，审美和兴趣爱好都得到了提高，对心理健康和审美能力的提升也有积极作用。教师在选择不同讲解的方法时要分析讲解内容和学生特征，运用合适的方法技巧，并配合其他技能同步使用。

6.5.6 讲解技能的评价

1. 评价要点

(1) 内容组织

所讲解的内容要观点科学，能够体现学科的认知规律和特点，符合学生的认知发展水平，在进行讲解的过程结合多媒体技术的直观支持，明确学生的思考方向。

(2) 主题衔接

讲解运用过程中要确定明确、具体的教学目标，并确定哪些是重难点，哪些需要详细或简略地进行讲解，所传授的知识信息要与课题内容密切相关，讲解时是注重启发性讲解，以激起学生学习的兴趣，引发思维的变革，正确引导学生将新旧知识建立连接。

(3) 讲解结构

讲解的结构是指教师在设计讲解过程时，对整个框架的总体安排。包括对教学任务的分解，明确每个子任务的目标，根据目标将讲解内容排成序列，并在讲解实施过程中正确清晰的表现这一序列。教师在讲解过程中要用词准确、语速适中、条理清晰、逻辑性强、详略得当，揭示本质。

(4) 情感态度

教师的讲解语言要富有感染力，能够激励与调动学生学习的积极性。在讲解过程中，教师不仅是知识内容的主导者，也是情感态度的表现者，学生通过教师生动有趣地讲解，产生情感互动，相互影响、相互反馈，强化情感交流，形成端正的价值观。

(5) 方法运用

教师在运用过程中，要恰当地使用例证或结合演示、类比等各种变化方法来进行知识讲解，引导学生对话交流，启发学生思维，选择讲解的示例和应用方法时，要综合考虑教学目标和实际课堂的需要，能够帮助学生深化、巩固所学的内容。

(6) 时间把握

讲解时间要控制合理，在课程教学初始阶段运用效果较其他时间段更佳，如果有长时间的讲解,可根据课程需要分成几段,并与其他教学技巧相配合使用。

2. 评价量表

讲解技能的评价量表如表 6.7 所示。

表 6.7 讲解技能的评价量表

序号	评价要点	评价项目	标准等级				权重
			好	较好	尚可	较差	
1	内容组织	观点科学					0.2
		符合认知发展水平					
		提供视、音频媒体直观支持					
2	主题衔接	目标明确					0.2
		具有启发性,激发学生思考					
3	讲解结构	用词准确,语速适中					0.2
		条理清晰,逻辑性强					
		突出重点,详略得当,揭示本质					
4	情感态度	讲解面向全体学生,注意与学生的态度情感					0.15
		讲解生动有趣,富有感染力,能够产生互动					
5	方法运用	善于运用分析比较、综合概括、逻辑推理等方法					0.15
		与其他教学技能配合使用					
6	时间把握	讲解时间控制恰当					0.1
		能将长讲解分解成小段					

整体评价与建议:

思考与讨论题

1. 什么是讲解技能?
2. 讲解技能在课堂教学中有哪些作用?
3. 讲解技能一般包括哪些类型?这些分类各有什么特征?
4. 在应用讲解技能时,要遵循哪些原则?
5. 在讲解技能应用过程中,容易出现在哪些问题?
6. 参照评价量表对下列示例中的讲解过程进行评价。

示例《荷塘月色》

我记得《中国青年报》曾经报道过:《我国 30 岁以下的教授已有 17 位》,开篇第一句是"目前,我国 30 岁以下的教授已有 30 位,这在过去是不可想象的。"我读了这则新闻,感到好笑,因为早在 75 年前的 1925 年，朱自清出任清华大学教授并任该校中文系主任时，年仅 27 岁！1928 年，朱自清出版的散文集《背影》，奠定了他作为杰出散文家的基础。1928 年、1931 年到 1932 年，他曾留学英国，回国后仍执教于清华大学。作为学者和教授的朱自清，他在古典文学、语文教育、语言学、文艺学、美学等学科领域都有着很深的造诣和建树，其中尤以古典文学和语文教育最为突出。

6.6 演示技能

本节学习目标：

通过本节学习，了解演示技能的概念和功能，掌握演示技能的不同类型特征和应用技巧并能够在演示技能训练时合理运用，能够对演示技能的应用做出合理评价。

本节要点：

- 演示技能的概念
- 演示技能的作用
- 演示技能的类型和特点
- 演示技能的实施步骤

演示是课堂教学的常用技能之一，教师在课堂中合理地运用演示技能，把直观的感性材料和实验过程等直接呈现给学生，使教师讲解和学生观察密切结合，将直接影响学生对课堂知识的理解和掌握程度。

6.6.1 演示技能的概念

在汉语中，"演示"一般作为动词使用，用来表示表演和展示的过程。本章中的"演示"，重在"示"，意为利用实验或实物、图表等在他人面前陈述、表达、展现或解释某一事物变化过程，使人有所认识或理解语意的一种方法。

演示技能是教师在课堂教学中根据教学内容特点和学生学习需要，进行示范操作或运用实验、实物、模型、图片、图表、信息技术等直观教学手段，为学生提供感性材料，充分调动学生的感官，形成表象和联系，指导他们观察、思维和练习的一类教学行为方式。运用演示技能，可以使用在新知识讲解之前，也可以用于讲解之后。

6.6.2 演示技能的作用

运用演示技能，可以为学生提供直观的感性材料，为学生的思维活动提供直接经验的支持，培养学生的观察思维，引导学生掌握知识技能。演示技能在课堂教学中的功能主要包括以下部分：

1. 创设学习情境

在学生学习中，有些学习情境很难亲身体验，教师如果利用适宜的直观教具或多媒体技术，可以创设虚拟的学习情境，表现受条件限制而无法被学生感知的结构或现象，以帮助学生领悟新知识、新概念或新技能。语言学习中的范读、示范发音等也会创设情境,利用语调、语量、语音、语速等营造语言学习的情感氛围,感染学生,使学生沉浸在学习中。

2. 激发学习兴趣

运用演示技能导入新课,有利于引发学生强烈的好奇心,演示实验中鲜明、生动、直观的实验现象能为学生提供丰富的形象思维素材,学生易被这些新奇的刺激所吸引,对新异的事物表现出明显的学习兴趣,并集中注意力,加强内心体验。

3. 提供感性材料

演示技能着重利用实验、实物、模型、图片、图表以及电化教学等手段进行直观地教学,有利于为学生学习物质、概念、定律和原则提供丰富的感性材料,伴随着学生的积极思维活动,把感性认识和理性认识相结合,使之形成概念,理解和巩固知识内容。

4. 引导学生思维

教师通过生动有趣的演示,为学生提供感性材料,使学生可以达到如见其人、如闻其声、如临其境的效果,促进学生对这些现象和规律进行观察、想象、分析和判断、推理、质疑等,引导和启发学生为寻求答案而运用归纳、演绎等方法去解决实验与示范中问题的思维活动,培养和发展形象思维和抽象思维能力。运用演示技能,不仅可以提高教学效率,也能帮助学生学会使用各种探索和研究方法,教学中的演示过程也有利于开展有意识的、有目的的观察训练,培养学生的观察能力。

6.6.3 演示技能的类型

1. 多媒体演示

多媒体演示是指运用幻灯片、声音、视频、动画等多媒体信息结合计算机网络的教学手段来创设教学情境,通过形、声、光、色的相互作用,产生具有冲击性的直观效果,使学生眼、耳、口、脑等多种感官参与活动。

幻灯片演示是利用幻灯片和投影仪进行的数字化演示。随着现代信息技术的发展,演示所使用的设备不再仅仅是传统的幻灯机,而是演变成多模态形式,利用包括投影仪和计算机在内的多种媒体进行展示。在使用幻灯片演示中,需要遵循相关的设计原则,整体画面和谐统一,背景与主体的色调要充分考虑学生的生理需求、教学环境和投影设备的特点等,在保证画面清晰可见的前提下,既不全页面充满文字,也不使画面过于花哨而削弱主体,演示的时间也不宜过长,避免引起学生的疲劳,最终得到最佳的投影效果。随着信息技术的普及,课堂上基本实现了多媒体环境,在课堂中也常结合多媒体课件和投影进行教学。

声音、视频及动画媒体的演示是指教师使用多媒体技术播放有关的声音、录像、影视、动画资料。声音演示主要是通过录音设备录制和播放与教学相关的乐曲、故事、人物对话、课文朗读等内容,视频动画演示是通过精心选择或制作能为教学服务的视频动画材料,创建形象生动的画面,把视频动画内容和课堂教学活动有机结合起来,配合文字教材和语言讲解,提示观看视频动画材料的目的、内容、重点及观看中应思考的问题,使学生有目的地观察。例如,物理老师在讲解"高速世界"一课时,剪辑了一小段有关于"时间旅行"或"星际旅游"的科幻影视片断做成课件播放,既调动学生的学习兴趣,又引导学生思考通过速度合成达到超光速以进行时间或星际旅行的理论知识。

2. 实验演示

实验演示能够深入浅出地揭示一些抽象的科学现象,展示事物发生的复杂过程,使学生对教学内容获得直观的感性认识。实验演示根据演示内容的不同,一般分为传授新知识的实验演示、巩固知识的实验演示以及实验片断演示,化学、物理等学科使用比较频繁,文科类课程有时也会使用实验演示法进行生活现象和常识的演示。

传授新知识的实验可以帮助学生观察现象,启发和运用感性材料进行系统分析,导出新概念,获取新知识。教师在实验演示之前要先说明实验的各种条件,在实验过程中当学生看到了现象之后,要适当引导和启发,使学生能够对所见到的实验现象进行讨论和解释,做出正确的结论。例如,教师在进行新课"能量守恒定律"的讲解时,先回顾初中动能与势能可以相互转化的知识,再通过演示麦克斯韦滚摆、单摆和弹簧振子,提醒学生注意观察物体运动中动能、势能的变化情况,结合提问引导学生理解物体动能与势能的变化过程,促进掌握能量守恒定律。

巩固知识的实验演示以巩固和验证知识为目的,教师先讲解相关的理论知识或用各种教学辅助新知识的学习,后开始进行实验演示,等实验结果出现后再组织学生推理,得出正确的结论;或者先给学生说明做什么样的实验,预计出现什么样的结果,再让学生通过实验进行验证。例如,生物老师在讲解"生长素的生理作用"一课时,先讲解了生长素的概念、生理作用,再辅以"探索生长素类似物促进插条生根的最适浓度"的实验,鼓励学生分组采用不同的方法来进行验证。

实验片断的演示一般受时间的限制,只演示实验的一部分,可能是实验的开始或结果,而不是实验的全过程。教师在演示实验结果时,一般要先介绍一段实验情况,结合多媒体演示和直观实物演示以帮助说明;演示实验的开始时,教师先制订好详细的观察提纲,在课后组织学生进行系统观察,并经常检查观察情况,培养观察能力。

3. 直观教具演示

直观教具主要包括实物、样品、标本、模型、图片、挂图、板画等辅助工具,这些工具是生活中可以感知的材料,为学生所熟悉,接近生活实际和思想认识实际,而且有利于联系学生所学知识与客观存在的事物。教师借助这些工具可以创造与再现生动形象、直观明了的教学情境,使学生的观察更有效,并结合适当的讲解技能组织、引导和启发学生思维,使学生更好地掌握观察的内容,有效启发学生的联想和激发学习兴趣。

实物演示可以帮助学生得到直接的感官体验,课堂中的实物是与教学目标、教学内容相关的具体事物,将这些实物直接展示在学生面前,学生可以观察、触摸、耳听、鼻闻、口尝,直接感知教学对象的有关形态和结构特征。实物演示给学生留下鲜明深刻的印象,能够帮助学生明白整理,增进实感体验。例如,教师在讲解货币、支票和商品时,可以运用实物演示法直接真实的实物。

标本演示的目的是帮助学生掌握事物的形态和构造。所谓的标本,是动物、植物、矿物等实物,采取整个个体或一部分成为样品,经过各种处理,令之可以长久保存,并尽量保持原貌。教师在课堂中应用标本演示,不受时间和空间的限制,既可以结合教学组织学生制作教学标本,也可以直接利用现有的标本材料增强学生的感性认识,缩短时间,为学生理解和掌握教材提供方便。标本演示常常用在生物和地理学科教学中,例如,生物课上教师展示动植物标本,为学生观察植物的生长和动物发育等提供直观的感受。

模型演示中的模型是教学中常用的教具,它不是实际事物的本身,而是实物的缩小或放大版,可以反映物体或局部的立体构造,能够帮助学生掌握物体或局部的运用原理和功能,在使用模型演示时,也要做必要的说明,便于引导学生正确理解。电子商务中的物理沙盘、化学中的分子结构模型、物质的物理性质感知等,结合讲解技能都可以很好地展示事物的特征。例如，小学生在学习形状时老师拿出三角形、圆形、长方形等模型出来，让学生辨识，了解形状的不同，使学生的认识更加形象。

图片演示对物体、人物、景色予以平面直观呈现，是教师利用图片向学生展示事物的局部、整体面貌或发展过程的教学手段。演示中的图片要求清晰明快，引人入胜，制作精美，体现教学的重难点，展示之前先配合语言讲解，避免分散学生的注意力。例如，语文老师在讲解课文《小蝌蚪找妈妈》时，向学生展示多张小蝌蚪变成青蛙的过程图片，结合提问技能，分析小蝌蚪在变成青蛙之前的变化特征，帮助学生掌握变化规律。

图表演示是指教师用图表反映某类事物特点并寻找规律、探究原因的教学手段。在分析数据时，老师经常会使用到 Excel 的数据处理功能，利用图表的方式直观地展示数据之间存在的关联，揭示数据规律。例如，老师在讲解"公民"和"人民"、"违法"与"犯罪"、"剩余价值"与"工资"这三对相关概念时，就可设计出如图 6.7 所示的三个类比型图表。

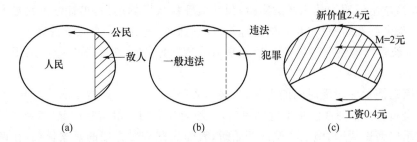

图 6.7　三个类比型图表

"从图 6.7 可以看出：图(a)反映了公民、人民、敌人三个概念之间的大小关系，形象地类比出在我国公民中，人民占绝大多数，敌人只占极小的比例；图(b)反映了违法、一般违法、犯罪三个概念之间的大小关系，同时看出在违法行为中，一般违法占大多数，犯罪只占少数；图(c)反映了工人劳动一天所受的剥削情况：如果新创价值如同一块烧饼的话(2.4元)，资本家则拿去了烧饼的 5/6(2 元)，而工人只得到了 1/6(0.4 元)。"

挂图演示灵活方便，是教学中最早使用的演示方式。挂图一般包括正规的印刷挂图和师生自制挂图，使用挂图演示时要结合课堂教学的需要，在合适的时候展示挂图，使用完毕后要注意存放的位置，避免分散学生的注意力，演示过程中结合教师的讲解技能，发挥语言和挂图的作用。

板画演示是教师在课堂上用粉笔勾勒简单清晰的线条，呈现各种景物、事物、人物的特征。板画演示简单明了，易于操作，能够引起学生学习兴趣，增强记忆和理解，但板画演示只适合简单的情形和内容，无法理想地进行复杂画面、内容和过程的展示。例如，小学数学老师在讲解数字时，通过在黑板上绘制不同数量的花朵来进行加减法的处理。

4. 音形的演示

音形的演示是根据具体的教学情境用口头语言、形体语言等模拟场景中人的说话语气或某种体态、形体动作等，使学生获得直观感受，以达到特定教学目标的教学行为方式，它包括语音演示和形体演示。

语音演示是教师用口头语言方式模拟和表演教学内容中的人物口气、语气、口音或某种自然界声音，创造课堂语言环境，使学生感受语言魅力，体会人物的内心世界，领悟内心情感，了解人物形象的意义，理解课文内容，增强阅读兴趣。

形体演示是指教师利用表情、形体动作等模拟、表演与教学内容相关的体态和动作，学生通过观察和模仿,进一步认识形象特征,加强印象和记忆。

6.6.4 演示技能的应用原则

演示技能的应用符合人的认知规律,即从直接思维到抽象思维、从抽象思维到思维实践的规律,其最大的特点是加强教学的直观性,随着现代教育技术的快速发展,演示的作用日益重要,也越来越受到教育者的重视。演示技能的主要应用原则如下。

1. 科学性原则

演示技能要注重科学性与目的性并存,在教学过程中要遵循科学性原则,有目的地展示与课程内容相关的实物、多媒体信息或实验,教具选择要恰当,演示过程展示要清晰,演示结果分析要准确,演示所反映的内容要真实科学,所提供的感性材料要准确无误。

2. 直观性原则

演示的首要任务是提供生动、丰富的感性材料,教师通过演示,使学生直接以视觉、听觉及触觉等感官方式感知这些材料,帮助学生更为准确地感知和了解事物表征,它符合学生感知事物的心理特点,易被学生接受和理解,有利于进行事物的再现和模仿。

3. 趣味性原则

演示技能具有显著的趣味性和启发性,教师运用实物、模型、图片、声像资料及实验设备等进行展示或示范操作,能够使学生感到好奇、新异,特别对于年龄较小的低年级学生,能够大大激发他们参与活动的兴趣,满足好奇心和操作探索的欲望。

4. 情境性原则

通过演示,教师展示实物或模拟物,用生动形象的语言描绘再现各种事物、现象、情境和过程,揭示事物的表征与本质、内在之间的关联,提高学生的感性认知,为理解和应用知识奠定基础。

6.6.5 演示技能的应用要点

1. 合理把握演示时机

课堂中的教学演示可以帮助学生形象直观地感知教学内容,引起学生的高度注意,但演示物是否展示恰当,选择时机也在很大程度上影响着学生的注意力。教师在进行演示技能应用时,一般在讲到与教学内容有关部分,需要学生进行观察时展示出来,使用结束后,要及时处理,注意存放位置,避免在上课时分散学生注意力,降低教学效果。

2. 恰当结合语言讲解

演示虽然形象生动,但若缺少恰当的讲解,无法升华学生对教学内容的深刻理解,而单纯的讲解又欠缺形象的展示,过于抽象,所以教师的演示往往需要与讲解密切结合,以激发学生学习兴趣,发展其观察能力和思维能力。在结合讲解时,要求教师语言表达准确精练,依据实际的教学需要,对观察方法、操作规程、本质特征、学习重难点等进行解释或说明,促进知识的内化。

3. 合理引导内容联想

演示技能可以引导学生去观察现象,在应用时教师要根据教学内容的需要,合理地选择演示物,帮助学生在新学知识技能与原有知识经验之间建立起关联,以唤起丰富的联想力,使其能够借助已有的知识去获得新知识。应用演示技能时,可以通过描绘、对比等方法帮助学生突破时空的限制,展开想象的翅膀,也要合理引导学生思维,避免漫无边际的想象,适当的时候使学生思维回到现实,以免产生偏差。

  4. 充分调动感官感知

  在运用演示物时,为了使学生获得深刻印象,教师要通过直观的教具充分调动学生的各种感觉器官,使学生通过眼、口、鼻、舌、耳、手等获得多方面的感知,对重难点内容部分的讲解和演示,要反复进行,或做必要的停顿,让学生经过反复观察,最终获得思维认知。

6.6.6 演示技能的实施步骤

  1. 设计演示方案,精心选择演示物

  在备课时,教师要制订相关的演示技能应用方案,明确演示目的,根据教学内容需求、学生认知特征及现场教学条件限制,精心选择演示物,周密考虑和安排演示过程,预测演示效果,并根据实际教学随时调整方案。

  2. 提出引导问题,指明重点难点

  在进行演示之前,合理结合语言讲解,提出需要学生通过观察解决的问题,指明观察的重点和难点,有计划有步骤地引导学生观察,使学生掌握观察的方法,抓住现象的本质。

  3. 清晰演示步骤,规范演示操作

  演示时教师操作规程要与讲授内容步调统一,演示的步骤和操作动作正确、规范,对演示物的指示确切,给学生留下正确、清晰的感知,对学生感知和模仿时易出现错误或有疑问的地方预见性的交代清楚,以保证演示的成功,提高演示的效果。

  4. 归纳观察要领,核查理解程度

  演示后要及时跟踪观察的过程,结合讲解分析观察的要领,引导学生得出观察的结论,总结观察和获取知识的方法,及时获得学生的学习反馈,了解学生通过感官获取的知识体验、观察的精细程度及掌握的技能方法等。

  5. 提高安全意识,杜绝伤害事故

  确保演示过程严格按照安全操作规程进行,特别是在使用实验演示法时,掌握实验材料的特征和正确操作方法,尤其是有毒物品的安全使用,正确操作实验步骤,确保实验安全,杜绝伤害事故。

6.6.7 演示技能的评价

  1. 评价要点

  (1) 注重目的性

  演示要有明确的目的,必须服务于教学目标,有利于突出教学内容和教学重难点,恰当结合语言讲解,引导学生积极思维。无目的或目的性不强的演示会为教学带来不良后果,因此演示应符合课堂教学需要,该用则用,不该用时不可滥用。

  (2) 讲究科学性

  演示技能的应用要遵循科学性原则,演示物的选择要合理恰当,符合教学内容、学生认知水平的需要,结合现有的教学条件,对现象、结果的描述与说明科学、准确、实事求是,不可轻易做出粗糙的结论。

  (3) 应用技术性

  在展示演示物时,可充分利用演示物的技术的特性,如利用多媒体模拟学习情境和虚拟演示物。演示物的选择可以实现现实生活中无法获取的展示场景,创造不易获得的展示物形象。如利用 VR 模拟现实操作成本偏高或现实无法操作的虚拟实验等,有利于传递教学信息。

(4) 开发趣味性

演示物要有一定的强度和可见度,能够对学生产生感官上的刺激,演示内容直观形象,生动有趣,结合教师准确熟练的操作,成功引起学生的注意力,带动学习氛围,激起学习兴趣,提高学习效率。

(5) 引导启发性

演示要有利于激发学生的好奇心和求知欲,引导学生通过自己的观察发现事物的特征和规律,引导学生为寻求答案运用多种方法主动解决问题,开展有意识、有目的的观察训练,培养观察力。

(6) 操作规范性

教师的演示是在学生高度集中的情况下进行的,操作的动作要求规范、正确,为学生起到示范和潜在的楷模作用,否则一旦误导进行学生不规范的操作,将来纠正起来需要付出双倍的努力。操作时也要安排安全操作规程进行,确保演示过程的安全。

2. 评价量表

演示技能的评价量表如表 6.8 所示。

表 6.8 演示技能的评价量表

序号	评价要点	评价项目	标准等级				权重
			好	较好	尚可	较差	
1	目的性	目的明确,演示适时					0.1
		符合教学需要,突出重难点					
2	科学性	演示与讲解结合恰当,描述与说明科学、准确、实事求是					0.2
		演示适时适度,有效促进教学					
3	技术性	媒体选择有助于传递教学信息					0.2
		媒体摆放合适,利于观察					
4	趣味性	形象鲜明,直观性强					0.2
		生动有趣,新颖刺激					
5	启发性	引导学生主动观察					0.2
		引导主动运用多种方法解决问题					
6	规范性	操作规范、熟练、示范性好					0.1
		演示操作安全性好					

整体评价与建议:

思考与讨论题

1. 演示技能的概念是什么？
2. 演示技能在课堂教学中能起到什么作用？
3. 演示技能有哪些类型？请对每种类型的演示技能举例说明。
4. 演示技能在应用过程中有哪些技巧？
5. 演示技能的实施步骤有哪些？

6.7 教学结束技能

本节学习目标

通过本节学习，了解微格教学结束技能的概念和分类，掌握教学结束技能的应用原则与使用要点，能有效应用教学结束技能进行结课。

本节要点：

- 教学结束技能的概念和作用
- 教学结束技能的类型
- 教学结束技能的应用原则和要点

一堂好课，不仅要有引人入胜的开头，也要有回味无穷的结尾。许多教师重视导入的设计却在一堂课最后草草结束，这样并不能让学生形成对这节课内容的整体印象，也难以引发学生的深思和进一步的探索。

6.7.1 教学结束技能的概念

教学结束技能是教师在完成某项教学任务或某节课时，通过重复强调、概括总结、实践活动等，对所教的知识或技能进行及时的系统化、巩固和应用，使新知识稳固地纳入学生认知结构中的教学行为方式。结束技能常用于一节课的结尾，也可以用于任何相对独立的教学阶段，小到讲授某个概念、某个新问题的完结，大到一个单元或一章教学任务的结束。文学家谢榛在谈论文章写作时，曾有"结尾应如撞钟，清音有余"之说，古人又有"起句如爆竹，骤响易彻；结尾如撞钟，清音有余"之喻，其实精彩的课堂教学和做文章一样，导入必须先声夺人，引人入胜；结束饶人兴味，后味无穷。

教学结束技能也称为结课技能，是整个教学环节的最后一环，也是展示教师智慧和使学生形成完整理解的重要环节。通过教学结束技能的恰当运用，可以使学生对所学知识和技能及时进行系统化、巩固和运用，使新知识有效地纳入原有认知结构之中；还可以通过学生的活动反馈教与学的效果，使教师把握教学目标的达成情况，帮助教师调节教学进程。

6.7.2 教学结束技能的作用

教学结束技能是一个任务的完成，不是简单地说一声"今天课到这里结束"就可以结课的，它应该使学生的知识与技能、过程与方法、情感态度与价值观向高一级升华。

1. 明确要旨,促进新旧知识迁移

一般来说,一堂课要经历几个教学阶段,每个教学阶段都有各自的特点和任务,后面的教学活动往往会冲淡前面的学习内容,学生一时难以形成完善的知识结构。恰当结束技能的运用可以帮助学生进行课堂重难点的回忆和整理,理清知识脉络。在一节课内容结束时,教师的首要任务就是对教学内容进行总结和归纳,把本节课所学到的新知识纳入到认知结构中,使其与旧知识发生联系,形成学习的正迁移。另外,教师在总结梳理教学内容的同时,也是强化教学重点和关键内容的最佳时机。学生通过教师的强调,能够使所学的内容得到强化,便于复习巩固。在结束技能之中,可以运用概括、比较等方法使学生的新知识与原有认知结构形成巩固的知识体系。

2. 及时反馈,便于教学信息沟通

运用结束技能可以及时反馈教和学的各种信息。当教师按照原先准备好的教学计划完成了教学任务后,可以利用最后一段时间,通过完成各种类型的作业、练习、操作、问答、小结、判断评价等活动方式,检查教的效果及学生掌握知识的程度,为进一步调整改进及时提供反馈信息。魏书生每次教完一篇文言文,总要就文中的一些重要文言现象(诸如通假字、一词多义、古今异义、词类活用、特殊句式等)抽查学生。学生练习的过程,既是教师获得教学反馈的过程,又是强化学生学习、巩固所学知识的过程。师生之间可以通过结束过程中的反馈信息,建立起畅通的信息渠道,使教师便于针对学生的掌握情况把握教学重点,学生便于通过教师的强调和总结掌握知识点,并能为下一阶段的教学组织打下基础。

3. 承前启后,使教学前后相连

好的教学结束应该是使上下相连,前延后续,承上启下。一段讲解之后,往往有另一部分内容与之具有一定的联系。处在这一段和另一段中间的这个结束过程,则自然构成了一种过渡,较好地运用结束方式可以起到承前启后的效果。例如,在学习完平行四边形和三角形面积的计算后,可以总结这两种图形计算面积的共同点和不同点,为后续梯形和组合图形面积的计算提供启示。

4. 拓展延伸,促进学生思维发展

课堂时间、空间是有限的,教师在教学的过程中为突出重点,往往是紧扣知识点进行学习,使得学生所学的知识通常只局限于教材上。在结束时,教师如果能够把知识与实践联系起来,把书本上的知识向自然、社会和学生的日常生活拓展,能够起到拓宽学生的知识面,增长学生见识的作用。例如,在小学五年级"观察物体"这一单元结课时,教师可以布置学生回去后选择不同物体从不同侧面进行观察并绘制图形。同时,课堂结束环节中,教师可以设计一些悬念,埋下一些伏笔,促进学生的思维活动深入开展,进一步诱发学生继续学习的积极性,也便于学生在课后有针对性地复习。另外,还可以在课堂结束之时,就课程中的难点和争议问题组织学生讨论和思考。引导学生总结教学过程中的思维过程和解决问题的方法,使他们理解学科思维方式的特点和学习的方法,促进学生思维能力与自学能力的发展。这样的结束,能激起学生们探求问题答案的积极性,对提高学生的分析能力,培养学生们的钻研精神有很大的好处。

6.7.3 教学结束技能的类型

1. 归纳小结

归纳小结是最常用的结束课题的方法,是指在课堂即将结束时,教师用准确简练的语言或文字、图示、列表等形式,提纲挈领地把整节课的主要内容进行梳理和概括。在学习新课时,常会对学习内容进行分解和展开,做多层次、多侧面的剖析和细节的探究。为了能给学生以系统完整的印象,促使学生加深对所学知识的理解和记忆,培养其综合概括能力,结束课题时常需要统揽全局,抓住主线进行归纳小结。首先,归纳小结是一个将所学知识条理化、系统化、简明化的过程,它旨在让学生执简驭繁,便于记忆,并让学生学到将书读薄的窍门;其次,归纳小结应对课题导入时设置的悬念提供明晰的结论,做到前后呼应,结构完整;此外,归纳小结还要对学生的学习态度,创造性的见解和值得推荐的学习方法加以肯定和推荐,对普遍存在的问题和某些认识上的误区加以澄清,使学生获得经验与教训。

归纳小结的水平,取决于教师自身对知识理解的程度和对知识结构整体的把握。高水平的概括总结,其内容的提炼表达和总结的实施方式,应该符合学生的认知水平和认知需要,使学生能够充分介入并把握概括总结的内容。为此,教师要深入钻研教学目标和教学内容。

总之,归纳小结的内容既包括知识结构的提炼,又包括能力、技能的培养,还包括态度品格的学习。采取这种方式,应该体现全面准确、简明扼要、系统生动的特点,目的在于巩固和运用新知识。归纳小结的主要方法有:

(1)复述法。通常是利用教学过程中留下的主体板书,由教师本人或学生进行归纳小结,并利用彩色粉笔或白板笔进行圈点强调。这种方法简便易行,可反复强化,便于学生记录,但无特色的重复不易引起学生的注意和重视。

(2)讨论法。根据归纳小结的需要,教师有针对性地提出问题,或借学生在学习中产生的问题组织讨论,在讨论中梳理知识、解决疑难,形成体系,也是一种常用的方法,这种方法能发动学生参与小结,针对性强,有利于突破思维障碍,培养学生能力。对于那些易于发生混淆或难度较大的课题的结束,较适合运用讨论法,此种方法要求教师有较强的引导和组织讨论的能力,以顺利达成归纳小结的目的。

(3)图表法。运用图示或表格的形式进行归纳小结,具有脉络清晰、形象扼要、一目了然的特点。设计图表要注意根据课题的特点从新的角度对教学内容进行组织和描绘,图形应形象直观,表格应清晰简明。还可以适当让学生参与补图填表,调动学生参与小结。

2. 延伸引探

课堂教学受时间的限制,重在突出重点、突破难点,不可能解决所有问题。因此在利用归纳小结对学习过程进行整理与概括之外,结束时有必要提出一些与课堂教学紧密相关的、纵横延伸的问题,扩展学生视野,活跃思维,把学生引向课堂之外,延伸课堂教学的成果。

课堂教学受空间的限制,无法利用一切有利于课题的教学资源,让学生受到更深刻的教育。因此,在结束时有必要予以点拨,激发他们对新问题的兴趣,让他们在课后观察、实践、思考,发现问题,解决问题,这样每个学生可以根据自身的特点和爱好进行探究,有利于主观能动性的发挥和智力的发展。

延伸引探的常用方法有:

(1)悬念法。当学生完成某一课题学习任务之后,教师可以在课堂上又一次引发出一些有趣并有一定难度的问题,如演示某一出人意料的实验现象,或利用课文的空白之处,诱发学生想象,让学生在悬而未决的问题中结束课题。这种结束方式使学生意犹未尽,促使他们课后复习、查找资料、进行实践,使课堂教学得以拓展延伸。

(2)扩展法。这种方法是在课题终结之时以某一知识为出发点进行横向扩展,让学生进行发散思维和类比联想。例如,《卖火柴的小女孩》一课结束时,教师说:"今天,我们学习了《卖火柴的小女孩》,知道了卖火柴的小女孩悲惨命运的原因。那么,假如卖火柴的小女孩来到我们中间,来到中国,我们国家将会怎么对待她?我们的同学又将怎么关心她呢?这些问题请同学们课后认真思考,明天的作文课我们一起来探讨这些问题。"这种方法有利于学生拓宽视野、丰富知识、发展想象。

(3) 引探法。引探法是在上课时有意留有余地,或提出一些带有技巧性、探究性或难度较大的问题,引起学生的兴趣,让学生去探索、开拓思路、发展智力。这些问题应符合学生的实际,有实际意义,紧密结合课题。为引导学生探索,可以给学生一些提示,指明一定的探索途径和提供必要的资料。

3. 增设伏笔

课堂教学前后几节课一般来说都具有内在联系,一节课中的几个课题更是密切相关的。为了引起学生对下一课题的认知兴趣,或为了巧妙分散下一课题的难点,或为了加强前后学习的系统关联,有经验的教师常常在前一课题结束之时,为下一课题设置伏笔,抛出下一节课的教学重难点,造成悬念,让学生在期待中结束教学,激发学生的求知欲。埋下伏笔的常用方法是:

(1) 自然沟通。教师利用两个课题内容上的关联,教学目的上的关联,学习方法上的关联,情感兴趣上的关联及其他人为的关联,在结束前一课题时带出下一课题,引起学生注意并做好相关准备。

(2) 暗中衔接。在结束前一课题前,顺势巧妙地解决下一课题的部分难点问题,或有意识训练进一步的学习方法,或布置某些隐含意图为下一节课做准备的作业,暗中为进一步学习打下基础。

(3) 设置导向。在结束前一课题之前,利用所学知识的局限性,布设疑障让学生不得其解,从而将之引向下一课题,激起新的学习兴趣。

4. 布置作业

布置课外作业是结束一堂课的重要内容之一。课外作业一可以使学生巩固、消化和运用所学知识,形成技能技巧,开发智力,发展能力;二可以使学生学会独立思考,深思明辨,学会计划利用时间;三可培养学生勤学苦练、勇于克服困难的意志品质;四有利于教师获得学生学习的反馈信息。常见的课外作业包括口头作业如朗读、复述、背诵、口头作文等;书面作业如演算、习题、作文、绘图、列表、练字等;阅读作业如预习、复习、阅读有关书籍等;实践作业如观察、小实验、测量、访问、制作等。

布置作业应注意以下几点:

(1) 作业应符合大纲与教材的要求和学生的知能水平,要有典型性和启发性,兼顾知识、技能、能力和品德发展,应是课堂所涉及的核心内容。

(2) 作业要难易适度、份量适中,形式多样化。不搞题海战术,使学生负担过重,更不要将作业当作惩罚手段,造成学生心理压力。作业要形式多样,搭配合理,使学生感到有趣有益,收到较好的练习效果。根据学生的特点可因人而异布置作业,可布置适当选做题,尽量让学生有作业的选择权。

(3) 布置作业要有明确的要求,规定完成作业的时间,还要对学生完成作业的方法给予必要的提示和指导。例如,物理教学中学完二力平衡后,学生对二力平衡的内容并不难理解、记忆,但在教学中发现,学生在实际应用中,由于知识负迁移的作用,常将其与牛顿第三定律中的作用力和反作用力相混淆。若等学生出现问题时再强调这二者的差异,不如预先告知其异同点,由于新知识印象深刻,故有省时且收效好的教学效果。因此在二力平衡教学结尾时,占用一点时间采用比较式的分析则可使学生准确地找到这两个易混概念的分界线,帮助学生加深对平衡力和作用力与反作用力等概念的理解,从而有效地避免了这种知识的负迁移现象。

6.7.4 教学结束技能的应用原则

1. 目的性

正如一节课的导入要阐明学习目标和教学重点内容一样,教学结束同样需要具有明确的目的。结课时必须紧扣教学目标、教学重点知识,理顺知识结构,针对学生的知识掌握情况及课堂教学情境等,采取恰当方式,把所学知识及时归纳到学生的既有认知结构中来,有助于学生对知识的消化、理解和巩固,有助于教学内容的系统化。

2. 及时性

学生的记忆是一个不断巩固的过程,由瞬间记忆到短时记忆再到长时记忆有一个转化过程,实现这个转化过程的基本手段是及时进行小结,周期性地进行复习。课堂教学在讲授新知识接近尾声时,教师应及时对本阶段所学知识进行回忆、归纳、总结,使之条理化。

3. 适时性

结课时要严格控制时间,按时下课,既不可提前,也不可"拖堂"。由于计划不周或组织不当,课堂教学节奏过快,给结课留的时间过多,学生无事可干,教师随心所欲,生拉硬扯些与本节课无关的杂事来应付,既浪费宝贵的时间,也会冲淡或干扰本课的主题,影响学习效果。而教师下课铃响仍未完成讲课内容时,学生的注意力会不集中,不但结课的效果不好,还会影响学生下节课的情绪。因此,不论是提前下课或是拖堂延点,都是违反课堂教学结束基本要求的不正确做法,教师应避免这两种情况的发生。

4. 概括性

一节课结束时,应概括本单元或本节知识的结构,深化重要事实、概念和规律。经过精心加工而得出的系统化、简约化和有效化的知识网络,能帮助学生把零散孤立的知识"串联"和"并联"起来,了解概念、规律的来龙去脉,这样,他们才能把知识融会贯通。结束语不可冗长,更不可拖泥带水,应是高度浓缩、画龙点睛、一语破的。教师应该在结课前的几分钟短暂的时间内,以精练的语言使讲课主题得以提炼升华,使学生对课堂所学知识有一个清晰、完整的认识。

5. 启发性

充满启发性的结课能有效地激发学生的学习动机,使学生的身心得到放松,浓厚的兴趣得以保持。根据学生的特点,教师每讲一节内容都要设计出新颖别致的结课形式,或者概括总结,或者提出问题,或者设置悬念,不能千篇一律而索然无味。无论怎么结课,都要给学生以启发以激起他们努力探索的积极性,要点而不透,含而不露,意味无穷,既巩固知识又余味无穷。

6. 一致性

注意首尾呼应,使结课和导课脉络贯通。结课实际上是对导课设疑的总结性问答,或是导课思想内容的进一步延续和升华。如果导课精心设疑布阵,讲课和结课中却无下文,或结课又是另外一些内容,则会使学生思路紊乱,难以集中精力进行探索。所以结课时必须注意前后一致,主线清晰。

7. 结构化

在总结、概括所学新知识时,要采取适当的方式,把新知识及时归纳到学生已有的认知结构中,帮助学生把零散、孤立的知识通过发掘其内在联系,精心加工而得出系统化、简约化和有效化的知识网络,以利于学生回忆、检索和运用。

6.7.5 教学结束技能的应用要点

1. 深化认识,突出重点

结束过程要站在更高的层次或从新的角度来进行概括,让学生温故知新;要在学生的薄弱环节给予弥补与澄清,让学生学而后知不足;要在易混淆易忽视的地方进行辨析比较,使学生认识更全面明确;在最关键处采取巧妙的手法予以点拨,使学生恍然大悟。

2. 立足发展,培养能力

结束要立足学生多方面的发展,启发学生的思维,培养学生能力,让学生获得新的成功。现代教学认为课的结束不是学习的终结,而是学习的新起点、新形势,是促进学生更进一步学习发展的一个环节。

3. 内容精炼,形式多样

一般来说,临近下课学生比较疲劳,精力易于分散,因而课的设计要富有吸引力,形式要多样活泼,内容要丰富多彩,情理要深远且耐人寻味,留给学生深刻的印象。

4. 紧凑有序,控制时间

结束教学的时间很短,教师必须言简意赅,学生活动要精炼简要。当各种原因使结课出现意外情形时,教师要善于运用教育机制,因势利导,巧妙地给教学画上一个完满的句号。

5. 自然贴切,水到渠成

课堂教学结课是一堂课发展的必然结果,它既反映了课堂教学内容的客观要求,又是课堂教学自身科学性的必然体现。教师在教学过程中,要严格按照课前设计的教学计划,教学过程中由前而后依次进行。力求做到有目的地调整课堂教学的节奏,有意识地照顾到课堂教学的结课,使课堂教学的结束做到自然妥帖。

6. 语言精练,紧扣中心

结束语言一定要少而精,紧扣本节课教学的中心,梳理知识,总结要点,形成知识网络结构,干净利落地结束,使之做到首尾呼应,突出重点,深化主题。切忌冗长,拖泥带水,而应高度浓缩,画龙点睛,一语破的。总之,教师应该在结课前几分钟内,以精练的语言使本节课的主题得以提炼升华,使学生对课堂所学知识有一个既清晰完整又主题鲜明的认识。

6.7.6 教学结束技能的实施步骤

1. 提供心理准备,唤起注意

教师应该向学生明确教学已进入总结阶段,唤起学生的有意注意,把精力集中于关注重要信息以实现知识的系统化、结构化,为学生主动参与总结提供心理准备。教师可以通过语言直接向学生说明总结阶段的到来,并告之通过什么方式总结。例如,"这个新知识就学到这里,我们大家共同来总结一下今天的重点""下面我们共同解答以下问题,作为今天学习过程的结束"等。

2. 概括内容要点,明确结论

结束技能应用的核心是对新知识的深入加工,包括对新知识信息的浓缩提炼和难点的点拨。这就需要教师引导学生概括要点、明确结论,这是结束技能的关键。

3. 建立前后联系,拓展延伸

提示新旧知识的联系以实现知识系统化、完整化把零散的知识点串成线、形成面,以构建知识网络。另外,为了拓展学生的思路,开阔学生的视野,需要在结课时对教学内容进行必要的扩展延伸,明确本课题内容在生产、生活中的应用价值,实现情感、态度、价值观的升华。

4. 回顾思路方法,解决问题

在问题解决的过程中,学生是一步一步地进行分析的,来不及综观全局进行全面的思考。因此,在问题解决之后,教师要引导学生对全过程有个总体的认识,把握住解决问题的思路和方法,这有助于培养他们思维的连贯性,达到思路的顺畅。在回顾过程中,并不要求全面再现全过程,而是要求对思路和方法做出学生能够理解和便于接受的简明的概括,抓住重点和关键,每次突出一两个问题,以利于掌握、迁移和运用。

5. 组织练习实践,获得反馈

学生学习完新内容后,要了解他们是否理解和掌握了这些内容,他们学到的知识能不能转化为能力,能否用于解决同类的其他问题,也就是说,教学是否促进了学生的正迁移。要回答这个问题,就必须及时安排练习,给学生实践的机会。练习可以分为两个部分,一类是课堂上即时完成的练习,可由教师设计,也可由学生自己设计;另一类是课后作业,这类作业一般应由教师设计,包括书面作业、口头作业、阅读作业等多种形式。课后作业的目的是使学生巩固、应用知识,以保证学习活动不中断。

6.7.7 教学结束技能的评价

1. 评价要点

(1) 目的明确

结束内容与教学目标紧密相连,目的明确,能突出本节课的重难点。

(2) 方法得当

教师在运用过程中,要根据具体教学内容恰当地使用归纳、类比等各种方法来进行结束。

(3) 效果明显

结束技能要激起学生学习的兴趣,引发思维的变化,正确引导学生将新旧知识建立连接。

(4) 语言精练

教师的结束语言要精练,条理清晰,逻辑性强,富有感染力,不能拖泥带水。

(5) 时间把握

结束时间把握恰当,不拖课。

2. 评价量表

教学结束技能的评价量表如表 6.9 所示。

表 6.9 教学结束技能的评价量表

序号	评价要点	评价项目	标准等级				权重
			好	较好	尚可	较差	
1	目的明确	结束目的明确,能使知识系统化					0.1
2		归纳总结时重点难点突出					0.1

续表

序号	评价要点	评价项目	标准等级				权重
			好	较好	尚可	较差	
3	方式得当	结束的方式和内容相适应					0.15
4		结束方式能引起学生注意力					0.15
5	效果明显	结束效果明显,能引起学生兴趣,引发思考					0.1
							0.1
							0.1
6	语言精练	结束语精练、清楚、明白					0.1
7	时间恰当	结束时间把握适当,不拖课					0.1

整体评价与建议：

思考与练习

1. 结课的主要类型和作用是什么?
2. 回顾自己学习生涯中某位教师优秀的结课方式,并与老师与同学进行讨论。

本章参考文献

[1] 吴渝,马若义.微格教学实训教程[M].合肥:合肥工业大学出版社,2007.

[2] 蔡冠群.微格教学原理与训练实用教程[M].大连:大连理工大学出版社,2010.

[3] 彭保发.国家大学生文化素质教育基地教材:微格教学与教学技能[M].南京:南京大学出版社,2010.

[4] 荣静娴.微格教学与微格教研[M].上海:华东师范大学出版社,1999.

[5] 范建中.微格教学教程[M].北京:北京师范大学出版社,2010.

[6] 李志河.微格教学概念[M].北京:北京交通大学出版社,2008.

[8] 黄宇星.信息技术微格教学[M].厦门:厦门大学出版社,2008.

[9] 魏书敏.课堂教学技能训练[M].上海:华东师范大学出版社,2012.

[10] 廖圣河.语文微格教学[M].北京:中国林业出版社,2009.

[11] 刘恭祥.地理微格教学[M].厦门:厦门大学出版社,2007.

[12] 黄培蓉.美术微格教学[M].厦门:厦门大学出版社,2008.

[13] 胡志刚.化学微格教学[M].厦门:厦门大学出版社,2010.

[14] 孟宪凯,刘文甫.导入技能训练[M].天津:天津教育出版社,2010.

[15] 卢铁峰.物理教育与素质教育[M].北京:中华工商联合出版社,1999.

[16] 赵晓丹.小学语文教学技能导练[M].复旦:复旦大学出版社,2011.

[17] 茂名市第一中学网站.浅谈教学过程中的复习[OB/DL]. http://www.mmyz.net/xnxy/article_view.asp?id=694,2004-6-7.

[18] 孙双金,周一贯.《落花生》教学设计[J].小学语文教师,2001(10):11.

[19] 郑桂华.听郑桂华老师讲课[M].上海:华东师范大学出版社,2007.
[20] 孙双金,周一贯.《落花生》教学设计[J].小学语文教师,2001(10):11.
[21] 栾晓蕊.生物教学讲解技能的应用研究[D].陕西师范大学,2011.
[22] 苏海丽.浅谈翻转课堂在导游讲解技能培养中的应用[J].2014年现代教育教学探索学术交流会论文集,2014.5.
[23] 李俊.论数学课讲解技能类型的运用[J].时代教育(教育教学版),2010.1.
[24] 刘启艳.第六讲 讲解技能 微格教学理论专题讲座(续)[J].贵州教育,1997.Z2.
[25] 白引娣.浅谈有效教学[J].新西部(理论版),2014(01).
[26] 王凤桐,陈宝玉.走进微格教学[M].北京:首都师范大学出版社,2010.
[27] 吉海燕.浅谈教学技能中的演示技能[J].中国教育研究论丛,2009.
[28] 史梅.英语课堂教学中教师的演示技能[J].校园英语,2012.10.
[29] 李春芳.演示技能在语文课教学中的应用[J].中国教育技术装备,2009.23.
[30] 何家理.浅议中学政治课教学中演示图表的设计[J].安徽师专家报,1997(01):68.

第 7 章　课堂教学调控技能

本章学习目标：

通过本章学习，了解微格课堂教学调控技能的分类，了解课堂中调控技能的概念、作用和类型，掌握教学调控技能的应用原则和技巧，并能与各项基本教学技能结合运用。

本章要点：

- 强化技能
- 变化技能
- 课堂组织技能
- 教学技能整合

调控技能往往贯穿与教学的全过程之中，用于解决课堂中的各种教学问题。调控技能是教育机智和教学经验的集中体现。在根据加涅的九大教学活动所细分的微格教学技能中，调控技能包括强化技能、变化技能、组织技能和整合技能等，其中整合技能与其他十项单独技能又有所不同，它是根据课程教学需要，将其他多种教学技能构成一个完整的教学活动的行为方式，是系统整合与协调的技能。

7.1　强化技能

本节学习目标：

通过本节学习，理解微格强化技能的概念分类和作用，熟练掌握课堂强化技能的应用技巧，并能应用强化技能对学生的行为给予适当的强化。

本节要点：

- 课堂强化技能的概念和作用
- 课堂强化技能的类型
- 课堂强化技能的应用原则和要点

在课堂中合理运用正强化和负强化手段，能有效影响学生行为的后果，从而修正学生的行为，具有重要的意义。强化技能是师生互动的一个关键性教学技能，不仅能够调控学生个体的认识和行为，而且有助于统一学生集体的认识，帮助调控整个的教学进程，体现教学条件下学生学习特点和教师主导作用,在课堂中根据具体情况合理应用强化,可以获得良好的教学效果。

7.1.1 强化技能的概念

强化是指驱使力对具有一定诱因的刺激物发生反应后的效果。强化来源于行为主义心理学理论,是斯金纳理论的重要部分,在斯金纳的体系中,强化是主要的自变量。他认为行为之所以发生变化就是因为强化作用的结果,人的学习是否成立关键在于强化,因此对强化的控制就是对行为的控制。在斯金纳的体系中,他使用强化而不是奖励,因为奖励是对与愉快情景相联系的行为的主观解释,而强化则是一个中性术语,简单的定义为能够增强反应频率的效果。根据不同标准,强化分为不同类别。强化是指通过某一事物增强某种行为的过程。(1)在经典条件反射中,指使无条件刺激与条件刺激相结合,用前者强化后者。(2)在操作条件反射中,指正确反应后所给予的奖励(正强化)或免除惩罚(负强化)。

强化和惩罚是操作条件反射的核心思想,既有正向的(加给有机体环境刺激),也有负向的(从有机体环境中取走刺激),共产生4种基本结果与没有结果(什么也没有发生),强化结果使行为出现频次大幅增加。课程中所应用的强化技能,是教师在教学过程中对学生活动进行直接或间接干预,即对学生认识或行为中符合教学要求的成分进行肯定、表扬、奖励,对学生的认识或行为中不符合教学要求的成分进行否定、批评、惩罚,使直接或间接呈现的刺激物与教师所期望的学生认识或行为之间建立稳固联系的教学行为方式。

强化技能是教师在教学中运用的一系列促进和增强学生反应和保持学习动力的一系列教学行为方式,促使强化方式与希望的学生反应之间,建立稳固的联系,帮助学生形成正确行为,促进思维发展。

强化技能涉及的教师行为不仅包含肯定、表扬、奖励等外部积极强化,以及否定、批评、惩罚等外部消除强化,还包括引导学生对教学材料的刺激做出正确的反应,巩固正确行为。强化技能主要具有激发性、调控性和巩固性的特征。

7.1.2 强化技能的作用

强化技能是塑造行为和保持行为强度不可缺少的关键,是取得良好教学效果的根本保证,将其应用到课堂教学中,主要具有以下作用。

1. 端正学习动机

《学习的革命》提到:如果一个孩子生活在讽刺之中,他就学会了自卑;如果一个孩子生活在批评之中,他就学会了谴责;如果一个孩子生活在鼓励之中,他就学会了自信;如果一个孩子生活在表扬之中,他就学会了感激。鼓励和表扬,其实就是对学生学习行为以及学习结果的一种最佳认可。这种认可对于教师来说,只是一种意识问题,但对于接受鼓励和表扬的学生来说,则意义大不一样,他们会把教师的表扬作为自己的一种价值取向。而教师通过强化,不断指引学生形成良好的学习习惯,如独立思考、课前预习、课后复习等,从外部动机逐渐转化为学习的内在动机。

2. 引起有意注意

在课堂组织方面,教师对认真听讲的学生予以表扬或对聚精会神听课的学生给予很高的评价等强化方式的运用,能促使学生把注意力集中到教学活动上,也可以防止或减少非教学因素刺激所产生的干扰。在课堂教学过程中,引起学生注意比较容易,而保持学生注意是很困难的,特别是在小学,学生注意保持的时间一般最长不过 15 分钟。教师应使用语言、声调、手势、眼神、暗示等多种强化技能来调动学生的注意力,如在板书的关键处用不同颜色或是符号标出,语言声调的变化吸引学生的注意力等。

3. 提高教学效率

教学条件下学生的认识过程与人类的一般认识过程相比,是一个特殊的过程。学生要在较短的时间内达到当前人类的认识水平,其认识过程的特点是学生学习的是间接经验和来自教师的有效控制。这些间接经验作为教学材料的刺激是经过精心设计的,避免了人类认识过程中所走过的弯路。学生对这些教学材料的刺激所做出的反应,如判断、推理、联想等,很多情况下是来自教师的反馈强化,它使学生的正确行为得以巩固,提高教学效率。

7.1.3 强化技能的类型

强化技能的分类有很多种,根据强化目的的不同可以分为积极强化和消极强化;根据强化的作用可以分为内部强化和外部强化;根据强化源的不同,可以分为隐性强化和显性强化。本文依据强化的传递媒介将其分为语言强化、标志强化、动作强化、活动强化等。

1. 语言强化

语言强化是最直接的强化方式,指教师运用口头语言或书面语言评论的方式,对学生的反应或行为表示某种判断和态度,或引导学生相互鼓励来强化学习效果,或提供线索引导学生将他们的理解从客观实际中得到证实的行为方式。语言强化包括口头语强化和书面语强化。

口头语强化是教师对学生表现的正确行为和认识进行口头上的表扬、肯定、鼓励或赞许,对学生所表现的不正确的认识或不良行为进行否定、批评。在肯定时经常会使用到词语有"是""对""很好""很棒""进步很快"等。否定时不可滥用批评,批评也要对事不对人,不进行人身攻击,直接的批评语包括"不应该""错了""不要""不好"等,直接批评能够直面表达教师的观点和态度,当学生出现不妥当的行为时,使用频率较高,如"不要大声喧哗""不要开小差"等。在行为需要进行调整时,教师可以适当地选用中肯的、温和的柔性语言,不直接进行批评,而是婉转地表达态度,例如,小学生在学写字时,老师说:"写字很认真,但如果字迹再清楚一点就更好了!"

如果学生的行为和认识部分正确,教师在肯定的同时,要适当地利用语言引导学生进行补充,刺激思维活动。口头语强化是最直接的刺激强化,它直接表达老师的态度,正面引导学生矫正错误的行为和认识,巩固强化正确的行为和认识。

书面语强化是指教师在学生的作业、联系簿或试卷上写评语,并以激励性评语为主。书面语强化因为是记录下来的语言,以阅读为主,不似口头语需要仔细听才能理解,所以在使用书面语言时,也不似口头语一样简单直接,而需要尽量地给出恰如其分的批语和评价,使学生充分感受老师的注意。例如,教师在学生本上评作业时会写出"写作文字工整,较少错误、比上次作业有进步,潜力较大,再努力会有更大的进步!"而在使用口头语时,尽量以学生听清为目的"表现不错,再接再厉!"

语言是教师传递信息的主要载体,教师利用语言进行强化是在课堂中使用最普遍的方式,也是最直接有效的方式,口头语强化直接表明教师的评价,书面评语强化不仅可以表明主观态度和看法,也可以帮助学生分析原因,更加具体和具有针对性的提出意见,使学生更容易接受。

2. 标志强化

标志强化是教师运用一些标志、符号、文字、图形或色彩对比等,如通过教师在黑板上或学

生的作业、试卷上做出一些醒目的符号或所写的批语,而对学生的学习行为产生强化作用的一种方式。具体可以有以下几种:

(1) 学生在黑板上演算或书写后,教师用红色粉笔打上"√"或写上简短评语,如"好""优"等,可以对学生的学习行为进行强化。如有四个同学在黑板上演算,结果全部正确。教师在讲评时给三个同学画了"√",另外一个同学也做对了,但是教师忘了画"√"。这件事看起来很小,可是它的负强化作用是很大的,这些细节问题教师必须注意。

(2) 教师可以准备一些彩纸做的小五星、小红旗、小红花等标志物,也可以制作一些五角、梅花、红旗等印章,在学生的作业本或练习本上加盖印章,以此作强化物,对学生作业、练习等学习行为进行强化。在学生完成一个学习行为之后,对学生进行象征性的奖赏。为了指示清楚强化点,也可以用不同印章表示不同的意义,如用五角星表示作业干净整齐、用红旗表示作业全部正确等,这种方法较适合于低年级的学生。

(3) 教师还可以制作表示学生进步的图表,挂在墙上。每天往上边插小红旗等标志物,对小学生的成绩和进步给予充分的肯定。这种图表对于小学生有很强的强化作用,可以激励学生更加努力地学习,使小学生产生强烈的争取好成绩,超过别人的愿望。

(4) 在学习难点、重点、关键内容的板书中加上标志符号,如彩色圆点、曲线、箭头、联立号等,使重点内容得到强化。例如,讲授概念时,在定义的重点词语下面加上圆点,分析应用题时,在应用题的条件、问题下边加曲线等。

如在讲解《药》一课时,教师的板书是这样的:

"药?。!?"

这药后面的标点符号,就是表达了对小说的标题含义的几次理解。

3. 动作强化

动作强化也称为体态语言强化,是指教师运用非语言因素的身体动作、表情和姿势,对学生在课堂上的表现表示教师的态度和情感。一个教师的教学魅力,往往通过他的体态语言可以和学生进行非常默契的信息交流。一个会意的微笑,一种审视的目光,都可以把教师的情感正确地传达给课堂里的每一个学生。

常用的动作强化包括表情强化、手势强化、体态强化、接触强化和接近强化等。

(1) 表情强化。表情强化是通过一系列面部表情变化如微笑、皱眉、疑惑、目视等,辅以相应的眼神,表达对学生行为的态度和情感,例如,有的同学在玩东西、做小动作或说小话,教师走到学生身旁,看一眼学生的手或眼睛,产生强化刺激作用,使学生停止小动作,把注意集中到学习内容上。

(2) 手势强化。手势强化是通过教师手部的肢体动作,如拍手、鼓掌、伸大拇指、摆手等,对学生的表现给予直接的评价和关注,例如,当学生表现较好时,老师跷起拇指表示赞扬;当学生课堂上小声说话时,老师伸出食指放在唇上表示轻声;当回答问题正确时,老师带头鼓掌表示热烈的赞许和鼓励,会对学生产生相应的强化作用。

(3) 体态强化。体态强化是通过身体的动作和姿态变化强化学生行为,例如,当学生回答的答案准确或是有自己独特的想法时,教师可能点头以表现对他的赞许,而当学生的表现有一些错误时,可以轻微地摇头以表示做法或答案不合理,还需要再改进。

(4) 接触强化。接触强化是通过肢体的接触传递信息,适合于较小年龄的学生,例如,老师拍学生的肩膀、摸头、握手、拥抱等,促进学生行为的强化和刺激。

(5) 接近强化。接近强化是指教师通过在课堂位置上的变化调整学生的学习行为,例如,靠近倾听、俯身观看活动、弯腰解答问题或参与到活动中等,都能起到关心、鼓舞和制止的作用。

动作强化经常伴随着语言强化一起使用,使学生能够更加强烈的感受教师的鼓励和肯定。

4. 活动强化

活动强化是指教师通过安排一些特殊的活动形式,如游戏、竞赛、角色扮演、实践操作等,对学生的参与和贡献给予奖励,使学生的学习得到强化,并合理安排活动顺序,把易引起学生兴趣的活动放在难度较大的学习活动之后,先张后弛,强化难度较大的学习。

(1) 游戏

教师在课堂上组织丰富多彩的教育游戏,引导学生在游戏活动中积极参与、主动探索、巩固知识,这种强化适应于低年龄段的学生学习。

(2) 竞赛

竞赛是人才培养的一个引导方向,注重技能的掌握和应用,应用竞赛的方式进行学习强化,不仅能够刺激学生合作学习,通过在竞赛中获得名次也是社会、学校、家庭和个体对自我的认同和奖励,能够起到强化学习成果、促进教学质量的作用。适当的竞赛活动能激发学生的学习积极性,它是强化教学经常采用的活动形式之一。竞赛是培养学生刻苦学习的一个途径,又是促进教学工作,提高学生水平的重要方法。如在教学中,可以开展一题多解的竞赛活动,来帮助学生开阔解题思路和掌握解题方法。通过竞赛活动,全体同学能积极地参与进来,充分调动了学生的积极性,强化了所学知识。

(3) 角色扮演

角色扮演是课堂中教师创造角色氛围,学生扮演不同的角色,体会角色的思想情感和表现行为,营造角色扮演的情境,产生直接的学习经验,加强对学习内容的认识,起到强化作用。如请学生当小老师,年龄越小,踊跃的程度越高。"小老师"非常愿意向老师和同学展示自己的才能,这是现代意识在他们身上的表现。能在课堂上提供自我表现的机会,可以有效地调动这些学生的潜能。

(4) 实践操作

实践操作是在教师的指导下,学生独立或合作完成实践体验过程,感受事物的发生和发展,帮助学生加深对知识的理解,培养主动思维、共同努力、团结协作的学习精神。实践操作活动既能丰富感性知识,体现知识的发生、发展过程,加深理解,又能满足学生好奇、好动的心理,提高他们的学习兴趣。课堂上的演示实验,除了教师操作外,也可以有目的地请一些同学上台操作。

强化类型除了上面所介绍的几种外,如情景强化、物质奖励等强化的效用因人而异。因此,不同的学生在教学过程中的不同阶段,需要不同类型的强化,甚至不同数量的强化,关键在于教师所使用的强化类型和频率是否恰当和必要。

7.1.4 强化技能的应用原则

1. 目的明确,态度真诚

强化技能应用时要紧紧围绕课堂教学目标,将学生的注意力引向学习任务,提高学生参与教学活动的意识,帮助学生采取正确的学习行为。明确强化目的,实现教学目标是使强化有效的基本保证。

应用强化技能时,教师的教学情感要真诚。教学态度要热情、诚恳,才能使得对学生的情感性传递产生积极有效的影响。即使是批评、惩罚性强化,以等待、期望的深深情感才能打动学生,起到强化作用。

2. 把握时机,及时强化

教师要善于捕捉强化时机：一要敏感,善于从学生语言、目光、表情、姿态、声音中敏锐地觉察到学生的内心活动、接受情况;二要善辨,从捕捉到的信息中迅速做出判断,透过现象看本质,了解这些信息的真实含义。当强化及时进行,教师可迅速改进教学,引导学生自我矫正,明确正确方向。在对某种行为或表现巩固到一定程度后,要适当地递减强化频率和次数,使用间歇性强化,这样更加有利于保持已养成的行为。

3. 强化准确,形式多样

教师要有敏锐的洞察力,精确的判断力,准确无误地从反馈信息中找出症结所在,根据教学目的任务,对教学过程进行调节控制,实现教学过程最优化。强化的形式要根据实际情况灵活变化,长时间单一的强化易造成学生的倦怠,降低强化的功能。选择强化形式要综合考虑学生的差异性,要根据不同对象的差异性实施不同的强化标准,包括年龄差异、个性差异、环境差异等,即使是同一年级的学生,在实施强化时也要考虑学生的差异,实施略微差异的强化。

4. 强化适度,方式合理

强化要适度。"物极必反",强化超过应有的限度,则作用会适得其反。运用强化技能要力求恰当、自然,符合课堂需要,要顾及强化对象的年龄特征、个性特征及能力行为特征,避免让人感觉不自然,分散注意力,如过分频繁地走动、目视学生时间过长、强化动作过大、接触学生时间太久等,都易引起学生的反感,起到相反的作用。正强化过度,则会使教师期望学生出现的行为因频率太高而走向反面,如教师不断表扬上课时班上学生"发言积极""思想活跃",有时会导致学生因发言过分踊跃而不遵守课堂常规。负强化过度,会导致"矫枉过正"。

强化方式要适合学生特点。一要考虑学生的年龄特征,教师的语言、符号、体势、活动等应是学生能够理解的,如果学生感到莫名其妙,或颇为费解,就难以收到好的效果。二要考虑学生的个性特征,对于内向、胆怯、自卑感强的学生应多采用正强化,以增强其自尊、自信;对于外向、自我表现、自傲的学生,应适当采用负强化,以引起其自我警觉,避免因自满而固步自封。当然就总体而言,应以正面鼓励为主。

7.1.5 强化技能的应用要点

1. 不能混淆负强化和惩罚

在一些关于强化技能的表述中,负强化和惩罚往往被混为一谈。正强化和负强化是斯金纳按照强化刺激性质的不同,对强化进行的分类。正强化是指呈现对有机体有益的刺激以增加合乎要求的反应概率的过程,负强化则是指消除伤害性或讨厌的刺激从而增加反应出现的概率的过程。由此可见,惩罚是一种和强化根本不同的过程。当刺激是为了加强反应时,那就是强化;当刺激的出现或收回,在于企图减弱某一反应时,那就是惩罚。强化(包括负强化)是增加反应发生的概率,而惩罚则是抑制反应发生的概率。

提出强化概念的心理学家斯金纳反对用惩罚的手段来监督学生。他认为,惩罚有时在改变行为方面是一种有效的方法,但不是一种理想的方法。虽说惩罚会导致反应的减少,但它只是间接地起作用,只是抑制而不是消除这种不良行为。与此同时,惩罚可能会引起负效应,如攻击性行为等。而一系列的实验结果也表明：惩罚并不能持久地减少反应的倾向。通过奖赏,行为可能被铭记;但相反,不能说通过惩罚,行为能够被根绝。从长远的观点看,惩罚对被惩罚者和惩罚的执行者都很不利。

如果不加区分地把惩罚与负强化等同起来,把惩罚认作是强化的一种类型,那么,教学中惩罚手段的运用,将会在合理的招牌下不可避免地频繁起来。从另一个角度说,在教学实际中长期存在的中小学教师经常使用惩罚手段的现象,也许可能与我们在理论上没有将负强化与惩罚两者分清有关。区分负强化与惩罚两个不同的概念,对教师运用强化技能有着重要的指导作用。一是能从主观意识到惩罚的负效应,从而在教学中减少对惩罚手段的使用;二是即使必要时使用了惩罚手段,也能通过负强化使消极因素转化为积极因素。例如,学生因犯错误而受到处分,当他在行为上有一定改观时,便撤销其处分,以强化他的积极行为。

2. 要把握适当的"度"

有些人把教学强化简单地理解为一味地对学生进行表扬和奖励,认为对学生夸得越多,奖得越多,就是强化运用得好。表扬和奖励具有推动学习的作用是可以肯定的,但任何事物都有个适"度"的问题,强化如果用得过分或过多,则可能失去效力,那些表面化的夸奖,可能往往会产生副作用。心理学的研究表明,年幼的儿童乐于接受表面的奖励,而稍年长的学生对于老师的表扬,已能理解到是否故意和符合实际情况。缺乏真诚、表面化的奖励可能会被年长的学生认为是对他们的讥笑和讽刺而产生消极的后果。比如,对学龄初期的学生,教师的奖励起的强化作用更大些;对学龄中晚期的学生,通过集体舆论来进行表扬或批评,强化的效果更好。对自信心差的学生应更多鼓励与表扬,而对过于自信的学生,则应更多地提出要求等。

3. 避免强化走向两个极端

在教学中,如果不总体设计或不善于进行总体设计可能会使教学强化走向两个极端。一种情况是:强化的泛化。教学过程中不分难易、不分主次,眉毛胡子一把抓,从头至尾的平推式教学,缺少教学的针对性,面面俱到,蜻蜓点水,水过地皮湿。这种专靠扯着嗓子喊来强化所谓重点的教学,往往不能把诸多的教学内容合理地组织起来,杂乱无章,缺乏条理,看不出教学的头绪,找不到教学的主线,学生感到枯燥无味,不愿意接受,头脑中没有留下什么深刻的印象,结果是什么也没有得到强化。另一种情况是:为了强化而强化。在教学过程中没有对教学对象进行合理地强化,试图使一节课总处在强化状态之中。事实上,有驰才有张,有弱才有强,不讲究张持有节,强弱有度,似乎处处都在强化,就等于处处都没有得到强化。

7.1.6 强化技能的评价

1. 评价要点

(1) 目的性

教学技能是为教学目标服务的,强化技能首先要能够促进教学目标的实现,在课堂中能够将学生的注意力引至教学内容的学习上,促进学生积极参与,在课堂学习及课外学习中采取正确的学习行为。

(2) 多样性

单一的强化技能易降低强化效果,在课堂中使用强化要根据所授课内容的特点和课堂的实际情况进行强化类型的变化,可选择多种强化方式交替使用或综合应用,以加强强化效果。即使是同一种类型的强化技能,在反复使用时也要有所变化。

(3) 恰当性

强化手段要恰当,符合实际课堂需要,不生硬,表现自然,应用恰到好处。生硬的不恰当的表扬、动作,不但起不到强化的作用,反而会带来不良的后果。

(4) 实效性

强化的实效是衡量强化效果的一个重要指标,在什么时机应用强化能够对简单的问题和课堂练习及时给予强化,能够提高强化的效果,对较为复杂的问题或探究过程,可等学生充分反应后进行强化,给学生思考和探究的空间。

(5)情感性

无论应用哪一种类型的强化手段,教师的情感态度都要热情、真诚,对学生充满热心、关怀和信任,这样才能传递积极有效的情感影响。

2. 评价量表

强化技能的评价量表如表7.1所示。

表7.1 强化技能的评价量表

序号	评价要点	评价项目	标准等级				权重
			好	较好	尚可	较差	
1	目的性	强化目的明确,学生理解意图					0.3
		突出重点,促进知识内容的掌握					
		引起学生的注意力,促进积极参与					
2	多样性	强化方式多样					0.1
		强化过程具有变化性					
3	恰当性	强化自然,不易引起过分关注					0.3
		手段合适灵活,自然流畅					
		在教学重点、关键处运用强化					
4	实效性	强化及时准确					0.1
5	情感性	教师强化时热情、诚恳,感情真挚					0.2
		正面强化为主,鼓励学生进步					

整体评价及建议:

思考与讨论题

1. 什么是强化技能?
2. 强化技能在课堂教学中的作用是什么?
3. 强化技能包括哪些类型?
4. 强化技能在实际应用中要注意哪些事项?
5. 请自主设计某个专业知识点的强化过程。

7.2 变化技能

本节学习目标:

通过本节学习,了解微格课堂教学中变化技能的概念分类和作用,熟练掌握课堂组织技能的应用原则和使用要点,并能应用变化技能解决课堂中出现的教学问题。

本节要点:

- 变化技能的概念和作用
- 变化技能的类型
- 变化技能的应用原则和要点

课堂教学之中,师生之间有时会出现各种情况和意料不到的问题,教师如何去运用教学机智敏锐地去捕捉问题,发现情况,因势利导,变化教学方式去化解,以保证课堂教学的顺利进行,是教师的必备技能之一。

7.2.1 变化技能的概念

变化技能是教师在教学过程中能够根据教学中出现的各种情况和问题运用变化教学媒体,变化师生相互作用的形式,以及变化对学生的刺激方式等形式,引起学生的注意和兴趣,把无意注意过渡到有意注意,保持学生学习动机,丰富学生学习活动,形成良好的课堂学习氛围的一类教学行为。变化是引起学生兴趣的有效方式,它能使教学充满生气,是形成教师教学个性和风格的主要因素。这就要求教师因势利导,随机应变,把控课堂的节奏,调节课堂的气氛。

有充分的证据表明,刺激的变化对学生所产生的作用是通过影响大脑中枢的网状结构系统完成的,可以获得并引起学生的注意,在教学中获得学生的注意是进行教学的基本条件。变化技能可以利用对学生不同刺激的变化来引起学生注意、促进学生学习发展。

7.2.2 变化技能的作用

1. 引起注意

课堂教学中引起学生注意是保证教学效率的基本条件。学生较长时间地在同一教学方式、同一种教学氛围和同一种教学媒体中活动,则他们的思维、灵感和注意程度都会陷入低迷状态。长时间的单调刺激极易引起大脑疲劳,从而影响教学效果。教师运用变化技能,通过教态、语言、媒体和方式的交替改变,使教学信息和活动刺激学生而引起其大脑兴奋中心的转移,引发无意注意,并使之转向有意注意。

2. 强化信息

从理论上讲,任何单一的感官很难完成一节课信息的全面接收。教师运用变化技能也就是利用了学生的多种感觉器官来传递教学信息,学生在一堂课中运用视觉、听觉、动手、动脑,并不断变换,可以使学生减少疲劳程度,更有效地强化信息接收。

3. 激发兴趣

在单一方法和媒体教学过程中,学生容易产生疲劳感,使精力分散,降低学习效果。教师在课堂上适当运用变化技能,在感官上对学生形成刺激,消除学生大脑的疲劳,克服不良情绪,学生的学习兴趣就会被激发。在整堂课中,教师不断地适度变化教态、媒体和师生相互作用,就能营造轻松愉快的学习环境,激活学生的参与热情,并保持学习兴趣。

7.2.3 变化技能的类型

1. 变化教态

教态是教师在课堂上运用的口语和表情、动作等体态语,对学生的反应或行为做出判断和表明态度,或引导学生相互鼓励来变化学习效果的行为。变化教态是最常用的,也是最便捷的一种教学技能,运用得当可及时调整课堂教学气氛。常用的教态变化有声音变化和体态语变化。

声音变化是教师以改变语调、语气、声音强弱、语速节奏、音节停顿等手段,调节课堂气氛,激发学生学习兴趣的一种变化方式。课堂教学中教师音量过低,不能刺激听觉的产生,学生易处于一种抑制状态,甚至容易打瞌睡;教师音量过大,会使神经兴奋过度,易产生疲劳感。语速如果过快,学生没有思考的余地,在脑海中不能形成深刻的印象;过慢,易于造成疲沓气氛,使神经不易兴奋。因此,语调、语气、语速的变化,会使教学变得更有生气,这种变化可以指示出教学的重点、难点,反映出教学内容的情感,并创造亲切悦耳的话语情景,不断激起学生的兴趣。适当停顿能提示学生注意,给予学生思考回忆的时间,以增强教学效果。

体态语变化包括教师的动作、表情、目光及身体位置的变化,体态语在课堂上被赋予某种教育意义。教师精神饱满、充满自信地步入教室,会使学生也感到亲切、振奋、增强学习信心;反之,教师若整堂课冷峻严肃或无精打采,会使学生产生压抑感。因此教师要充分运用动作表情和目光变化来表示自己的态度、要求,增加教学的艺术效果和课堂感染力。教师在教室里的适度移动能改变单调沉闷的气氛,可以形成师生间的亲和力,还能督促学习、沟通心灵。而在有学生注意力不集中时,可不经意走到学生面前,或目光适时地落在学生的身上,引起学生的注意。教师目光变化时要自然亲切,使学生感受到教师对自己的爱护与尊重。在讲课时,教师不能总盯着天花板、后黑板、书本、屏幕上,视角变化速度也不宜过快,而应该始终把全体学生放在自己的视野中,使学生感受到教师在注意自己,在对着自己进行教学,以提高他们的听课效果。手势的变化常常能够使学生增加记忆的长度和强度,突出重点,使学生加深印象。但手势变化的目的要明确,不能带有随意性,也不能过碎过多,这样不但不能给学生以美感,还会分散学生的注意力,影响教学效果。

2. 变化教学媒体

心理学家的研究表明:人类感官器官的接受信息效率是不同的,听觉约11.0%、视觉约83.0%、嗅觉约3.5%、触觉约1.5%、味觉约1.0%。可见,每一种与人类感官相对应的传输通道,其传输效率是不同的。任何单一的感官不可能完成对客观事物的全面认识。视觉媒体是各种感官中效率最高的,但一直使用会引起疲劳。长时间使用某一种媒体而不改变信息传送通道,会增加教学信息的耗散。特别是在信息技术时代,媒体技术日新月异,要适当利用好技术手段,变化信息通道和教学媒体,可以增强教学效果。教师在选用媒体时要根据教学任务的特点、教学内容要求和学生学习的情况适当变换。

3. 变化师生相互作用方式

现代课堂教学中的信息传递类型有师生间相互传递和生生间相互传递。变化师生相互作用方式的目的是增加教学信息的反馈通道,增强学生学习的自主参与性,调动师生双方的交流合作积极性。教师面向全体学生的作用方式有讲解、启发提问、指导实验操作活动等;教师面对个别学生的作用有教师提问和学生回答,或是操作实验、个别点拨辅导等;学生对教师的作用有学生回答问题或操作实验,教师要应答和讲评;学生和学生的作用有小组讨论、分组实验及课堂其他群体活动。在课堂中应根据教学内容和学生听课情况,适当调整师生作用方式,如讲授完一段内容之后,请学生来做演示。遇到内容中的难点部分可以开展小组讨论,这些方式都有利于学生集中注意力,同时积极促进思维发展。

7.2.4 变化技能应用原则

1. 针对性原则

教师运用变化技能要有明确的针对性。首先是针对教学内容,在设计教学时要考虑到为完成教学任务而分几个层次,其中哪些是重点和难点,采用何种变化的方式;其次是针对学生情况,考虑到学生认知水平、兴趣特点及学习过程中的思维活动方式和特点。如低年级的学生注意力较难长久维持,可以通过各种变化,不时改变教学情境,可以激发学生对教学内容本身的兴趣,维持正常的教学次序,而采用鲜明生动的变化也可以化抽象为具体,帮助学生理解。

有时,在课堂上也会遇到一些"突发"情况,教师更要以自身扎实的专业知识和敏捷的思维,针对出现的情况努力化解,以取得好的效果。

2. 流畅性原则

在一堂课中教态、媒体、师生相互作用的方式变化都应该自然流畅地融入教学过程中,按照教学进程发展的需要有机地结合起来。各种变化均是为了保持学生的学习兴趣,增加师生间的交流,提高课堂教学效率。因此,运用变化技能要过渡自然,顺理成章。

3. 适度性原则

通常在一堂课中,如果教师只用一种声调讲课,或只站在讲台上保持某一种姿势,这样的课会令人非常乏味。由此可见,运用变化技能是必需的,但是运用变化技能时,一定要注意适度性。教学媒体过度频繁地变化,不宜夸张。教师不停地在教室空间来回移动,结果只会是教师在教室里忙得不亦乐乎,学生则感到眼花缭乱。因此,教师要根据教学内容和学生情绪而适度运用变化技能。

7.2.5 变化技能的评价

1. 评价要点

(1) 目标明确

变化目标明确,有导向性,能较好地吸引学生注意和激发学生兴趣。

(2) 运用恰当

声音节奏、强弱、语调、语速变化恰当,手势、走动等变化自然得体,表情及眼神的变化恰当自然。

(3) 变化及时

面对突发状态能有效运用教育机智变化手段,应变自如,效果好。

2. 评价量表

变化技能的评价量表如表 7.2 所示。

表 7.2 变化技能的评价量表

序号	评价要点	评价项目	标准等级				权重
			好	较好	尚可	较差	
1	目标	变化目标明确,具有导向性					0.1
2		能较好地吸引学生注意和激发学生兴趣					0.1

续表

序号	评价要点	评价项目	标准等级				权重
			好	较好	尚可	较差	
3	方式	声音节奏、强弱、语调、语速变化恰当					0.2
4		手势、走动等变化自然得体					0.2
5		表情及眼神的变化恰当自然					0.2
6	时机	面对突发状态能有效运用教育机智变化手段,应变自如,效果好					0.2

整体评价与建议:

思考与练习

1. 变化技能在教学中的作用是什么?
2. 变化技能的主要类型是什么?每种类型的要点是什么?
3. 讲述一个小故事,注意声调、音量和语速的变化,并考虑不同变化表达的情感态度。

7.3 课堂组织技能

本节学习目标:

通过本节学习,了解微格课堂组织技能的概念分类和作用,熟练掌握课堂组织技能的应用原则和使用要点,并能应用课堂组织技能组织课堂教学。

本节要点:

➢ 课堂组织技能的概念和作用
➢ 课堂组织技能的类型
➢ 课堂组织技能的应用原则和要点

7.3.1 课堂组织技能的概念

课堂教学是通过一定的课堂组织形式来实现的,课堂组织技能是指老师在课堂教学过程中,为达到教学目标完成教学任务,而采取一系列的组织管理和调节控制的措施,以完善和优化课堂教学结构,维持良好的秩序和氛围,引导学生学习的一种行为方式。在课堂教学过程中,课堂组织管理技能是不可或缺的一项技能,它不仅是课堂教学得以顺利进行的重要保证,而且还影响到整个课堂教学的效果和学生思想、情感、智力的发展。教师和学生都可以参与课堂组织,其中教师在课堂组织行为中起主导作用。一个组织方法得当,秩序井然的课堂,将对课堂教学的有效实施,起到关键的作用。

7.3.2 课堂组织技能的作用

1. 引起学生的兴趣和动机

教师要根据不同学科特点,不同教学内容的特点和学生特征来构建多种多样的教学组织形式,以便能够调动学生学习的兴趣和积极性。使学生可以精神饱满地参与到教学活动中来,形成良好的学习环境,从而提高课堂教学的效率。

2. 增强学生的自信心和上进心

每个学生都有他自己的特点和长处,教师在组织课堂教学过程中既要严格管理,又要肯定和正确引导,使他们不断向好的方向发展,不断增强他们学习的自信心和进取心。

3. 构建良好的课堂氛围

课堂氛围是整个班集体在课堂教学中的一种课堂情感的表现,良好的课堂氛围不仅能使学生没有强烈的压迫感,而且能够使学生积极投入到学习当中。在课堂教学中要创设出符合学生实际的课堂教学氛围,将学生当作真正的学习主体,在充分了解学生的基础上,组织、引导、管理学生,建立起一个和谐的课堂氛围,并及时根据反馈情况调节自己的教学行为,使学生都乐于参与到教学过程中来,这样,学生的知识掌握会更牢固,记忆会更深刻和持久,对预定教学目标的实现起到强有力的推动作用。

4. 组织和维持学生的注意

为了有效地组织学习,教师必须重视随时唤起学生的注意,正确地组织教学,严格地要求学生。它既有利于学生养成有意注意的习惯,也有利于意志力差的学生借用外因的影响集中有意注意。任何一堂课都是从组织教学开始,并应该将其贯彻始终。

5. 帮助学生建立良好的行为标准

学生的行为有时不符合或达不到社会对他们的要求,这就需要教师用一定的规章制度确立的标准来指导和约束,使学生懂得什么是好的行为,为什么要有好的行为,以形成自觉遵守纪律的良好习惯。教师在讲清道理的同时,让他们履行规则,帮助学生实现自我管理,树立良好的行为标准,是教师在课堂上对学生进行思想教育的一个重要方面。使外在的教育要求有效地转化为学生自身素质发展的需要,从而使他们能自觉地遵守纪律,养成良好的行为习惯。

7.3.3 课堂组织技能的类型

根据以上所阐述课堂组织技能的作用,针对不同的教学情况与教学对象,课堂组织形式也有所不同,这里将其分为管理性组织和指导性组织。

1. 管理性组织

管理性组织是指对课堂教学、纪律的管理,从而使教学能在一种有序的环境中进行。对于课堂纪律的衡量标准,过去和现在有着不同的看法。以前认为一个班级纪律好坏的基本尺度,是看课堂教学时是否安静。现在,人们主张课堂不能像过去那样压抑,要充分发挥学生的学习积极性和主动性。课堂是学习的场所,既要使学生生动活泼地学习,又要以纪律为保障。因此,教师在进行课堂管理性组织时,既要不断地启发诱导学生,又要不断地纠正某些学生的不良行为,保证课堂教学的顺利进行。一节课的教学目标、内容、时间进度是有序的,但每个同学又呈现出复杂的个别差异性,他们各自的兴趣、爱好、能力都有所不同,因此在不同课堂活动和环节中的表现是不同的。这种教学的统一性和学生个别差异性之间的矛盾,有可能造成课堂上的各种问题。这就要求教师明确课堂教学的纪律,制订良好的课堂规范,既要不断地启发诱导学生,又要有意识地纠正某些学生的不良行为,保证课堂教学的顺利进行。

(1) 课堂整体秩序的管理

要维持一个良好的课堂秩序,教师一般应该在第一次的课堂上就和同学们讲解应该有的原则和规范,同时,配以适当的事例,引导学生在课堂上自觉遵守行为规范。

当课堂上出现了迟到、看课外书籍、做其他功课、交头接耳、东张西望、吃零食、不专心学习等行为,其原因可能是多方面的,如教师课前准备不足,讲课东拉西扯远离主题,缺乏系统,而导致学生不专心,考试成绩不理想,或同学之间闹矛盾,或出现家庭矛盾,使学生心情欠佳,从而不能专心学习,社会的不良影响,使学生对学习不感兴趣。有时课程的安排也会影响学生的情绪,如刚上完体育课,就要学生来上语文、数学等课程,也难使学生精神集中。

解决这些问题,教师要从关心爱护学生的角度出发,了解他们的问题,倾听他们的声音,然后对症下药解决问题,提出要求,用课堂纪律约束他们。只有这样,他们才能心悦诚服地听从老师的指导。

在处理课堂秩序问题上,教师可用暗示的方法,如用目光暗示,或在暗示的同时配合语言。在这种暗示还不能起到作用的时候,教师也可以边讲解边走向不专心的学生,停留在他的身旁,或拍拍他的肩膀,以非语言形式暗示或提示,既减少对其他同学的影响,也对该同学表示了尊重。

学生处于生理心理发育过程中,心理承受能力脆弱,分辨是非能力不强,如果教师在课堂上针对某个学生的走神等常见行为严厉批评,不但教育效果不好,还会影响整个班级的课堂气氛。不如使用眼神、表情、手势等旁敲侧击的行为,让学生感觉到教师的注意,引导学生自我发现问题,自觉集中注意力,达到教育的目的,同时也保持了课堂的良好气氛。

(2) 个别学生问题的管理

无论课堂规则制订得多么切合实际,教师多么苦口婆心地诱导、教育,个别学生总是会出现一些问题。我们应该认识到,个别学生的不良行为,大多数不是他们道德观念上的产物,一般是出于好奇,或不正常的心理表现。教师应当创造一种互相信任、自然、亲切的气氛,在没有抵触、厌恶的情况下,对他们施加教育影响。对个别的问题,教师不妨使用下列三种方法。

① 冷处理。当个别同学的不良行为出现时,只要不影响大局或对其他同学产生干扰时,就不予理睬。同时,可采用一些活动等,引起学生的注意,抵消他的干扰。例如,教师对个别学生出现的问题大加斥责、恼怒等表现会强化他们的不良行为,甚至会对教师形成抵触情绪。对这种行为不予理睬,或排除对他的奖赏,可有效地削弱负面影响。

② 奖励与行为替换。教师为有不良行为的学生提供合乎要求的替换行为。例如,有的学生在课堂讨论时总爱打闹,影响讨论的正常进行。教师可指定他专门思考一个讨论要点,在小组讨论中发言。如果在小组发言较好,再让他对全班讲,并给予表扬和鼓励,使个别学生在不良行为和替换行为之间做出选择,从替换行为中得到心理的满足。为了达到效果,对替换行为的奖赏必须是强有力的,足以让其放弃不良行为,而选择替换行为。做出安排,使他们不能得到奖赏,从而自行停止不良行为。但这种行为也要注意是在这个学生能够承担的学业范围内进行,如果是他难以完成的项目,学生反而会认为老师故意刁难,适得其反。

③ 教育与强化相结合。对个别学生的奖惩不是目的,而是一种教育的手段,如果在奖惩之前帮助学生明辨事理,使其明白对他的奖惩都是合理的,晓之以理,动之以情,就可能产生更好的效果。同时,也可以让其他的学生对好的行为竞相模仿,对不良行为引以为戒。在学生明

白道理之后,会产生一种内在的自豪感或内疚感,强化良好行为,避免不良行为。

2. 指导性组织

指导性组织是指教师对某些具体教学活动进行的组织,目的是指导学生把握课堂学习的方向,可分为如下两个方面。

(1) 活动的指导性组织。在观察、实验等环节的指导性组织中,可以给出一定的时间限制,提出具体的活动纪律要求和活动结果要求。这样的活动要求学生迅速投入,快速进行观察与实践以训练其相应的能力。良好的活动组织不仅会使学生在活动时注意力集中,而且为学生指明了活动时思考的问题和后续要进行的教学活动,使学生能更好地组织自己的语言和思路,为回答问题做好准备。

(2) 讨论的指导性组织。课堂讨论是一种有计划、有组织,需要学生参与的教学方式。讨论的最大特点是可以让学生主动参与到教学当中,使学生真正地成为学习的主体。讨论有全班讨论、分组讨论、专题讨论等多种形式,但教师一定要对论题进行深入的研究,提出的论题必须能够激发学生的兴趣,并且还要不脱离课堂教学内容,教师要站在稍稍高于论题的角度进行适时的指导。在课堂中的讨论要限定一定的时间及讨论的目标,以免讨论过于发散,偏离教学内容。

合理的课堂组织方式可以通过引导和鼓励,使各种类型的学生都能参与到教学过程中来,当他们正确地回答了问题的时候,教师应该要用喜悦的语气予以表扬,鼓励他们继续进步。在教师合理的组织下,学生会乐于接受知识并完成作业,顺利完成学习任务。

7.3.4 课堂组织技能的要素

1. 教学设计

好的课堂组织教学来源于好的教学设计,在教学活动前,教师首先要分析教学对象和教材,确定教学活动的目标,选择实现目标的方法、步骤、时间、有序的教学过程等一系列设计。教学设计工作如果做得好,准备得充分,那么在课堂中教师就可以胸有成竹地进行教学组织,避免一些因教学准备不足而造成的课堂混乱或无序,保证教学活动的顺利进行,从而实现教学目标。

2. 教师威信

教师的威信对于课堂组织教学有着直接的影响。有威信的教师,可以用一句话、一个眼神让乱哄哄的课堂迅速安静下来。加强修养,为人师表,言传身教,都是一个教师树立威信所必要的。教师良好的威信会给课堂教学组织带来事半功倍的效果。

3. 教学信息量

教学的信息量是教师在有限的课堂教学时间内传递给学生的知识量。教师应根据学生的发展水平和教学内容的难易提前预估好一节课所应该容纳的信息量。信息量太大,学生难以接受,影响学习积极性;信息量太小,学生兴趣低落,容易开小差。一节课的信息量应该以学生能接受为宜。

4. 教学方法

教学中如果不注重教学方法的运用,照本宣科,这不仅会造成学生知识面狭窄,而且会影响学生的课堂学习状态,从而影响学习效果。如果完全运用传统教学方法,而不善于利用互联网时代的现代化教学手段和多媒体技术,如视频、音频、动画等,不但会使学生觉得单调乏味,不利于学生各种感官的综合利用,也不利于培养学生对社会的适应能力。

7.3.5 课堂组织技能应用原则

1. 了解学生、尊重学生

每个学生都有自己的兴趣、爱好和个性特点,在课堂上,教师需要对学生进行充分的了解,才能根据学生的不同特点,用不同的方法进行教育和管理。如能叫出不同学生的名字,了解每个学生的能力水平,都有利于对课堂的组织和管理。在对学生管理的时候,要尊重他们的人格,坚持正面教育,以表扬为主,激发积极因素,克服消极因素。因此,有经验的教师在发现学生注意力不集中时,不是当众斥责挖苦讽刺,而是给予暗示或引导。

2. 重视集体、形成风气

良好的课堂风气一旦形成,可使学生在集体中得到情感的熏陶和教育。一些不守纪律的学生走进有着良好风气的教室之中,就会情不自禁地有所顾忌和收敛,在环境的熏陶下逐渐融入良好环境之中。

3. 灵活应变、因势利导

课堂教学的情境千变万化,突发情况随时有可能发生,这就要求教师能够灵活应变,因势利导,充分利用教育机智。教育机智是指教师对学生活动的敏感性,能对学生所发生的意外情况快速地做出反应,及时采取恰当措施的能力。教育机智主要体现在教师机敏的应变能力,能根据实际情况,因势利导,把不利于课堂的学生行为引导到有益学习或集体活动方面来,恰到好处地处理个别学生问题,或根据实际情况,灵活地运用多种教育形式和方法,有针对性地对学生进行教育,保证教学过程的顺利进行。

4. 明确目的,教书育人

教书育人,营造和谐的课堂氛围,保证课堂教学的顺利开展,是课堂组织最主要的目的。通过良好的课堂组织,使学生明确学习目的,热爱科学知识,形成良好的习惯,但并不是绝对的安静和树立教师的绝对权威。组织教学中教师严谨的治学态度,精湛的教学艺术,高度的责任感,对学生都有言传身教、潜移默化的作用,同时,讨论、活动等方式也有利于开发学生的思维,营造积极活泼的氛围,只要合理控制,也是有效组织教学的手段。

5. 不急不躁,沉着冷静

遇事不急不躁是教师的一种心理品质,它是以对学生的热爱、尊重和理解,及高度的责任感为基础的。只有这样,教师才能公正地对待每一个学生,尊重和维护学生的自尊心,耐心地引导他们进行学习;也只有这样,教师才能遇到意外情况时,沉着冷静,不为一时的感情冲动左右。处理问题时,随时意识到自己对社会、对学生所承担的责任,考虑自己行为的后果,从教育的根本利益和目标出发,处理好所面临的各种复杂问题。

7.3.6 课堂组织技能的应用要点

1. 目标导航

教师在课堂教学开始前,一定要明确课堂的教学目标,同时对学生提出教学课堂的纪律要求,创设学习氛围,激发学生主动参与的意识。课堂教学目标是教师根据教学目的、内容及学生实际制订的一种具体要求和标准,它是教学目的的具体化,是课堂教学的方向,是判断课堂教学是否有效的直接依据。课堂教学必须指引学生明确教学目标,才能做到有的放矢,迅速使学生集中精力,积极主动投入到学习过程中去。

2. 变化吸引

课堂中适当地变换节奏或者停顿,能够有效地引起学生的注意力,可以产生明显的刺激对比效应。当教师发现个别学生不守纪律时,可采取突然停止讲课或通过语调、音量、节奏和速度的变化,让学生感到意外而使他们分散的注意力重新集中起来。在讲解中适当加大音量或减小音量,也可以起到加强注意和突出重点的作用。在使用变化吸引法时应注意停顿时间不要太长,太长也会造成学生注意力涣散。

3. 提问点拨

提问是一种启发式教学方法,是组织课堂教学的重要环节,它不仅能引起学生的注意,启发学生思维,活跃课堂气氛,而且有利于激发学生的学习兴趣,培养学生的语言表达能力。当某些学生注意力不集中时,教师可以通过提问使他们的注意力转移到学习中来。当注意力不集中的学生答题不够理想时,也不要急于批评,可稍加点拨,鼓励他们动脑思考或听教师同学讲,从而引发他们的自觉兴趣,将精力投入到学习中来。

4. 情境吸引

要让学生真正成为课堂的主体,教师应该要从教学需要出发,创设与教学内容相适应的教学情境,引起学生的情感体验,激起学生的学习兴趣和动机。鼓励学生主动探索,主动思考,把教学内容的此情此景变成学生学习的我情我景,使学生有身临其境之感,以寓教于乐的方式,满足学生学习中的情感需要,开启智慧,陶冶性情,促成学生乐学,较好地理解教学内容。

5. 过程强化

适时的强化,可以让课堂组织更加顺畅。如适当的表扬可以使学生感到愉快和振奋,能够激发学生的学习热情、进取心和荣誉感,有利于学生个性的培养和课堂氛围的形成,而适时的鼓励同样可以促使学生产生强烈的学习欲望。因此,教师要在教学中不断发现学生的优点并及时给予表扬和鼓励。表扬鼓励运用得当,可以成为学生的内驱力,使他们在愉快的心境下完成学习任务。

7.3.7 课堂组织技能的评价

1. 评价要点

(1) 目标

课堂组织行为目标明确,能运用口头语言与书面语言等表明课堂纪律和教学等要求,使学生有较好的动机。

(2) 时间

在课堂开始、活动开始或个别学生出现问题时,能够及时因势利导。

(3) 方法

课堂组织方法得当,使不同层次不同水平的学生都能积极投入,懂得处理少数与多数、个别与一般学生的策略。

(4) 变化

根据实际情况变化组织方式,使学生始终处于积极状态。

(5) 互动

教学进程自然,师生相互作用好,气氛活跃。

2. 评价量表

课堂组织技能的评价量表如表7.3所示。

表 7.3 课堂组织技能的评价量表

序号	评价要点	评价项目	标准等级				权重
			好	较好	尚可	较差	
1	目标	课堂组织行为目标明确					0.2
2	时间	组织引导及时					0.2
3	方法	不同活动组织方法恰当					0.2
4	变化	不同情况下组织方法变化合理					0.2
5	互动	组织进程自然,师生互动好					0.2

整体评价与建议：

思考与习题

1. 课堂组织技能的主要类型有哪些？
2. 在一门课程开始时,可以采取什么方式进行课堂组织,以营造良好的课堂气氛？
3. 针对课堂上个别同学不专心听讲或者故意捣乱的情况,教师应该如何处理？

本章参考文献

[1] 王晞等.课堂教学技能 必修模块[M].福州:福建教育出版社,2008.
[2] 郭友.新课程下的教师教学技能与培训[M].北京:首都师范大学出版社,2004.
[3] 杨永芳.大学语文教学技能[M].开封:河南大学出版社,2010.
[4] 赵惠玲.幼儿师范技能教育[M].北京:团结出版社,2001.
[6] 崔鸿.新理念生物教学技能训练[M].北京:北京大学出版社,2013.
[7] 林赟.英语微格教学[M].厦门:厦门大学出版社,2012.
[8] Skinner,B. F. Contingencies of Reinforcement:A Theoretical Aualysis. 1969.
[9] (新西兰)戈登·德莱顿(GordonDryden),(美)珍妮特·沃斯(Jeannettevos).学习的革命[M].顾瑞荣等,译.上海:三联书店,1997.

第 8 章 微格教学评价与反馈

本章学习目标：

通过本章学习，了解微格教学评价的概念、功能、目的、意义及程序，了解反馈的特点、类型、效益和适用条件，掌握微格教学评价的具体内容和方法，以及获得反馈的方法和应用原则。

本章要点：

- 微格教学评价的概念、功能、目的及意义
- 微格教学评价的程序
- 微格教学评价的内容和方法
- 微格教学反馈的特点及类型
- 微格教学反馈的效益和适用条件
- 微格教学反馈的方法和应用原则

教学评价是一种依据教学目标，对学生和教师进行系统测量并评定其价值和优缺点，以求改进的过程。评价与反馈是微格教学中的一个重要环节，其直接影响微格教学的最终效果。微格教学的评价，是在活动过程中进行的教学评价，评价活动本身的效果，并用于调节活动的过程。微格教学的评价是一种即时的评价，处于动态过程之中，是保证教学目标实现而进行的形成性评价。这种评价要及时获得反馈信息，适时地调节控制，缩小过程与目标的差距。

8.1 微格教学评价概述

8.1.1 微格教学评价的概念和功能

美国教育家拉尔夫·泰勒认为教育评价是一种测定教育方案目标达到程度的过程，当时多限于对课堂教学的评价。微格教学评价是以教学技能目标为依据，对师范生的教学训练行为进行系统测量和评价的过程。

微格教学评价的功能概括起来有以下几方面。

1. 鉴定功能

鉴定功能是微格教学评价的基本功能，其他功能是在科学鉴定的基础上实现的，只有认识对象才能改变对象。"鉴定"首先是"鉴"，即仔细审查评价的对象，然后才是"定"结论。由于教育评价是依据一定的标准进行的，这就决定了教育评价对评价对象具有鉴定优劣、区分等级、排列名次、评选先进、资格审查等鉴定功能。微格教学的目的在于训练和改变学生的教学行

为,根据所指定的教学技能训练目标,师范生掌握的效果如何?这就要求对每一轮训练都进行测量和评价,以鉴定其教学方案是否成功,教学目标是否达到以及达到的程度。微格教学采用视听、音像技术辅助进行,可以采取自评、他评、师评等多种鉴定方式同时进行,从而达到客观评价的目的。

2. 导向功能

微格教学评价主要包括制订评价指标和编制测量程序等内容,引导教学技能训练科学化、规范化,使教学的各个技能的实施符合教学的客观规律。如评价课堂教学的导入技能,将会引导师范生积极参与教学活动,重视调节学生具有良好的学习心理情境,达到教学技能训练最优化的目的。

3. 强化激励功能

教学评价可以调动教师教学工作的积极性,激起学生学习的内部动因,维持教学过程中师生适度的紧张状态,使教师和学生把注意力集中在教学任务的某些重要部分。微格教学的评价是对师范生的课堂教学技能表现给出价值性判断,使被评价者看到自己的成功和缺陷,找到与别人的差距和不足,从而激励被评价者更加刻苦训练。

4. 调节反馈功能

评价发出的信息可以使师生知道自己教和学的情况,教师和学生可以根据反馈信息修订计划,调整教学的行为,从而有效地工作以达到所规定的目标,这就是评价所发挥的调节作用。微格教学评价主要是运用反馈原理,通过测量和评价,了解在训练中出现的问题,从而及时调节、纠正偏差,使下轮技能训练有所改进和提高,使教学技能的训练效果逐步优化,达到逐步改进的教学目的。

5. 教育功能

评价本身也是种教学活动。在这个活动中,学生的知识、技能将获得长进,智力和品德也有进展。微格教学评价本身具有影响评价对象的思想、品质、思维的功效和能力。微格教学评价的教育功能主要是通过评价目标体系,采用他评和自评结合的方式,在形成性评价过程中得以充分体现的。第一,评价目标系统体现着一定的教育思想、教育方针和价值取向,无论是何种评价都要以此为基准,评价对象在评价过程中必然受其熏陶和影响。第二,现代教育评价重视形成性评价,静态评价与动态评价相结合,注重即时反馈和调整的过程发展。第三,现代教育评价重视发挥评价对象的主体作用,重视他评与自评相结合,注重自我调节的过程发展,评价对象在评价过程中,按照评价目标体系,使评价过程成为"学习—对照—调节—改进—完善"的过程,有利于评价对象及时看到成绩,受到激励和鼓舞,找到差距,及时改进和提高,有利于促进评价对象的自我认识、自我改进、自我提高、自我完善。

8.1.2 微格教学评价的目的及意义

微格教学中的评价是对教学技能的评价,是以一定的目标、需要、期望为准绳的价值判断过程,它通过对各项教学技能指标的考察与分析,来评价受训学生的课堂教学技能水平。在教学技能的学习和形成过程中,评价起着重要的作用,没有评价就不能通过微格教学进行技能改进。微格教学技能评价的意义在于:

(1)通过评价来比较、区分受训学生的教学能力,确定学生是否掌握某项技能,以便及时指导。

(2)通过评价可以让被评价者看到自己的成绩和不足,好的地方得到强化,缺点和错误得到纠正,从而提高课堂教学技能。

(3) 教学技能评价目标的制订,一般都体现了方向性和客观性,通过评价目标、评价体系的指引,可以为教学指明方向。因此,教学技能评价具有促进受训者提高教学技能水平的导向作用。

8.2 微格教学评价的程序

一般而言,微格教学评价的一般过程大致分为三个阶段。

第一,准备阶段。包括以下几方面:首先选择确定被评对象,如评价学生或教师,评价什么内容,是评价课堂教学还是专门评价某一课堂教学的某一技能等;其次确定评价目标和标准,根据被评对象的教育目标而提出教学评价结果指标;最后编制评价指标体系使评价目标具体化,设置具体的可测量、可比较的项目量标和尺度。

第二,实施阶段。包括实施测量和收集评价的信息,对评价的信息资料进行分析,在此基础上做出价值判断。

第三,检验阶段。主要是根据判断结论做出各种决策,这也是评价的目的,即以评价的信息结论为教和学提供决策依据。如决策掌握目标的程度,决策补救什么教学或做出什么劝告和指导,做出改进课堂教学决策,做出课程决策等。

而微格教学评价的程序则包括建立评价指标体系、确定评价标准、制订技能评价表和实施评价四个环节。

8.2.1 建立评价指标体系

一个科学合理的微格教学评价标准能使学生有更明确的努力方向,受训者经过评价了解自己在教学训练中存在的优势和问题,并可按照评价标准进一步体验成功的经验和反思失败的教训,从而不断改进自己的教学行为,直至其教学行为符合评价标准的要求。因此,建立合理的教学技能评价指标体系,是微格教学评价工作的关键问题。

评价指标是根据教学规律对教学技能目标在各方面做出的具体的、可测的、行为化、操作化的规定,用它来判断是否达到要求的目标。评价指标体系是各种教学技能评价指标的集合。在微格教学过程中,教师和受训者要关心的问题是如何判断受训者现有的训练水平,如何判断受训者得到进步和提高,即如何判断微格教学的作用及价值,这就需要建立微格教学评价标准体系。

建立一个科学适用的课堂教学技能评价指标体系,是目前世界各国教育界正努力探索的重要问题。在微格教学技能培训中,常用的教学技能评价指标体系如表 8.1 所示。

表 8.1 课堂教学技能评价指标体系表

一级指标	二级指标	三级评价指标、评价要素
A 课堂教学技能	B1 口头语言技能	C11 普通话发音正确清晰,无方言 C12 吐字清晰,声音洪亮,语速、节奏适当 C13 语句通顺、简练,语义明确,重点突出 C14 语言条理清楚,层次分明,具有一定的逻辑性 C15 能用恰当的语言声调,丰富的词汇创设适当的教学情境 C16 能用生动、形象有语言启发学生的思维

续表

一级指标	二级指标	三级评价指标、评价要素
A 课堂教学技能	B2 板书技能	C2.1 符合特定的教学目的 C2.2 内容简明扼要,设计精巧 C2.3 结构合理、思路清晰 C2.4 呈现时机得当,能配合其他技能合理运用 C2.5 能够引起学生的兴趣和积极思维 C2.6 书写规范,板书简、快、准 C2.7 大小、位置适当,板面整洁 C2.8 适当使用彩色笔强化信息 C2.9 没有笔顺、笔画错误,无错别字
	B3 导入技能	C3.1 导入带有强烈的冲击力和感染力 C3.2 导入自然合理,使学生短时间内迅速集中到学习刺激上 C3.3 教师语言和行动诙谐有趣,具有感染力 C3.4 学生积极观察,主动参与师生互动 C3.5 学生带有强烈的求知欲望 C3.6 贴近学生真实生活,并与学习内容紧密相关 C3.7 为学习新知识进行了铺垫,并自然流畅的转换到新内容学习上 C3.8 教师直接点题 C3.9 教师引导学生明确学习目的 C3.10 学习精神饱满,感情充沛,表情丰富,态度积极,对新知识充满好奇和渴望 C3.11 时间安排紧凑,内容短小精悍
	B4 提问技能	C4.1 问题有明确的教学目的性,难易适中 C4.2 能根据不同教学进程进行设计,问题之间有层次性 C4.3 能启发学生进行思考,有助于培养学生的批判性思维能力和创新能力 C4.4 问题表达清晰流畅,条理清楚,层次分明,具有一定的逻辑性 C4.5 问题表达清晰流畅,能给予学生思考时间 C4.6 面向全体学生进行提问 C4.7 对不同问题有不同的辅助回答策略 C4.8 对学生回答的评价及确认方式合理,适时总结
	B5 讲解技能	C5.1 观点科学 C5.2 符合认知发展水平 C5.3 提供视、音频媒体直观支持 C5.4 目标明确 C5.5 具有启发性,激发学生思考 C5.6 用词准确,语速适中 C5.7 条理清晰,逻辑性强 C5.8 突出重点,详略得当,揭示本质 C5.9 讲解面向全体学生,注意与学生的态度情感 C5.10 讲解生动有趣,富有感染力,能够产生互动 C5.11 善于运用分析比较、综合概括、逻辑推理等方法 C5.12 与其他教学技能配合使用 C5.13 讲解时间控制合理 C5.14 能将长讲解分解成小段

续表

一级指标	二级指标	三级评价指标、评价要素
A 课堂教学技能	B6 演示技能	C6.1 目的明确，演示适时 C6.2 符合教学需要，突出重难点 C6.3 演示与讲解结合恰当，描述与说明科学、准确、实事求是 C6.4 演示适时适度，有效促进教学 C6.5 媒体选择有助于传递教学信息 C6.6 媒体摆放合适，利于观察 C6.7 形象鲜明，直观性强 C6.8 生动有趣，新颖刺激 C6.9 引导学生主动观察 C6.10 引导主动运用多种方法解决问题 C6.11 操作规范、熟练，示范性好 C6.12 演示操作安全性好
	B7 结束技能	C7.1 结束目的明确，能使知识系统化 C7.2 归纳总结时重点难点突出 C7.3 结束的方式和内容相适应 C7.4 结束方式能引起学生注意力 C7.5 结束效果明显，能引起学生兴趣，引发思考 C7.6 结束语精练、清楚、明白 C7.7 结束时间把握适当，不拖课
	B8 强化技能	C8.1 强化目的明确，学生理解意图 C8.2 突出重点，促进知识内容的掌握 C8.3 引起学生的注意力，促进积极参与 C8.4 强化方式多样 C8.5 强化过程具有变化性 C8.6 强化自然，不易引起过分关注 C8.7 手段合适灵活，自然流畅 C8.8 在教学重点、关键处运用强化 C8.9 强化及时准确 C8.10 教师强化时热情、诚恳，感情真挚 C8.11 正面强化为主，鼓励学生进步
	B9 变化技能	C9.1 变化目标明确，具有导向性 C9.2 能较好地吸引学生注意和激发学生兴趣 C9.3 声音节奏、强弱、语调、语速变化恰当 C9.4 手势、走动等变化自然得体 C9.5 表情及眼神的变化恰当自然 C9.6 面对突发状态能有效运用教育机智变化手段，应变自如，效果好
	B10 课堂组织技能	C10.1 课堂组织行为目标明确 C10.2 组织引导及时 C10.3 不同活动组织方法恰当 C10.4 不同情况下组织方法变化合理 C10.5 组织进程自然，师生互动好

8.2.2 确定评价标准

标准,就是衡量的各种准则。标准使得评价更具体、可行,且利于比较,给评价者提供了努力的方向,标准的选用有定性和定量之分,定性标准也就是描述性标准,一般都是写出描述性评语。定量评价标准常常给出分数,如 95 分、80 分、68 分、55 分或优良中差等级分数;或者按权重给出单项小分,如 10 分、8 分、3 分等。在具体的操作过程中,也可将定性描述语言标准赋予数值量,形成等级标准或定量标准。

8.2.3 制定技能评价表

评价表是根据各项技能评价指标的条款内容、等级标准和所占比重,制作一张供评价人员使用的表格。评价表的条款应具体、易测,具有可比性和独立性,以保证诊断性反馈和及时反馈的准确性。同时,还应便于测量和计算处理。导入技能评价表如表 8.2 所示。

表 8.2 导入技能的评价量表

序号	评价要点	评价项目	标准等级				权重
			好	较好	尚可	较差	
1	引起注意	导入带有强烈的冲击力和感染力					0.2
		导入自然合理,使学生短时间内迅速集中到学习刺激上					
2	激发兴趣	教师语言和行动诙谐有趣,具有感染力					0.3
		学生积极观察,主动参与师生互动					
		学生带有强烈的求知欲望					
3	主题衔接	贴近学生真实生活,并与学习内容紧密相关					0.2
		为学习新知识进行了铺垫,并自然流畅的转换到新内容学习上					
4	学习目的	教师直接点题					0.1
		教师引导学生明确学习目的					
5	态度情感	学习精神饱满,感情充沛,表情丰富,态度积极,对新知识充满好奇和渴望					0.1
6	时间把握	时间安排紧凑,内容短小精悍					0.1

整体评价与建议:

8.2.4 实施评价

实施评价前,指导教师应讲解技能评价的有关知识,让每一位学生熟悉如何评价课堂教学技能。在教学技能评价时,以原来的小组为单位,重放角色扮演的录像,然后采取学生自评、互评和指导教师点评三结合的方法进行评价,最后,参与评价者填写技能评价表,从而使量化评价与质性评价相结合。指导教师根据二者结合的成绩对培训对象做出是否合格的判断。

在评价过程中,指导教师应注意提高学生的评价意识,让他们学会对教学技能的观察与鉴赏,还可以通过技能评价过程提高学生的评价水平。

8.3 微格教学评价的内容与方法

微格教学的评价应采用定性评价和定量评价相结合的方法。定性评价能对教学的整体性质给予评价,指出教学中的优点,分析所犯错误的类型,明确继续努力的方向。定量评价能对教学技能的各个指标给出量化的分数。定性评价与定量评价相结合,不仅能对因果关系进行分析解剖,而且能在量上做出准确判断,使评价具有一定的指导意义。

8.3.1 定性评价

定性评价是微格教学中常用的评价方法。它既可用于诊断性评价,又可用于形成性评价,只指出优点和不足,不评定成绩,被评价者把它看作是一种帮助,而不会感到害怕。

定性评价可在角色扮演之后,采用自评、互评、点评相结合的方式进行。首先反思与自评,由教师角色扮演者自己检查实践过程与预定目标的差距,这样在进行互评时可以有心理准备。然后由指导教师或组长组织互评,评价者根据评价标准来评价教学实践的过程,指出被评价者的优点和缺点。如果只说缺点不说优点,会挫伤被评价者的积极性;如果只说优点不说缺点,会使被评价者不知道怎样改进,产生自满情绪。指导教师点评时,要从技能教学的整体出发,运用评价进行全面、客观地评价,注意优、缺点并重。定性评价是对照技能理论,分析成败的原因,有很强的激励功能和改进功能,同时定性评价对于调动被评价者的积极性和及时发现问题、明确改进方向,具有很大的推动作用。

8.3.2 定量评价

现代科学的发展使得定量化分析成为必然趋势。教学技能定量化的评价标准是客观存在的。在微格教学实践中,应用模糊数学、概率论和矩阵计算的定量评价方法,使技能评价具有较好的客观性和科学性。

定量评价要求学生用技能评价表来做好测量记录,然后,将同一被评对象评价表上的有关数据填写在统计评价表中,再用矩阵统计计算,最后得出评价结果。如微格教学技能评价软件,则只需将每份评价表测量得到的各项等级按指定顺序输入计算机,便可打印出评价量化表各条款内容分数的直方图。指导教师根据量化的评价结果做出判断和结论。

表8.3以导入技能评价为例,来说明该种评价方法。

表 8.3　导入技能统计表

班级_____　姓名_____

项目	等级比率权重	Ⅰ（好）	Ⅱ（中）	Ⅲ（差）	备注
1	0.2	0	4/10=0.4	6/10=0.6	
2	0.15	3/10=0.3	6/10=0.6	1/10=0.1	
3	0.15	2/10=0.2	7/10=0.7	1/10=0.1	
4	0.2	1/10=0.1	5/10=0.5	4/10=0.4	
5	0.1	4/10=0.4	6/10=0.6	0	
6	0.1	0	6/10=0.6	4/10=0.4	
7	0.1	3/10=0.3	6/10=0.6	1/10=0.1	

对同一被测评对象的评价，有人认为好，也有人认为一般，因此，统计时采用比率的办法，如 10 人参加评议，对第一项"导入能引起学生兴趣和积极性"，评价为好、中、差分别为 0 票、4 票、6 票；比率分别为 0/10、4/10、6/10，形成一个数列 0、0.4、0.6。在统计表的第一项Ⅰ（好）、Ⅱ（一般）、Ⅲ（差）等级下分别填入 0、0.4、0.6。用同样的办法，将各项目、各等级一一逐次填入统计表中。

计算采用数学中的矩阵方法，现以表 8.3 中的数据为例来计算统计结果。

这里可得出两组矩阵，项目矩阵 A 和等级矩阵 R。

项目矩阵 A 是由各项目权重决定的，即：

$$A=(0.2, 0.15, 0.15, 0.2, 0.1, 0.1, 0.1)$$

等级矩阵 R 是由评价人员判断各项目的各等级比率决定的，即：

$$R=\begin{pmatrix} 0 & 0.4 & 0.6 \\ 0.3 & 0.6 & 0.1 \\ 0.2 & 0.7 & 0.1 \\ 0.1 & 0.5 & 0.4 \\ 0.4 & 0.6 & 0 \\ 0 & 0.6 & 0.4 \\ 0.3 & 0.6 & 0.1 \end{pmatrix}$$

对导入技能进行评价运算，矩阵 B 是以上两个矩阵之和，即：$A \cdot R$

$$B=(0.2, 0.15, 0.15, 0.2, 0.1, 0.1, 0.1)\begin{pmatrix} 0 & 0.4 & 0.6 \\ 0.3 & 0.6 & 0.1 \\ 0.2 & 0.7 & 0.1 \\ 0.1 & 0.5 & 0.4 \\ 0.4 & 0.6 & 0 \\ 0 & 0.6 & 0.4 \\ 0.3 & 0.6 & 0.1 \end{pmatrix}$$

矩阵乘法是矩阵 A 的每一项（横为行，在此例中仅有一行）与矩阵 R 的每一列（竖为列，在此例中有三列）对应元素的积作为矩阵之和的各元素，即：

$$B = (0.2\times0+0.15\times0.3+0.15\times0.2+0.2\times0.1+0.1\times0.4+0.1\times0+0.1\times0.3,$$
$$0.2\times0.4+0.15\times0.6+0.15\times0.7+0.2\times0.5+0.1\times0.6+0.1\times0.6+0.1\times0.6,$$
$$0.2\times0.6+0.15\times0.1+0.15\times0.1+0.2\times0.4+0.1\times0+0.1\times0.4+0.1\times0.1)$$
$$= (0.165, 0.555, 0.28)$$

B 矩阵表示参加评价的人对这位学生导入技能的全面评价：16.5%的人认为好；55.5%的人认为一般；28%的人认为差。

假设各等级与百分制分数的对应关系是：差=55；一般=75；好=95，则又得到一矩阵 C。

$$C = \begin{pmatrix} 55 \\ 75 \\ 95 \end{pmatrix}$$

用矩阵 $B' = B \cdot C$ 表示最终评价结果：

$$B' = (0.165, 0.555, 0.28)\begin{pmatrix} 55 \\ 75 \\ 95 \end{pmatrix}$$
$$= 0.165\times55 + 0.555\times75 + 0.28\times95 = 72.7$$

被评价者的导入技能最后得分为 72.7 分。

在课堂教学中，师生相互作用分析也常用于微格教学的定量评价。弗朗德的 FSLA 系统用得较多，它把课堂教学中师生的行为分为若干类，以时间为顺序把各类行为发展的前后顺序关系记录下来进行分析，用矩阵或曲线的方式全面地反映教学过程中师生的相互作用，为受训学生改进教学提供反馈资料。

8.4 微格教学反馈

微格教学是一个有控制的实践系统。系统论告诉我们，没有反馈的系统无法实施调控，系统无从优化。微格教学中的反馈是在技能评价的过程中实现的，它和评价相辅相成，使微格训练卓有成效。反馈是控制系统的基本方法和过程，教学中的反馈可以有效地强化动机，促进行为改善。

由于微格教学的技能评价是形成性评价，其理论依据就是反馈原理。因此，微格教学的反馈是根据过去的操作情况来调整未来行动，它根据形成性评价提供的信息，肯定教学技能、理论知识的优势，并诊断出问题，及时改进，提高教学质量，具有很大的调整和矫正作用。微格教学中的反馈是及时反馈，信息量大，在教学技能实践之后，立即以重放录像的形式给被培训者提供了自我观察教学过程和分析自己教学行为的条件，让学生能很容易找出自己的不足。

8.4.1 反馈的特点和类型

1. 反馈的特点

反馈的概念来自电子工程学，它是指发出去的电波或信息的回流。根据它原来的概念和反馈在教学上的作用，可以看出反馈在教学过程中具有使师生之间彼此相互沟通，进行信息往返交流和相互作用的特点。因此,根据反馈可以了解到学生对学习内容的态度、评价、愿望和要求,也可以根据反馈获得信息,有针对性地调节自己的教学进度、方法和知识的深浅度。学生不仅在教学过程中用自己的表情、姿态或语言等形式,及时直接地对教学做出明显的反应,而且又能及时地得到教师的评价,使学生对知识的学习清晰而准确。所以教师为了搞好教学,提高教学质量,就必须了解、掌握、运用好反馈。

2. 反馈的类型

反馈的类型与形式是多种多样的。有内部反馈(自我反馈),外部反馈(他人的反馈);简单反馈(一般只限于指出被反馈者反应的对、错),复杂反馈(是完全具体的反馈,为被培训者提供正确的答案、分析对错、方法优劣、形成原因和指出有针对性的改进意见等);及时反馈(对反馈者的反应及时给予反应),延时反馈(对反馈者的反应不给予及时的反应);正反馈(对被反馈者给予肯定、表扬和奖励类的反馈),负反馈(对被反馈者给予否定、批评和惩罚类的反馈)。反馈的类型很多,不同的反馈具有不同的特点,所起的作用也不同。为使反馈达到良好的效果,使用反馈时要有明确的目的,按照正确的目的和适用反馈的条件,慎重地选用反馈。

8.4.2 获得反馈的方法

反馈是控制的关键,没有反馈就不会有控制,而教学过程是一个系统的运动过程,要使这个系统的运动有序,并能按照预定的目标前进,就需不断地反馈,以实现有目的的控制。由于控制论应用到教育领域,因此,"信息的及时反馈"已成为一条重要的教学原则。通过反馈不但能了解教学系统运动的现状,而且也能了解发展的可能性,以便实现有目的的调控。为了很好地实施调控,就要掌握反馈的方法和实施反馈应注意的问题。教师在课堂教学过程中,获得反馈信息的方法是多种多样的,而最常用的方法有以下几种。

(1) 课堂观察法。课堂观察法是教师综合运用自己的感觉器官和大脑,对学生的表情、动作等反应,进行边听、边看、边分析、边判断,获得反馈信息和处理问题的过程。因此,教师就要在教学过程中,随时从学生的一举一动、一言一行中分析他们的内心活动,以便获得正确的反馈信息,从而调整自己的教学。

(2) 课堂提问法。课堂提问法是教师通过提问的方式,了解学生对知识掌握的情况,发现教学中存在的问题,从而获得反馈信息,并根据所获得的反馈信息改进自己的教学。

(3) 课堂考查法。教师利用小测验、练习或板演的形式,检查学生的学习质量和教师的教学效果。通过考查获得教与学双方的反馈信息,从而提高教学效果。

(4) 实践操作法。教师通过学生的实践操作、仪器的使用和用所学知识解决实际问题的能力,来获得反馈信息。

8.4.3 反馈应用原则

1. 反馈应及时准确

教师在教学过程中,为了有效地调控教学进程,使其达到预定的目标,就必须排除各种干扰,及时获得准确的反馈信息。只有及时地获得准确的反馈信息,才能迅速做出正确的判断,以利于有效地调控。如果不能及时地获得真实的反馈信息,就会导致错误的判断和不正确的调控,以至偏离教学目标,降低教学效果。所以,及时获得正确的反馈信息是应用反馈环节的首要问题。

2. 针对不同情况合理选用反馈

反馈的类型多种多样,使用反馈是为了获是良好的反馈效果和促进学生发展,因此,教师要根据不同情况合理地利用反馈,并及时了解反馈的结果,以使反馈达到预定目的。

3. 注意施用反馈的条件

由于反馈的条件充分与否,决定着反馈效果的好坏及程度。把以教师在实施反馈时要有正确的目的,并针对不同的对象,采用恰当的形式与内容,以收到好的效果。

总之,反馈的类型虽是多种多样的,但各类型之间是相互依存和紧密联系的。所以反馈时采取综合运用的方式,会收到更好的效果。

思考题

1. 微格教学评价的功能有哪些?具有怎样的意义?
2. 微格教学评价的程序是怎样的?
3. 微格课堂教学评价的内容和方法有哪些?
4. 微格教学反馈的类型有哪些?
5. 微格教学反馈的方法有哪些?其应用具有哪些原则?

本章参考文献

[1] 杨善禄.微格教学反馈环节的特点及作用[J].首都师范大学学报(社会科学版),1995(5).
[2] 田华文主编.微格教学基本教程[M].武汉:武汉理工大学出版社,2003.1.
[2] (美)泰勒(Tyler,Ralphw.).课程与教学的基本原理[M].施良方,译.北京:人民教育出版社,1994.

下篇 实 训 篇

实训一　口头语言技能训练

一、实训目标

1. 口语能力达到普通话二级水平,能流畅地进行表达。
2. 掌握口头语言技能微格教案的设计与编写。
3. 掌握使用语言技能进行教学的方式方法。
4. 利用微格系统反思和分析口头语言技能训练中的优点和不足。

二、实训设备及场地

主控室、微格教室及相应的摄录放设备和软件。

三、实训内容

（一）口语基础练习
1. 对比辨音:请对以下几组词语进行对比辨音。

团结	爱护	能量	辞职	费用	考虑
纠正	窝囊	造句	那么	一块儿	俗话
目光	山脉	冰棍儿	磁带	耳朵	碰见
委托	宗派	准确	帆船	成分	入学
这会儿	细菌	统筹	破坏	没事儿	抓紧
强调	答应	劳驾	采购	咨询	凶猛
怎样	源泉	思想	敏感	恰当	别人
按照	窗帘	球场	收获	处理	咏叹调
凑巧	自始至终				

2. 四字短语声调训练

中国伟大	山河美丽	天然宝藏	资源满地
阶级友爱	中流砥柱	工农子弟	千锤百炼
身强体健	精神百倍	心明眼亮	光明磊落

山明水秀　花红柳绿　开渠引灌　风调雨顺
阴阳上去　非常好记　高扬转降　区别起落

3. 朗读材料：请朗读下列材料。

材料1：

所以，每个人说话是自由的，想什么时候说就什么时候说，想说什么就说什么；但说话时选择什么材料，遵循什么规则是不自由的，必须服从社会习惯。说出来的一句一句的话和说话时所用的词与规则是两回事。语言是说话和表达思想的工具，而说出来的话则是从头运用这种工具表达思想所产生的结果。语言好比打字机的字盘，说出来的话好比是打出来的文章。一盘铅字可以打出彼此毫不相干的种种文章来，而字盘里的铅字却有一定的数目，排列也有一定的规矩。这个比喻可以帮助我们大致理解语言和说话之间的关系。一个从小学会一种语言，可以说是使用这种语言的权威，最有能耐的语言学家要研究这种语言，也得拜他为师。尽管这样，他对自己的语言究竟是什么样子，有哪些规则，却往往茫然，说不清楚。语言研究的任务就是要把说话中反复使用的材料和规则找出来，把那隐藏在无数说话中的见首不见尾的语言找出来，使它的整体和每一片鳞甲都清清楚楚地展现在人们面前。这当然是非常复杂细致的任务。

材料2：

不管我的梦想能否成为事实，说出来总是好玩儿的：春天，我将要住在杭州。二十年前，旧历的二月初，在西湖我看见了嫩柳与菜花，碧浪与翠竹。由我看到的那点儿春光，已经可以断定，杭州的春天必定会教(jiào)人整天生活在诗与图画之中。所以，春天我的家应当(yīng dāng)是在杭州。

夏天，我想青城山应当算作最理想的地方。在那里，我虽然只住过十天，可是它的幽静已拴住了我的心灵。在我所看见过的山水中，只有这里没有使我失望。到处都是绿，目之所及，那片淡而光润的绿色都在轻轻地颤动(chàn dòng)，仿佛要流入空中与心中似的。这个绿色会像音乐，涤清(dí qīng)了心中的万虑。

秋天一定要住北平。天堂是什么样子，我不知道，但是从我的生活经验去判断，北平之秋便是天堂。论天气，不冷不热。论吃的，苹果、梨、柿子、枣儿(zǎ er)、葡萄，都每样有若干种。论花草，菊花种类之多，花式之奇，可以甲天下。西山有红叶可见，北海可以划船——虽然荷花已残，荷叶可还有一片清香。衣食住行，在北平的秋天，是没有一项不使人满意的。

冬天，我还没有打好主意(zhǔ yi 或 zhú yi)，成都或者相当得合适，虽然并不怎样和暖(hé nuǎn)，可是为了水仙，素心腊梅，各色的茶花，仿佛就受一点儿寒冷。

4. 你根据以下情境设计一段话。

请从下面材料所提供的话题中选择两个，设计一段不超过五分钟的内容并进行说话。

记叙类

你最尊敬的一个人

你最难忘的一件事

你最感兴趣的一件事

你的业余生活

你的家乡变化

你最爱的一本书（一种花、一首歌、一个故事、一个电影等）

你记忆最深刻的一位教师

议论类

谈怎么和同学相处

谈学习普通话的体验

谈对某一社会现象的看法

谈你所处的社会环境

(二)观摩教学示范录像

1. 观摩示范教学录像。

2. 根据所学习理论和教师口语要求分析录像中的语言设计,教师表达等问题。

(三)小组进行示范案例训练

每个小组成员请根据以下材料编写微格教案进行口头语言技能训练,小组其他成员作为同侪进行辅助。

材料3:《音乐巨人——贝多芬》

客人敲开了贝多芬家的门。

"他不肯接见你的,"一个女佣站在门槛上为难地说,"他谁都不肯接见。他厌恶别人打扰他,他要的是孤独和安静……"

但是这个好心肠的女人经不住客人的苦苦要求,担弄着她的围裙答应去试试看,不过,她说:"答应我,你们一定要按照我的意思决定去留。"

她带领来客到贝多芬工作的屋子,在那里最惹人注目的是两架对放的大钢琴。女佣在一旁指点着说:"他在这架钢琴上工作,他在那架琴上经常弹奏。别以为这房间杂乱无章,我曾经想收拾一下,后来发觉那是徒劳的。他不喜欢我整理房间,就算整理好了,两分钟内就会弄得凌乱不堪。过去那一边是他的厨房,他自己做东西吃,吃得简单随便,也不让我帮他一点忙。可怜他几乎完全聋了,又常常不舒服,什么声音他都听不清楚,看着真叫人难受。还有他那个流氓一样的侄子,一天到晚来麻烦他。——瞧,他下来了,我希望他不会责怪我。"

沉重的脚步声踏在楼梯上清晰可闻。到第二层的时候,他稍稍停留。随后他走进门来了。一个身高五英尺左右的人,两肩极宽阔,仿佛要挑起整个生命的重荷及命运的担子,而他给人明显的印象就是他能担负得起。

这一天他身上的衣服是淡蓝色的,胸前的纽扣是黄色的,里面一件纯白的背心,所有这些看上去都已经显得十分陈旧,甚至是不整洁的。上衣的背后似乎还拖着什么东西,据女佣解释,那拖在衣服后面的是一副助听器,可是早已失效了。

他无视屋内的人,一直走向那只巨熊一样蹲伏着的大钢琴旁边,习惯地坐下来,拿起一支笔,人们可以看见他那只有力的大手。

客人带着好像敬畏又好像怜惜的神情,默不作声地望着他。他的脸上呈现出悲剧,含蓄了许多愁苦和力量。火一样蓬勃的头发,盖在他的头上,好像有生以来从未梳过。深邃的眼睛略带灰色,有一种凝重不可逼视的光;长而笨重的鼻子下一张紧闭的嘴,衬着略带方形的下颌,整个描绘出坚忍无比的生的意志。女佣略踌躇后,走上前去引起他的注意,可是他的表情是不耐烦的。

"什么?又怎么了?"他大声说。接下去倒像在自言自语:"倒霉,今天!哦,今天我碰到的是那些孩子,嘲笑我,捉弄我,模仿我的样子。"

女佣向客人指了指。

贝多芬说:"谁?那是谁?"

他又粗着嗓子喊道:"你们说的声音大些,我是个聋子。"

客人小心翼翼递过去一张字条。贝多芬戴上眼镜,专注地凝视了一会,"好,你们竟敢到兽穴里来抓老狮子的毛,"他说,虽然严肃,但脸上浮现出善良的微笑,"你们很勇敢……可是你们不容易了解我,也很难使我听懂你们的话。过来坐在我旁边,你们知道我听不见的。"他敲敲自己的耳朵,随手拿过来一张纸一支铅笔给客人。

客人在纸上写道:"我们要知道您的生平,把您的消息带给万千大众,使他们了解您真实的好灵魂。"

看了这几句话,一滴泪在大音乐家眼里闪光。他喃喃地如同独语:"我的好灵魂!人家都当我是个厌世者,你们怎么会想到这个!在这里我孤零零地坐着,写我的音符——我将永远听不见音乐,但是在我心里发出的回响,比任何乐器上演奏的都美。我有时不免叹息,我真软弱……一个音乐家最大的悲剧是丧失了听觉。"

贝多芬神往地说:"一个人到田野去,有时候我想,一株树也比一个人好……"

他接着说:"你可能想到我——一座已倒落了的火山,头颅在熔岩内燃烧,拼命巴望挣扎出来。"

贝多芬激动而又沉郁的情绪深深感染了来访者,客人不停地记下来。

命运加在贝多芬身上的不幸是将他灵魂锁闭在磐石一样密不通风的"耳聋"之中。这犹如一座不见天日的囚室,牢牢地困住了他。不过,"聋"虽然带来了无可比拟的不幸和烦忧,却也带来了与人世的喧嚣相隔绝的安静。他诚然孤独,可是有"永恒"为伴。

贝多芬留客人在他屋子里吃简便的晚餐。在晚餐桌上说起他往昔的许多故事,包括他在童年时跟海顿学习时的生活,包括他为了糊口指挥乡村音乐队的生活……请看一看罗曼·罗兰的《约翰·克利斯朵夫》,在那本大书里流着一条大河,那条大河就是从贝多芬身上流出来的,并且加以引申开的。

贝多芬还向他的客人叙述自己最后一次指挥音乐会的情形。那次节目是"费黛里奥"。当他站在台上按着节拍指挥时,听众的脸上都有一种奇怪的表情,可是谁也不忍告诉他。演奏告终,全场掌声雷动。贝多芬什么也听不见,很久很久背身站在指挥台上,直到一个女孩拉着他的手向观众答谢时,他才缓缓地转过身来。原来他完全聋了!他永远不能担任指挥了!贝多芬对客人大声说:"听我心里的音乐!你不知道我心里的感觉!一个乐队只能奏出我在一分钟里希望写出的音乐!"

1. 根据以上材料编写口头语言技能微格教案。
2. 小组成员依次进行口头语言技能训练,其他成员作为同侪进行辅助。
3. 每位小组成员根据听课记录授课者在每个不同阶段和情况下的口头语言的特点及使用情况。
4. 授课者进行自我反思。
5. 每位小组成员根据2+2原则进行口头评价,并根据语言技能评价表评价授课者的口头语言技能。

(四)自选课题进行口头语言技能训练

选择本学科某一课题的某一知识点,确定教学目标,设计一节3~5分钟的教学口语技能的微格训练教案,并按照以下步骤进行分组微格训练。

1. 编写微格教案

附:微格训练教案参考格式

训练目标				
教学目标				
时间分配	教师言行	技能要素	学生行为	教学媒体

2. 技能训练与视频录制

小组成员依次进行口头语言技能训练,其他成员作为同侪进行辅助。口头语言技能训练时间控制在3~5分钟,每个学生单独录制一个视频。

3. 口头语言技能评议

- 每位小组成员根据听课记录授课者在每个不同阶段和情况下的口头语言的特点及使用情况。
- 回放授课录像。
- 授课者进行自我反思。
- 每位小组成员根据2+2原则进行口头评价,并根据语言技能评价表评价授课者的口头语言技能。
- 教师点评与总结。

4. 修改教案

- 授课者根据授课及评议过程撰写个人反思并修改教案。

附:评价量表

口头语言技能的评价量表

序号	评价要点	评价项目	标准等级				权重
			好	较好	尚可	较差	
1	普通话	普通话发音正确清晰,无方言					0.15
2		吐字清晰,声音洪亮,语速、节奏适当					0.15
3	条理性	语句通顺、简练,语义明确,重点突出					0.15
4		语言条理清楚,层次分明,具有一定的逻辑性					0.15
5	情境性	能用恰当的语言声调,丰富的词汇创设适当的教学情境					0.2
6	启发性	能用生动、形象有语言启发学生的思维					0.2

整体评价与建议:

实训二 板书技能

一、实训目标

1. 设计利用不同类型的板书进行教学内容的归纳总结及呈现。
2. 书写正确美观规范的板书。
3. 反思和分析板书技能的优点和不足。

二、实训设备及场地

主控室、微格教室及相应的摄录放设备和软件。

三、实训内容

（一）基础练习
1. 讨论并形成意见稿：板书之与多媒体课件的区别与联系。在多媒体课件盛行的现代，板书是否具有存在的必要，为什么？如何将板书与多媒体课件有机地联系起来？
2. 利用小黑板进行粉笔字规范性训练。
（1）基本文字书写：要求字体工整，笔画清晰，笔顺规范，行竖平直，符号规范，格式正确，图形标准。
（2）板书结构设计：合理安排内容在黑板中的位置大小，包括标题的设计，板书类型的选择，板书内容出现的先后次序，各部分之间的联系等。
（二）观摩示范教学录像中的板书案例
1. 观摩示范录像中的板书案例。
2. 根据所学习理论分析录像中的板书设计，教师板书呈现时机表达等问题。
（三）板书设计及使用训练
1. 板书设计
根据不同学科选择以下课题进行板书设计，也可自选课题进行板书设计。
（1）语文《草船借箭》（2）语文《长亭送别》（3）语文《赵州桥》（4）数学《平抛运用的规律》（5）数学《一次函数与反比例函数的图像与性质》（6）数学《三角形边与角的关系》（7）物

理《大气压强》(8)化学《抽取氧气》(9)历史《虎门销烟》(10)地理《陆地地形》(11)生物《观察植物细胞》

2. 利用板书尝试教学

每位同学根据专业学科中某门课程中的一节课例设计出的板书进行微格试教,小组其他成员作为同侪进行辅助。

(1)每位小组成员根据听课记录授课者在板书的特点及使用情况,分析板书内容是否合理,呈现时间是否得当。

(2)授课者反思板书设计与呈现问题。

(3)每位小组成员根据2+2原则进行口头评价,并根据板书技能评价表评价授课者的板书技能。

(4)教师点评与总评。

(5)授课者根据板书授课及评议过程撰写个人反思并修改板书设计。

附:评价量表

板书技能的评价量表

序号	评价要点	评价项目	标准等级				权重
			好	较好	尚可	较差	
1	目标	符合特定的教学目的					0.2
2	内容	内容简明扼要,设计精巧					0.15
3		结构合理、思路清晰					0.15
4	呈现	呈现时机得当,能配合其他技能合理运用					0.1
5		能够引起学生的兴趣和积极思维					0.1
6	书写	书写规范,板书简、快、准					0.1
7		大小、位置适当,板面整洁					0.1
8		适当使用彩色笔强化信息					0.05
9		没有笔顺、笔画错误,无错别字					0.05

整体评价与建议:

实训三 导入技能

一、实训目标

1. 掌握导入技能微格教案的设计与编写方法。
2. 能熟练利用导入技能的不同方法进行课题导入。
3. 客观分析与反思导入技能训练的优点和存在的问题。

二、实训设备及场地

主控室、微格教室及相应的摄录放设备和软件。

三、实训内容

（一）明确训练目的和任务

教师说明本次实训的教学目的和任务，安排训练程序，发放评价量表。

（二）介绍课堂教学导入方式的典型范例

1. 导入技能知识回顾

教师通过展示相关材料帮助学生回顾导入技能的不同类型和设计原则，讨论导入时可能会存在的问题。

2. 展示课堂教学导入方式示范教案

（1）教案一：物体浮沉条件的导入

训练目标	1. 将学习情境与学生充分相互作用，使学生意识到差距，建立问题情境，引起认知需要； 2. 按教学内容的内在逻辑，选择恰当的问题，进行指引，形成学习动机； 3. 以学生先作假设，实验立即验证，激发学生学习兴趣
教学目标	以实验验证的形式将学生的"物体浮沉条件"的知识缺陷充分暴露，并以复习二力平衡进行指引，使学生形成追求物体浮沉原因的学习动机

续表

时间分配	教师言行	技能要素	学生行为	教学媒体
00'	同学们现在上课！ 提问：物体在水中有的上浮，有的下沉，条件是什么呢？今天我们一起来研究这个问题	引起注意	注意力开始集中	板书：物体的浮沉条件
02'	我们用实验来研究这个问题。 实验：用体积相等的铁块和木块浸入水槽中，木块上浮，铁块下沉。 提问：谁能解释，为什么木块上浮，铁块下沉呢？	激发认知需要	观察 回答：重的物体下沉，轻的物体上浮	木块、铁块、水槽、天平等
04'	"重的物体下沉，轻的物体上浮"我们做实验看一看，这个说法对不对。 实验：展示小铁钉和木块，浸入水中，铁钉下沉，木块上浮。 提问：看来能不说"重的物体下沉，轻的物体上浮"，那么究竟在什么条件下物体上浮，什么条件下物体下沉呢？	激发认知需要，激发学习兴趣	观察，思考 回答：密度大的物体下沉，密度小的物体上浮	铁钉
07'	"密度大的物体下沉，密度小的物体上浮"，我们再做实验看看这个说法对不对。 实验：展示密封铁盒和塑料片 提问：哪个物体的密度大？将铁盒与塑料片浸入水中，铁盒上浮，塑料片下沉。 设问：看来也不是密度大的物体下沉，密度小的物体上浮，那么物体的沉浮条件究竟是什么？	激发学习兴趣，激发认知需要	观察，思考，议论纷纷，回答：铁的密度大，塑料的密度小。陷入认知矛盾	封铁盒、塑料片
10'	看来物体的轻重，密度的大小，都不能确切表明物体的沉浮条件，应该用我们已知的力学知识来分析。我们知道物体的运动状态由它的受力情况决定，浸在水中的物体受哪些力的作用？	形成学习动机	回答：浸在水中的物体受水的浮力和物体的重力	板书
12'	我们学习过物体受大小相等，方向相反的两个力时，处于平衡状态，如果两个力仍然方向相反，但不相等，物体的状态如何呢？今天我们就从这个问题开始讨论物体的浮沉条件	形成学习动机	思考，议论，举手要求发言	

(选自中华工商联合出版社《物理教育与素质教育》卢铁峰 P270～272)

(2) 教案二:鸦片战争前夕的国内国际情况

训练目标	导入技能			
教学目标	导入鸦片战争			
时间分配	教师言行	技能要素	学生行为	教学媒体
0'00"	师:这是世界地图,这里是我们伟大的祖国。现在我把祖国疆域清楚地标志出来。 师:用黑色,因为我们要开始学习祖国历史上最黑暗的一页——近代史。细心的同学还会发现这图形不同于大家熟悉的雄鸡的图形,因为近代史开端时期,祖国领土比现在要大 150 多万平方公里,大小就像这片海棠叶。 师:标志中国近代史开端的历史事件是什么?	创设问题情境 引起惊奇	学生看图 生:鸦片战争	世界地图 1840 年中国疆域图用黑色纸标明
2'35"	师:对,是鸦片战争。 (板书:第一章 鸦片战争) 师:战争的双方分别是哪个国家? 师:对,英国和中国,请看地图。 这是中国,这是英国。这是大西洋、印度洋、太平洋。两国间可谓远隔重洋,天各一方。当时从好望角到中国航行需要 4 个月。 师:为什么两国会发生战争?而且是在 1840 年?	导入性提问	生:英国和中国	

(选自北京五中高级教师姜菲老师教案)

3. 讨论与分析

以小组形式开展讨论和分析范例中的导入方式,可能的导入效果和应用时存在的问题。

(三) 观摩教学示范录像

1. 观摩导入技能教学录像。
2. 根据所学习理论和教师导入技能的要求,分析录像中的导入技能应用情况和操作要点。

(四) 自选课题进行导入技能训练

选择本学科某一课题,应用相应的导入技能方法进行导入技能教案设计,导入时间控制在 3~5 分钟。

1. 编写微格教案

附:微格训练教案参考格式

训练目标				
教学目标				
时间分配	教师言行	技能要素	学生行为	教学媒体

2. 技能训练与视频录制

小组成员依次进行口头语言技能训练，其他成员作为同侪进行辅助。导入时间控制在3~5分钟内，每个学生单独录制一个视频。

3. 导入技能评议
- 每位小组成员根据听课记录授课者在每个不同阶段和情况下的导入技能特点及使用情况。
- 回放授课录像。
- 授课者进行自我反思。
- 每位小组成员根据2+2原则进行口头评价，并根据导入技能评价表评价授课者的导入技能。
- 教师点评与总结。

4. 修改教案
- 授课者根据授课及评议撰写个人反思并修改教案。

附：评价量表

导入技能的评价量表

序号	评价要点	评价项目	标准等级				权重
			好	较好	尚可	较差	
1	引起注意	导入带有强烈的冲击力和感染力					0.2
		导入自然合理，使学生短时间内迅速集中到学习刺激上					
2	激发兴趣	教师语言和行动诙谐有趣，具有感染力					0.3
		学生积极观察，主动参与师生互动					
		学生带有强烈的求知欲望					
3	主题衔接	贴近学生真实生活，并与学习内容紧密相关					0.2
		为学习新知识进行了铺垫，并自然流畅的转换到新内容学习上					
4	学习目的	教师直接点题					0.1
		教师引导学生明确学习目的					
5	态度情感	学习精神饱满，感情充沛，表情丰富，态度积极，对新知识充满好奇和渴望					0.1
6	时间把握	时间安排紧凑，内容短小精悍					0.1

整体评价与建议：

实训四 提问技能

一、实训目标

1. 设计与编写提问技能微格教案。
2. 掌握使用不同类型提问技能进行教学的方式方法。
3. 有针对性地对提问技能进行训练,提高教学的质量和水平。
4. 反思和分析自己与他人提问技能微格训练中的优点和不足。

二、实训设备及场地

主控室、微格教室及相应的摄录放设备和软件。

三、实训内容

(一) 基础训练

训练一:
1. 请在小组内讨论以下问题。
(1) 你的身旁发生过火灾吗?
(2) 火灾常发生于什么情况之下?
(3) 发生火灾的主要原因是什么?
(4) 我们应该如何预防火灾?
(5) 遇到火灾,你能想到逃生和灭火的方法主要哪些?
(6) 请实地调查某一大楼,归纳总结存在的安全隐患有哪些?
2. 你认为上面几个问题都是什么类型的问题?
3. 以上各问题之间有什么关系?
4. 如果要你上一堂消防安全课,你会设计哪些问题?

训练二:针对以下情况,分析原因并列出你的解决办法。
1. 绝大多数学生对提问没有反应。
2. 某个学生经常抢答,且回答既快又准确。

3. 进行回答的学生词不达意。
4. 某个学生质疑你的题目的正确性。

(二)观摩示范教学录像
1. 观摩示范教学录像。
2. 根据所学习理论分析录像中的的问题设计,提问时机,教师操作技能的要点等问题。

(三)小组进行示范案例训练
1. 每个小组请一位成员根据以下教案进行提问技能训练,小组其他成员作为同侪进行辅助。
2. 每位小组成员根据听课记录授课者的提问过程及每个问题的提出时机。
3. 授课者进行自我反思。
4. 每位小组成员根据 2+2 原则口头评议并根据提问技能评价表评价授课者的提问技能。

案例教案

学科:语文　　年级:九年级　　课题:我的叔叔于勒
训练技能:提问技能　　主讲人:×××

训练目标	1. 增强提问技能 2. 学会师生互动			
教学目标	1. 认识对于勒的多种评价 2. 认识菲利普夫妇评价人的标准是金钱			
时间分配	教师言行	技能要素	学生行为	教学媒体
1分钟	我们已经阅读了莫泊桑的小说《我的叔叔于勒》,下面我们来认识几个基本问题。人物是小说的重要因素,这篇小说主要写了哪几个人物?	提示 提问	于勒,菲利普夫妇,若瑟夫,还有他们的女儿及男朋友,还有船长	板书
3分钟	找出课文中的人物是怎么评价我的叔叔于勒的,包括怎么称呼他,怎么说他的。 "花花公子"是对于勒的评价吗?	提问 质疑	"那时候是全家唯一的希望,在这以前是全家的恐怖""花花公子" 不是。花花公子是说有钱人家的子弟,而于勒家不是,于勒家比较穷	
3分钟	对,请继续找。 这是直接指于勒吗? 很好,这个同学找了很多,还有没有?	深入 质疑 深入	坏蛋、流氓、无赖 不是,这是就一般情况说的,但实际上是暗指于勒。还有"分文不值的于勒",索一下子成了"正直的人,有良心的人""好心的于勒" "他可真算得上是一个有办法的人""这个小子""他是个法国老流氓""这个家伙""这个贼""那个讨饭的""这个流氓" "这是我的叔叔,父亲的弟弟,我的亲叔叔"	

续表

时间分配	教师言行	技能要素	学生行为	教学媒体
	对,这几句话很重要。 现在我把同学们找的主要的都写在黑板上。 请同学们把这些评价分分类,分类的标准是:哪些话是大致相同的情况下说的,并说明是什么情况。他们对于勒的态度是怎样的。请按时间顺序说。	肯定 板书 分析	"分文不值的于勒"、"全家的恐怖"是在同一种情况下说的,因为于勒把自己应得的遗产吃得一干二净后,还占用了"我"父亲应得的那一部分	板书
	对,占了钱。他们对于勒采取了什么态度? 你怎么知道是被赶走的?	提问	把他赶走了 课文中用了"打发"一词,可知是把于勒赶走了	
	下面依次有哪些话是在同一情况下说的?信中哪些话导致他们这么说?	深入	"全家唯一的希望""正直的人,有良心的人",是在他们接到于勒两封信之后说的	
	从中我们可以看出,菲利普对于勒的态度有变化,这变化的根源是什么?	追问	"赔偿我父亲的损失""发了财一起快活地过日子"	
	非常好,大家已经很好地明白了这篇小说的主要问题	总结	生(齐):看于勒有没有钱	

(该案例选自《微格教学原理与训练实用教程》P131)

(四)自选课题进行提问技能训练

以"鸟的飞行"或"轴对称图形"为主题或自选本学科某一课题根据教学目标设计一节10分钟左右的提问技能的微格训练教案。提问设计应有一系列主要问题及相应的辅助问题,主要问题的排列可以从具体到抽象,从逐步提出问题到解决问题,从事物发展规律等方面进行。

1. 编写微格教案

附:微格训练教案参考格式

训练目标				
教学目标				
时间分配	教师言行	技能要素	学生行为	教学媒体

2. 技能训练与视频录制

小组成员依次进行提问技能训练,其他成员作为同侪进行辅助。提问时间控制在3~5分钟,每个学生单独录制一个视频。

3. 提问技能评议

- 每位小组成员根据听课记录授课者在每个不同阶段和情况下的提问过程及每个问题的提出时机等。

- 回放授课录像。
- 授课者进行自我反思。
- 每位小组成员根据 2+2 原则进行口头评价,并根据提问技能评价表评价授课者的提问技能。
- 教师点评与总结。
4. 修改教案
- 授课者根据授课及评议过程撰写个人反思并修改教案

附:评价量表

提问技能的评价量表

序号	评价要点	评价项目	标准等级				权重
			好	较好	尚可	较差	
1	问题设计	问题有明确的教学目的性,难易适中					0.15
2		能根据不同教学进程进行设计,问题之间有层次性					0.15
3	问题表达	能启发学生进行思考,有助于培养学生的批判性思维能力和创新能力					0.1
4		问题表达清晰流畅,条理清楚,层次分明,具有一定的逻辑性					0.1
5	问题呈现	问题表达清晰流畅					0.1
6		能给予学生思考时间					0.1
7		面向全体学生进行提问					0.1
8	提示与答问	对不同问题有不同的辅助回答策略					0.1
9		对学生回答的评价及确认方式合理,适时总结					0.1

整体评价与建议:

实训五　讲解技能

一、实训目标

1. 掌握讲解技能微格教案的设计与编写。
2. 掌握讲解技能的使用方法,在微格课堂训练中学会合理应用。
3. 能够根据讲解技能的评价标准,对自己和他人的讲解技能应用过程进行恰当公正的评价。

二、实训设备及场地

主控室、微格教室及相应的摄录放设备和软件。

三、实训内容

（一）明确训练目的和任务

教师说明本次实训的教学目的和任务,安排训练程序,发放评价量表。

（二）观摩教学示范录像

1. 观摩示范教学录像。
2. 根据所学习理论和教师讲解技能要求分析录像中的教师讲解层次、语言表达,效果等问题。

（三）小组进行示范案例训练

选择本学科某一课题的某一知识点,确定教学目标,设计一节5～8分钟的讲解技能的微格训练教案,并按照以下步骤进行分组微格训练。

1. 编写微格教案

附：微格训练教案参考格式

训练目标				
教学目标				
时间分配	教师言行	技能要素	学生行为	教学媒体

2. 技能训练与视频录制

小组成员依次进行讲解技能训练,其他成员作为同侪进行辅助。口头语言技能训练时间控制在5~8分钟,每个学生单独录制一个视频。

3. 讲解技能评议
- 每位小组成员根据听课记录授课者在每个不同阶段和情况下讲解技能的设计及运用情况。
- 回放授课录像。
- 授课者进行自我反思。
- 每位小组成员根据2+2原则进行口头评价,并根据讲解技能评价表评价授课者的讲解技能。
- 教师点评与总结。

4. 修改教案
- 授课者根据授课及评议过程撰写个人反思并修改教案。

附:评价量表

讲解技能的评价量表

序号	评价要点	评价项目	标准等级				权重
			好	较好	尚可	较差	
1	内容组织	观点科学					0.2
		符合认知发展水平					
		提供视音频媒体直观支持					
2	主题衔接	目标明确					0.2
		具有启发性,激发学生思考					
3	讲解结构	用词准确,语速适中					0.2
		条理清晰,逻辑性强					
		突出重点,详略得当,揭示本质					
4	情感态度	讲解面向全体学生,注意与学生的态度情感					0.15
		讲解生动有趣,富有感染力,能够产生互动					
5	方法运用	善于运用分析比较、综合概括、逻辑推理等方法					0.15
		与其他教学技能配合使用					
6	时间把握	讲解时长在10分钟之内					0.1
		能将长讲解分解成小段					

整体评价与建议:

实训六 演示技能

一、实训目标

1. 掌握演示技能微格教案的设计与编写。
2. 掌握演示技能的使用技巧,在微格训练中会合理应用。
3. 能够根据演示技能的评价量表,对自己和他人的演示技能应用过程进行恰当公正的评价。

二、实训设备及场地

主控室、微格教室及相应的摄录放设备和软件。

三、实训内容

(一)观察摩分析教学示范录像
1. 观摩示范教学录像。
2. 根据所学习理论和教师口语要求分析录像中的演示过程的设计,教师表达等问题。
(二)自选课题进行演示技能训练
选择本学科某一课题的某一知识点,确定教学目标,设计一节 3~5 分钟的教学演示技能的微格训练教案,并按照以下步骤进行分组微格训练。
1. 编写微格教案
附:微格训练教案参考格式

训练目标				
教学目标				
时间分配	教师言行	技能要素	学生行为	教学媒体

2. 技能训练与视频录制

小组成员依次进行演示技能训练,其他成员作为同侪进行辅助。演示技能训练时间控制在 5 分钟内,每个学生单独录制一个视频。

3. 演示技能评议
- 每位小组成员根据听课记录授课者在每个不同阶段和情况下的演示的特点及使用情况。
- 回放授课录像。
- 授课者进行自我反思。
- 每位小组成员根据 2+2 原则进行口头评价,并根据演示技能评价表评价授课者的演示技能。
- 教师点评与总结。

4. 修改教案
- 授课者根据授课及评议过程撰写个人反思并修改教案。

附:演示技能评价表

演示技能评价表

| 序号 | 评价要点 | 评价项目 | 标准等级 | | | | 权重 |
			好	较好	尚可	较差	
1	目的性	目的明确,演示适时					0.1
		符合教学需要,突出重难点					
2	科学性	演示与讲解结合恰当,描述与说明科学、准确、实事求是					0.2
		演示适时适度,有效促进教学					
3	技术性	媒体选择有助于传递教学信息					0.2
		媒体摆放合适,利于观察					
4	趣味性	形象鲜明,直观性强					0.2
		生动有趣,新颖刺激					
5	启发性	引导学生主动观察					0.2
		引导主动运用多种方法解决问题					
6	规范性	操作规范、熟练,示范性好					0.1
		演示操作安全性好					

整体评价与建议:

实训七 结束技能

一、实训目标

1. 设计与编写结束微格教案。
2. 掌握使用不同类型结束技能进行教学的方式方法。
3. 有针对性地对结束技能进行微格训练,提高教学的质量和水平。
4. 能够根据结束技能的评价量表,对自己和他人的结束技能应用过程进行恰当公正的评价。

二、实训设备及场地

主控室、微格教室及相应的摄录放设备和软件。

三、实训内容

(一)观摩示范教学录像
1. 观摩结束技能示范教学录像。
2. 根据所学习理论分析录像中的结束方式设计,教师运用技能的技巧等问题。

(二)小组进行示范案例训练
1. 明确训练目标,出示并分析案例教案。
2. 每个小组请一位成员根据以下示范教案进行结束技能训练,小组其他成员作为同侪进行辅助。
3. 每位小组成员根据听课记录授课者的结束技能的过程。
4. 授课者进行自我反思。
5. 每位小组成员口头评议并根据结束技能评价表评价授课者的结束技能。
6. 小组讨论反馈听课情况。
7. 小组分析诊断问题。

示范案例:
学科:音乐 年级:一年级 课题:声音编织的故事

训练技能:结束技能　　主讲人:×××

训练目标:	1. 掌握系统归纳和集中小结的结束技法 2. 学会结束与其他技能配合使用的方法				
教学目标:	1.培养学生倾听各种声音的习惯,激发学生学习音乐的兴趣 2.引导学生感受和模仿自然界和生活中的各种声音,并能够对各种声音产生联想,培养学生丰富的想象能力				
时间分配	教师言行	教学技能 (技能要素)	学生言行	教具、媒体等	
5分钟	第三组的同学们表现得也不错。今天,我们用声音表现了清晨、课间和公园里发生的故事。除了这些,还可以用哪些声音表现哪些事情? 放学之后有哪些事情发生? 谁来学一学。 你们家的晚饭一般谁来做? 今天,我给大家留一个作业,仔细观察倾听,在妈妈(奶奶)的厨房里都有什么声音,都发生了什么事情?下节课,我们一起来表现《妈妈的厨房》	提问 简单回忆 提示要点 拓展延伸	 生:放学以后 生:坐车回家,上楼,开门,做作业,整理书包,吃晚饭 个别学生模仿 妈妈、奶奶等		

(节选自北京市东城区史家胡同小学范汝梅《声音纺织的故事》教学设计,经过整理。http://www.pep.com.cn/yinyue/jszx/ls/jakl/200411/t20041123_136470.htm)

(三)自选课题进行结束技能训练

自选本学科某一课程某一课时内容为主题根据教学目标设计一节 2～5 分钟的结束技能的微格训练教案,并按照以下步骤进行分组微格训练。

1. 编写微格教案

附:微格训练教案参考格式

训练目标					
教学目标					
时间分配	教师言行	技能要素	学生行为	教学媒体	

2. 技能训练与视频录制

小组成员依次进行结束技能训练，其他成员作为同侪进行辅助。结束技能训练时间控制在 2～5 分钟，每个学生单独录制一个视频。

3. 结束技能评议

- 每位小组成员根据听课记录授课者在每个不同阶段和情况下结束技能的特点及使用情况。
- 回放授课录像。
- 授课者进行自我反思。
- 每位小组成员根据 2+2 原则进行口头评价，并根据结束技能评价表评价授课者的演示技能。
- 教师点评与总结。

4. 修改教案

- 授课者根据授课及评议过程撰写个人反思并修改教案。

附：结束技能评价表

结束技能的评价量表

序号	评价要点	评价项目	标准等级				权重
			好	较好	尚可	较差	
1	目的明确	结束目的明确，能使知识系统化					0.1
2		归纳总结时重点难点突出					0.1
3	方式得当	结束的方式和内容相适应					0.15
4		结束方式能引起学生注意力					0.15
5	效果明显	结束效果明显，能引起学生兴趣，引发思考					0.1
							0.1
							0.1
6	语言精练	结束语精练、清楚、明白					0.1
7	时间恰当	结束时间把握适当，不拖课					0.1

整体评价与建议：